朱生豪
——
著

朱生豪
书信全编

人民文学出版社

图书在版编目(CIP)数据

朱生豪书信全编/朱生豪著. —北京：人民文学出版社,2016
(名家书信系列)
ISBN 978-7-02-012038-3

Ⅰ.①朱… Ⅱ.①朱… Ⅲ.①朱生豪(1912—1944)—书信集 Ⅳ.①K825.5

中国版本图书馆 CIP 数据核字(2016)第 224591 号

责任编辑　周墨西
装帧设计　李思安
责任校对　李晓静
责任印制　苏文强

出版发行　人民文学出版社
社　　址　北京市朝内大街 166 号
邮政编码　100705
网　　址　http://www.rw-cn.com

印　　刷　三河市西华印务有限公司
经　　销　全国新华书店等

字　　数　271 千字
开　　本　640 毫米×960 毫米　1/16
印　　张　19.25 插页 6
印　　数　1—6000
版　　次　2018 年 7 月北京第 1 版
印　　次　2018 年 7 月第 1 次印刷

书　　号　978-7-02-012038-3
定　　价　48.00 元

如有印装质量问题，请与本社图书销售中心调换。电话：010-65233595

◆ 正待踏上社会的朱生豪

◆ 宋清如之江大学毕业照

◆ 朱生豪、宋清如结婚照

◆《威尼斯商人》中双关语的翻译手稿

◆ 关于音韵和谐的信

祝王：清晨带来了悲凉的和解，太阳也惨澹在云中躲闪。大家先回去慢慢地感叹，该吻的该罚的再辩宣判。古往今来多少悲欢，谁曾见像这样哀怨辛酸。（同下）

◆《罗密欧与朱丽叶》终场诗译稿

出版说明

　　本书是迄今最全的朱生豪书信集,其中绝大部分是他写给夫人宋清如的信,从信中可以读到作者的深情、忧郁、敏感、怅惘、俏皮、沉郁与发奋。这些书信既是一个青年的情愫与烦恼,也是一名诗人的动人妙语,更是一位伟大翻译家的成长印记。

　　本书书信均据手稿进行编校,书信写作时间都是二十世纪三四十年代,由于当时的用语习惯、翻译以及方言等原因,信中有的表述与现代的语言规范不符,编辑过程中尽量尊重手稿原貌,保持作者的风格。

人民文学出版社编辑部
2018 年 3 月

目 录

正编　致宋清如

第一部分　过了别离时，还解相思否 … 1

第二部分　假如有人问我烦忧的缘故，我不敢说出你的名字 … 3

第三部分　如果没有你，生命对于我将是不可堪的 … 73

第四部分　说不出来的苦闷空虚，灵魂饿得厉害 … 129

… 189

第五部分 你崇不崇拜民族英雄？ 235

附录 《约法七章》 295

余编 致亲友 299

正编

致宋清如

第一部分

过了别离时,还解相思否

1
1933 年春①

宋：

　　谢谢你给我这么一件好工作！很想拒绝你的，但不愿拒绝你，你太好了。图书馆里借了四本《史通》，两本《中国历史研究法》，本想抄一些话头，可是回来之后，一起把它们看完了，算勉强得到一点烟士披里纯②，写好了这一篇狗屁文章。

　　为什么你说我又要生气，这也算懂得我吗？你懂得我我不是顶高兴？

　　被人说作浪漫，尤其是被那些伪君子之流，他们说这两字总有一点不甚好的意味，并不算是有趣的事，但实际上你与我都只能说是浪漫的人。我们的性格并不完全一致，但尽有互相共鸣的地方。我们的认识虽是偶然，我们的交契却并非偶然。凭良心说，我不能不承认你在我心目中十分可爱，虽我对于你并不是盲目的赞美。我们需要的是对于彼此弱点的谅解，只有能互相谅解的人，弱点才能变成并不可憎，甚至于反是可爱也说不定。

　　除非我们在自己心理的矛盾下挣扎着找不到出路，外观的环境未必能给我们的灵魂以任何的桎梏。

　　说厌恶陈旧是人们普通的思想也未必尽然，这世间多的是沉湎骸骨的人，尤其在我们这老大古国里。我常想，要是中国并没有几千年古文化作基础，她当可以有希望一些。旧的文化，无论怎样有价值，为着免得阻碍新的生长起见，都有一起摧毁的必要。

　　一万个虔心的祝福！

朱　十四夜

① 朱生豪信上极少署具体日期，部分原信上日期由宋清如所注，或由邮戳显示。下同不赘述。
② 烟士披里纯：系英文 inspiration 的音译，"灵感"。

2
1933 年 6 月

清如：

　　一向我从不以离别为一件重大的事，而今却觉得十分异样。说些什么话吧，却也说不出来。

　　想不到你竟会抓住我的心，你纯良的人！然而我也未尝没有逃避的可能。但我不忍飞去，当一天你还记著我的时候。

　　不忙就回去吧？明天约你到西湖里再坐一次划子，去不去告我。回去的话，一定通知我什么钟点，好送你行。你去了之后，不，没有什么。

朱　廿二晨

3

好人：

　　好像很倒霉的样子，今天一个下午头痛，到现在，嘴里唱唱的时候忘记了痛，以为是好了，一停嘴又痛了起来。顶倒霉的是，你的信昨夜没有藏好，不知一放放在什么地方，再找不到，怨极了，想死。

　　弱者自杀，更弱者笑自杀者为弱者。

　　总之，我待你好。心里很委屈，不多写，祝你好。

伤心的保罗　十一夜

无比的好人

　　我是怎样欢喜，一个人只要有耐心，不失望，终会胜利的。找了两个黄昏，徒然的翻了一次又一次的抽屉，夜里睡也睡不着，我是失去了我的宝贝。今天早晨在床上，想啊想，想出了一个可能的所在，马上起来找，万一的尝试而已，却果然找到了，找到了！我知道我不会把它丢了的，怎么可以把它丢了呢？

　　我将更爱你了，为着这两晚的辛苦。

房间墙壁昨天粉刷过，换了奶油色。我告诉你我的房间是怎样的。可以放两张小床和一张书桌，当然还得留一点走路的空隙，是那么的大小，比之普通亭子间是略为大些。陈设很简单，只一书桌、一 armchair①、一小眠床（已破了勉强支持着用）。书，一部分线装的包起来塞在床底下，一部分放在藤篮里，其余的堆在桌子上；一只箱子在床底下，几件小行李在床的横头。书桌临窗面墙，床在它的对面。推开门，左手的墙上两个镜框，里面是任铭善写的小字野菊诗三十律。向右旋转，书桌一边的墙上参差的挂着三张图画。一张是中国人摹绘的法国哥朗的图画，一个裸女以手承飞溅的泉水；一张是翻印的中国画；一张是近人的水彩风景，因为题目是贵乡的水景，故挂在那里，其实不过是普通的江南景色而已。坐在书桌前，正对面另有雪莱的像、题名为《镜吻》的西洋画，和嘉宝的照相三个小的镜框。再转过身，窗的右面，又是一张彩色的西洋画，印得非常精美。这些图画，都是画报杂志上剪下来的。床一面的墙上，是两个镜框，一个里面是几张友人的照片，题着 Old Familiar Faces②，取自 Charles Lamb③的诗句；另一个里面是几张诗社的照片，题着 Paradise Lost④，借用 John Milton⑤的书名。你和振弟⑥的照片，则放在案头。桌上的书，分为三组，一组是外国书，几乎全部是诗，总集有一本 Century Readings in English Literature⑦、一本《世界诗选》、一本《金库》、一本《近代英美诗选》，别集有莎士比亚、济慈、伊利沙伯·白朗宁、雪莱、华茨渥斯、丁尼孙、斯文朋等，外加《圣经》一本。一组是少少几本中国书，陶诗、庄子、大乘百法明门论、白石词、玉田词、西青散记、儒门法语。除了陶、庄之外，都是别人见赠的，放着以为纪念，并不是真想看。外加屠格涅夫、高尔基和茅盾的《子夜》（看过没有？没看过我送你）。第三组是杂志画报：《文学季刊》、《文学月刊》、《现代》、Cosmopolitan⑧、Screen Romances⑨、《良友》、《万象》、《时代电影》等。杂志我买得很多，大概都是软性的，而且有图画的，不值得保存的，把好的图画剪下后，随手丢弃；另外是歌曲集，有外国名歌、中国歌、创作乐曲、电影歌等和流行的单张外国歌曲。桌上有日历、墨水瓶、茶杯和热水瓶。

你好？不病了吧？我怎样想看看你啊！

快乐的亨利　十三

① *armchair*：扶手椅。
② *Old Familiar Faces*：熟悉的老面孔。
③ *Charles Lamb*：查尔斯·兰姆，英国作家。
④ *Paradise Lost*：《失乐园》，密尔顿的著名长诗。
⑤ *John Milton*：约翰·密尔顿，英国诗人，长诗《失乐园》(*Paradise Lost*)是他的代表作。
⑥ 指朱生豪的胞弟朱文振。
⑦ *Century Readings in English Literature*：《世纪英国文学读本》。
⑧ *Cosmopolitan*：《世界》，杂志名。
⑨ *Screen Romances*：《银幕故事》，杂志名。

4

好：

　　谢谢你给我一个等待。做人最好常在等待中，须是一个辽远的期望，不给你到达最后的终点，但一天比一天更接近这目标，永远是渴望，不实现也不摧毁，每天发现新的欢喜，是鼓舞而不是完全的满足。顶好是一切希望完全化为事实，在生命终了前的一秒钟中。

　　我仍是幸福的，我永远是幸福的。世间的苦不算甚么，你看我灵魂不曾有一天离开过你。

　　祝福你！

朱　十五下午

5

　　星期六读一本辛克莱的《人生鉴》，文章很好，也有许多实用的知识，尤其是关于吃的方面，傅东华译，上海世界书局出版，特为介绍。

　　昨天看一张影片名《十三日星期五》，英国出品，轻描淡写地叙述了一些平常社会的偶然事件，非滑稽亦非讽刺，而是可喜的幽默。有人以为它的目的是破除迷信，证明十三日星期五并非不祥，真太幼稚了。

早上很好，半醒睡的状态中听见偶然的小鸟声和各种不甚喧闹的人声，都觉得有点可爱。怎样一种人生，如果没有闲暇可享受！

昨夜跑到床上，来不及把电灯熄落，就睡着了，忽然醒来，吓了一跳。

这是星期一所写

今天读了你两首新诗，不能得到我的赞许。又得到张荃一篇古风，初读上去觉很好，细看之也呒啥啥。愿上帝保佑世上一切的女诗人们都得到一个美好的丈夫！我不知道张荃为什么突然心血来潮要跟我通起信来，大概因为我很好的缘故，其实我早忘了她了。

Sh……①！不要响，听墙角落里有鬼叫！

宋清如顶不好。

IXUYZ　星期二

要是有人问你，你愿意做快乐的猪呢，还是愿意做苦恼的哲学家？你就回答：我愿意做快乐的哲学家，这样可以显出你的聪明。

① Sh……："嘘"的象声词。

6

宋：

才板着脸孔带着冲动写给你一封信，读了轻松的来书，又使我的心弛放了下来。叫他们拿给你看的那信已经看到？有些可笑吧，还是生气？实在是，近来心里很受到些气闷，比如说有人以为我不应该爱你之类；而两个多月来离群索居的生活，使我脱离了一向沉迷着的感伤的情绪的氛围，有着静味一切的机会，也确使我渐对过去的梦发生厌弃，而有努力做人的意思。

我真希望你是个男孩子，就这一年匆匆的相聚，彼此也真太拘束得苦。其实别说你是那么干净那么真纯，就是一些人的冷眼，也会把我更有力地拉近了你的。我没有和平常人那样只闹一回恋情的把戏，过后便撒手了的意思。我只希望把你当作自己弟弟一样亲爱。论年岁我不比你大甚么，忧患比你经过多，人生的经验则不见比你丰富甚么，但就自己所有的学问，几年来冷静的观察与思索，以及早入世诸点上，也许能做一个对你有一点益处的朋友，不只是一个温柔的好男子而已。

对于你，我希望你能锻炼自己，成为一个坚强的人，不要甘心做一个女人（你不会甘心于平凡，这是我相信的），总得从重重的桎梏里把自己的心灵解放出来，时时有毁灭破旧的一切的勇气（如其有一天你觉得我对于你已太无用处，尽可以一脚踢开我，我不会怨你半分），耐得了苦，受得住人家的讥笑与轻蔑，不要有什么小姐式的感伤，只时时向未来睁开你的慧眼，也不用担心什么恐惧什么，只努力使自己身体感情各方面都坚强起来，我将永远是你的可以信托的好朋友，信得过我吗？

也许真会有那么海阔天空的一天，我们大家都梦想着的一天！我们不都是自由的渴慕者吗？

现在的你，确实是太使我欢喜的，你是我心里顶溺爱的人。但如其有那么一天我看见你，脸孔那么黑黑的，头发那么短短的，臂膀不像现在那么瘦小得不盈一握，而是坚实而有力的，走起路来，胸膛挺挺的，眼睛明明的发光，说话也沉着了，一个纯粹自由国土里的国民（你相信我不会爱一个"古典美人"？虽然我从前曾把林黛玉作为我的理想过），那时我真要抱着你快活得流泪了。也许那时我到底是一个弱者，那时我一定不敢见你，但我会躲在路旁看着你，而心里想，从前我曾爱过这个人……这安慰也尽可以带着我到坟墓里去而安心了。这样的梦想，也许是太美丽了，但你能接受我的意思吗？

为了你，我也有走向光明的热望，世界不会于我太寂寞。

来信与诗，都使我快活。每回你信来，往往怀着感激的心情，不只是欢喜而已。诗以较高的标准批评起来，当然不算顶好，以你的旧诗的学力而言，是很可以满意的了。第一首"媽媽"两字平仄略不顺，不大要紧，第二句固是好句子，但蹈袭我的句子太甚，把"犹袭"二字改为"空扑"吧。三四句平顺无疵。总观四句，略欠呼应，天上人间句略嫩，听之。此诗改为：

> 霞落遥山黯淡烟，残香空扑采莲船，
> 晚凉新月人归去，天上人间未许圆。

（两"人"字重复，因此读上去觉不顺口。倘把"人归去"的"人"改为"郎"字，却是一首轻倩的民歌。也许你会嫌太佻，但末句本不庄，故前面的"人"字不能改"君"字。）"新月"映带"未许圆"，使"天上"两字不落空。

第二首全体妥。糜字用得新，也许你用时是无意的？

第三首第二句微波漪涟重复，漪字平仄不对；第四句万般往事俗，改为年年心事即佳。全首改为：

> 无端明月又重圆，波面流晶漾细涟。
> 如此溪山浑若梦，年年心事逐轻烟。

三首诗情调轻灵得很，虽然还少新意。不愧是我的高足，我该自傲不是？

前次绝句二十首之后，又做了十一首，没有给你看。前几首较好：

> 春水桥头细柳魂，绿芜园内鹧鸪痕，
> 蜀葵花落黄蜂静，燕子楼深白日昏。

> 倚剑朗吟卍字栏，晚禽红树女萝残，
> 何当跃马横戈去，易水萧萧芦荻寒。

> 半臂晕红侧笑嫣，绿漪时掀采莲船，
> 莲魂侬魂花侬色，蛙唱满湖莲叶圆。

> 迟雪冲寒鹤羽氄，偶尔解渴落茅庵，
> 红梅白梅相对冷，小尼洗砚蹲寒潭。

略看宋诗调子，第三、四两首都故作拗句。又第九首：

> 秋花销瘦春花肥，一样风烟雨露霏，
> 萧郎吟断数根须，懊恼花前白裌衣。

第十一首：

> 燕子轻狂蝴蝶憨，满园花舞一天蓝，
> 仙人年幼翅如玉，笑澈银铃酡脸酣。

则是我诗里特有的童话似的情调。
天凉气静，愿安心读书，好好保重。

朱朱　廿三夜

秋兴杂诗七首，本没有给人看的意思，但张荃既有信给我，也不妨抄下来并给伊一读，我没有另外给伊写信的心向①。

---

① 心向：上海、嘉兴一带方言，意为"想法"。

7

宝贝：

现在是九点半，我想你大概已经睡了，我也想要睡了。心里怪无聊的，天冷下雨，没有东西吃，懒得做事，只想倚在你肩上听你讲话。如果不是因为这世界有些古怪，我巴不得永远和你厮守在一起。

你说我们前生是不是冤家？我向来从不把聚散看成一回事，在你之前，除你之外，我也并非没有好朋友，不知道为什么和你一认识之后，便像被一根绳紧紧牵系住一样，怪不自由的，心也不能像从前一样轻了，但同时却又真觉得比从前幸福得多。

不写了，祝你快乐！

十九夜

8
1933 年

宋：

心里说不出的恼，难过，真不想你竟这样不了解我。我不知道什么叫作配不配，人间贫富有阶级，地位身分有阶级，才智贤愚有阶级，难道心灵也有阶级吗？我不是漫然把好感给人的人，在校里同学的一年，虽然是那样喜欢你，也从不曾想到要爱你像自己生命一般，于今是这样觉得了。我并不要你也爱我，一切都出于自愿，用不到你不安，你当作我是在爱一个幻像也好。就是说爱，你也不用害怕，我是不会把爱情和友谊分得明白的，我说爱，也不过是纯粹的深切的友情，毫没有其他的意思。别离对于我是痛苦，但也不乏相当的安慰，然而我并不希望永久厮守在一起。我是个平凡的人，不像你那么"狂野"，但我厌弃的是平凡的梦。我只愿意凭着这一点灵感的相通，时时带给彼此以慰藉，"像流星的光辉，照耀我疲惫的梦寐，永远存一个安慰，纵然在别离的时候"。当然能够时时见见面叙叙契阔，是最快活的，但即此也并非十分的必要。如果我有梦，那便是这样的梦；如果我有恋爱观，那便是我的恋爱观；如果问我对于友谊的见解，也只是如此。如果我是真心地喜爱你（不懂得配与不配，你配不配被我爱或我配不配爱你），我没有不该待你太好的理由，更懂不得为什么该忘记你。我的快乐即是爱你，我的安慰即是思念你，你愿不愿待我好则非我所愿计及。

愿你好。

朱　廿四

过了别离时，还解相思否

9

清如我儿：

你不给我信是不行的。

今天的节目：

1. 起身（九点钟）。

2. 吃粥。

3. 看报。

4. 写信——给你的。

5. 看小说，——完毕 Galsworthy①的 *In Chancery*②，此翁的文字清淡得很。

6. 吃中饭——鸡。

7. 出门。

8. 卡尔登看电影——捷克斯拉夫出品，"*Symphony of Love*"③，又名"*Ecstacy*"，因为广告上大登非常性感，故观者潮涌，尤多"小市民群"，其实该片还是属于高级的一类，虽是以性欲为题材，却并无色情趣味，至于描写得较露骨的部分，当然早已剪去。摄影好音乐好，导演处置纤细但嫌薄弱，表演平平，看后印象不深刻。

9. 四马路买过期廉价漫画杂志数本。

10. 回家。

11. 吃晚饭。

12. 作夜工三小时。

13. 写信。

14. 睡（十二点半）。

你要不要我待你好？

金鼠牌　星期日

① Galsworthy：高尔斯华绥，英国小说家。

② *In Chancery*：《在法庭上》，高尔斯华绥的小说。
③ *Symphony of Love*：英文影片名，《爱情交响曲》。中译名为《青年之恋》。

10
1933 年 12 月

清如：

　　今天起来看见太阳光，心里有一点高兴。山中的雨是会给人诗一样的寂寞的，都市的雨只是给人抑塞而已，连相思都变成绝望的痛苦了。

　　望你的信如望命一样，虽明知道你的信不会到得这样快。一两年之前，我还不曾十分感到离别的难堪，友们别了之后，写信来希望一会，总是因懒得走动而拒绝了，以为见不见有什么关系，朋友何必一定要在一起，那时我该是幸福的。

　　上星期日是母亲忌辰，却忘记了，今天查起来才知道已经过去。也是昨天一样的天气，十一年前的那天，人生的悲哀掩上了我，以至于今日。

　　祝福。

　　　　　　　　　　　　　　　　　　　　　　朱　十九

11
1933 年 12 月

宋儿：

　　有点像是要伤风了的样子，想睡下去，稍为写些。

　　因为心里十分气闷，决定买书去，莫泊桑已看得不剩几篇了，作为接济，买了一本 Flaubert①杰作集，其中包括他的三个名著，《波瓦利夫人》、《圣安东尼的诱惑》、《萨郎保》和两三个短篇（或者说是中篇）。有点失望，因为其中没有他的名著《感情教育》，篇幅也比较薄，只有六百多页，同样的价钱较莫泊桑少了四百页。不过其中有《波瓦利夫人》出版后因有伤风化被控法庭上的辩论和判决全文洋洋数十页，却是很可贵的史料，那个法官宣告被告无罪的贤明的判决在文学史上是很受赞美的。

　　法国的作品总是描写性欲的地方特别多，莫泊桑的作品里大部分也尽是轧姘头的故事（写得极美丽诗意的也有，写得极丑恶兽性的也有），大概中文已译出来的多是他的雅驯的一部分，太纯洁的人还是不要读他的全集好。法国的写实派诸大家中，Balzac[②]和Zola[③]自然也是非常伟大的名字，但以文字的技术而论，则未免散漫而多涉枝节，不如Flaubert和Maupassant[④]的精练。但以我个人的趣味而论，较之莫泊桑的短篇，我总觉得更爱柴霍甫[⑤]的短篇，这并不是说前者的评价应当在后者之下，而是因为一般而论，我喜爱俄国的文学甚于法国的文学。

　　出去没有带伞，回来密密的细雨打在脸上，很快意，简直放慢了脚步，缓步起来。

　　身边还有四块多钱，足够过年！明天或者不出去。等过了新年拿到薪水，决定上杭州来一次（即下星期），你如不待我好则不来。实在照这样子，活下去很不可能。

　　愿你吉祥如意。

朱儿

[①] Flaubert：福楼拜，法国著名小说家。
[②] Balzac：巴尔扎克，法国著名小说家。
[③] Zola：左拉，法国著名小说家。
[④] Maupassant：莫泊桑，法国著名小说家。
[⑤] 柴霍甫：今译"契诃夫"。

12
1934年2月

好友：

　　快放假了是不是，我从今天起开始盼望见你，带着很高兴的调子。我太没有野心，也许就是这一点不好，觉得仿佛只要看见你五分钟，就可得到若干程度的满足的样子。对于见面我看得较重，对于分别我看得较轻，这是人生取巧之一法，否则聚少离多，悲哀多于欢乐，一生只好负着无尽痛苦的债了。

我愿你好，热情地热情地。

不说谎的约翰　九日下午

13
1934 年 2 月

好宋：

真的我不怪你，全不是你错，无可如何才怪你，但实在是不愿怪你的，遇到这等懊恼的事，暂时生一下子气，你会允许我的吧？我不曾骂你，是不是？你不要难受才好。我愿意听话，永远待你好。

说，愿不愿意看见我，一个礼拜之后？抱着一个不曾弥补的缺憾，毕竟是太难堪的事，让我再做一遍西湖的梦吧，灵峰的梅花该开了哩。你一定来闸口车站接我，肯不肯？我带巧克力你吃。这回手头大充实，有五十多块钱，另外还借出十八块，虽然年节开发，买物事回家，得用去一些。

其实从北站到我处一段路，也并不怎样难走，远虽是远。只须坐七路提篮桥电车到底，就没有多少路。如懒得问，黄包车十来个铜子也拉到了。寓所就在 office 转角。原该早告诉你的。

今后再不说谎话欺骗自己了，愿意炼成一个坚强的钢铁样的信心，永远倾向着你，当我疲倦了一切无谓的游戏之后。我不愿说那是恋爱，那自然是比恋爱更纯粹的信念。我愿意懂得"永恒"两字的意义，把悲壮的意味放入平凡的生活里，而做一个虔诚的人。因我是厌了易变的世事，也厌了易变的自己的心情。

你并不伟大，但在我心里的你是伟大的。

给你深深的友爱，我常想你是比一切弟弟更可爱的弟弟。

朱　九日傍晚

14
1934年2月11日

清如：

　　今天心里有点飘飘然。原因是一、昨天头痛一天，今天好了；二、天很暖；三、今天星期，还要工作，虽不开心，然而机器不响，心很静，比在家或走在马路上好一些；四、已定规来杭州看你。

　　后天回家去，十六从嘉兴搭快车一点廿分到闸口，你能来接我最快活。十七星期六，十八星期日，你得陪我玩，不，领我玩。多少高兴，想着终于能看见你，顶好的好人！当我上次得到你的信，一眼看见"不许哭"三字，眼泪就禁不住滚下来了，我多爱你！

　　心里的意思，怎样也诉说不完，也诉说不出，因此而想起音乐是最进化的语言：一切"散文的"语言文字是第一级，诗是第二级，音乐是最高级，完全依凭感觉，脱离意象而独立了。凡越朦胧则越真切。我梦想一个音乐的天国，里面的人全忘了讲话与写字。这是野话。我知道你顶明白我，但还巴不得把心的每一个角落给你看才痛快。我为莫可奈何而心痛，欲抱着你哭。

　　愿上帝祝福你的灵魂永远是一朵不谢的美丽的花！我能想着你，梦着你，神魂依恋着你，我是幸福的。

　　　　　　　　　　　　　　　　　　　　　朱　十一下午

15

好人：

　　你的文法不大高明，例如"对于你的谣言，确使我十分讨厌"这句话，应该说作"你的谣言确使我十分讨厌"，或"对于你的谣言，我确十分讨厌"。

　　这样吹毛求疵的目的是要使你生气，因为我当然不愿你生我气，但与其蒙你漠不关心我，倒还是生气的好了。我不想责备我自己，因为我觉得我已够可怜，但我发誓以后不再 naughty[①]（虽然我想我不用告诉你我是怎样"热烈期待"着这次的放假，为的有机会好来看看你；年初一的夜里，我是怎样高兴得整夜不睡，天气恶劣怎样反而使我欢喜，因为我可以向你证明我的一片诚心；次日清晨我怎样不顾一切劝阻而催促他们弄饭，饭碗一丢就扬长而去；我是怎样失望发现第一班车要在十一点钟才有，我不能决定还是走好还是不走好，我本想当天来回，这样恐怕不成功了，姑且回了家再说；回到家中，两只脚又是怎样痛得走不动，为着穿了紧的皮鞋；乘兴而去，败兴而来，当然勇气要受了挫折……这些话也许都会被你算作讨厌的谣言），也不再把你的名字写得这样难看；但任何国际条约必须基于双方平等的基础上，我希望你也不要叫我朱先生或十分谢谢我。

你的命令我不能不遵从，因为你特意把"要"字改为"准"字，不要你来信只是表示我不愿意你来信，但尚未有禁止之意；不准便由愿望改为命令了。但是我希望等番茄种子寄出之后（当然那必须附一封信，否则你不知道是谁寄来的），我还可以（有）写信问你有没有收到的权利是不是？

我伤心得很。

厌物　廿三

① naughty：顽皮、淘气。

46

澄：

带着一半绝望的心，回来吃饭，谢谢天，我拾回了我的欢喜。别说冬天容易过，渴望着信来的时候，每一分钟是一个世纪，每一点钟是一个无穷。然而想着你是幸福的在家里，伫念的心，也总算有了安慰。

你不会责备我说过的那些无聊话？

我实在喜欢你那一身的诗劲儿，我爱你像爱一首诗一样。

问你寒假里有没有计划的人，我不知是谁，大概是一位蠢货，一定。理想的人生，应当充满着神来之笔，那才酣畅有劲。计划，即使实现了也没趣。祝福你。

告诉我几时开学,我将数着日子消遣儿,我一定一天撕两张日历。

朱　廿三下午

17

清如：

好了吗？怎样的悬念着悬念着。

我脾气确实近来也坏了,常常得罪人,因为"戏慢"他们,昨天被彭同任教训了一顿,我是不好,他们却可笑。

常常气闷得很,觉得什么人都讨厌,连自己的影子也讨厌,很愿意一个朋友也不要。不过想到你时,总是好像有点例外。如果我不认识你,我一定更不幸。

愿你康健,愿你快乐,一切的平安给与你！杜鹃花几时红起来,山中该热闹了呢。我没有希望,没有真能令我快乐的事物,虽也不愿颓唐。只有一个冀念,能够在可能的最近再看见你,我将永远留一个深心的微笑给你,那是一切意望之花,长久的伫候里等待着开放的。

虽然是怎样无意味的信呵！

朱　廿二上午

18

好人：

读到你的信往往使我又喜又恼,喜的是读到你的信,恼的是你有时说起话来很令我难堪。例如你要我少写一点信,在没有说明理由之前,我只能解释为你讨厌我的烦扰。原谅我的无聊吧,今后将力守静默。

为你作无言的祝福！

你脚下的蚂蚁　十夜

19

　　昨夜我看见郑天然向我苦笑。你被谁吹大了，皮肤像酱油一样，样子很不美，我说，你现在身体很好了，说这句话，心里甚为感动，想把你抱起来高高的丢到天上去。醒来觉得甚是爱你。

　　这两天我很快活，而且骄傲。

　　你这人，有点太不可怕。尤其是，一点也不莫名其妙。

朱

20

小妹妹：

　　你好？我……没有什么，很倦，又不甘心睡，也不愿写信。

　　家里有没有信？我希望你母亲早已好了。

　　又一星期过去，日子过得越快，我越高兴。我发誓永不自杀，除非有一天我厌倦了你。

　　每天每天你让别人看见，我却看不见你，这是全然没有理由的，我真想要你喂奶给我吃。

　　有人说我胖了，我完全不相信，你相信不相信？你现在生得是不是还像我们上次会面时一样？也许你实在很丑也说不定，但我总觉得你比一切的美都美，我完全找不出你有任何可反对的地方，我甘心为你发痴。

　　如果你不欢喜我说这样话，我仍然可以否认这些话是我说的，因为我只愿意说你所喜欢听的话。

　　我是属于你的，永远而且完全地。愿你快乐。

专说骗人的诳话者　十一夜

　　如果我想要做一个梦，世界是一片大的草原，山在远处，青天在顶上，溪流在足下，鸟声在树上，如睡眠的静谧，没有一个人，只有你我，在一起跳着飞着躲着捉迷藏,你允不允许?因为你不允许我做的梦,我不敢做的。我不是诗人,否则一定要做一些可爱的梦,为着你的缘故。我不能写一首世间最美的抒情诗给你,这将是我终生抱憾的事。我多么愿意自己是个诗人,只是为了你的缘故。

21

澄儿:

我应该听你话静静一些儿的,可是这颗心没办法好想,又写信了,你要不要打我手心?

今天我烦躁了整个儿的一天,晚上淋着雨到陈尧圣家吃夜饭,也没有什么感想,不过发现赵梓芳夫妇俩也同住着,有些意外,而且离我这里那么近。回了转来,怎么也不能睡,虽没有话对你说,仍然执起笔来了。

上午曾写了几封信给我那些宝贝朋友们,但一封也不寄出,有什么意思呢?……我不高兴写了。你为什么爱朱朱[①]呢?(呵欠)

我想做诗,写雨,写夜的相思,写你,写不出。

[①] 朱朱:朱生豪经常使用的笔名。

22

好友:

我并不真怪你,不过怪着你玩玩而已。你这人怪好玩儿的,老是把自己比作冷灰——怪不得我老是抹一鼻子灰。也幸亏是冷的,否则我准已给你烧焦了。我不大喜欢这一类比喻。例如有人说"心如止水",只要投下一块石子去,止水,就会动起来了;有人说"心如枯木",唯一的办法便是用爱情把它燃烧起来,你知道枯木是更容易燃烧的。至如你所说的冷灰,只要在它中间放一块炙热的炭,自然也会变热起来。但最好的办法还是给它一个不理睬，因为事实上你是待我很好的，冷灰热灰又有什么相干呢？

你要是说你不待我好，即使我明知是真也一定不肯相信。但你说你待我很好，我何乐而不相信呢？但我很希望听你说一万遍，如果你不嫌嘴唇酸的话。

你一定不要害怕未来的命运，有勇气把眼睛睁得大大的，凝视一切；没勇气闭上眼睛[1]，信任着不可知的势力拉着你走，幸福也罢，不幸也罢，横竖结局总是个 The end 。等我们走完了生命的途程，然后透一口气相视而笑[2]。好像经过了一番考试，尽管成绩怎样蹩脚，总算卸却了重负，唉呵！

我拍拍你的肩头。

Villain[3]

LEBENSMISSIONSVORSITZENDERSTELLVERTRETER

（这是一个德文字，意义是"食粮另配结束委员会委员长"）

---

[1] "眼睛"两个字原信是画的一只眼睛。
[2] "笑"字原信是画的一张张大了嘴笑的脸。
[3] Villain：坏人，淘气鬼。

23

小亲亲：

昨夜写了一封信，因天冷不跑出去寄，今天因为觉得那信写得……呃，这个……那个……呢？有点……呃，所以，……所以扣留不发。

天好像是很冷不是不是？你有没有吱吱叫？

□□□□[1]

因为……虽则……但是……所以……然而……于是……哈哈哈！

做人顶好不要发表任何意见，是不是？

我不懂你为什么要……你猜要什么？

有人喜欢说这样的话，"今天天气好像似乎有点不大十分很热"，"他们两口子好像似乎颇颇有点不大十分很要好似的的样子"。

你如不爱我，我一定要哭。你总不肯陪我玩。

小痴痴头　三☽二☀

① 原信中文字缺失，以"☐"号表示，下不赘述。

24

清如：

　　读来信，甚慰，希望格外珍摄。短短几天，要受跋涉之累，回家去很不值得。能够读读书当然很好，你应该读读书的。

　　做人是那样乏力的事，像我每天回来，就是要读书，也缺少了精神兴致，心里又是这样那样乱得很，难得有安静的一天。纵是生活比止水还寂寞，感到的只是莫名的疲倦，更恐惧着日子将永不会变样。常常心里的热望使我和你写信，然而每回写时是一个悲哀，我总是希望能告诉你一些新的言语，然而笔下只有空虚。烦杂的思绪，即使勉强表现出来，也是难堪的丑恶。

　　今天他们去看《姊妹花》，回来十分称赞。我是已经看过了，那是张通俗的伦理片，略带一些社会意义的，演出的技巧很好，对白也清晰得可喜，获得太太小姐甚至于先生们的眼泪，大概不是偶然。在新光里已映了快四十天，哄动的力量，前此联华的《人生》还瞠乎其后。联华的片子，一般的说，在我们眼中虽还有些浅薄，然而已经有不大通俗的地方，《人生》如此，前次看的一张《都会的清晨》也是如此。天一的陈玉梅①，我还不曾敢领教过，一般人说她很坏，我只知道她是个难看的女人。

　　好片子不常有，然而往往容易错过，一张《吉诃德先生》不看很可惜，还有如 *Song of Songs*②、《梵音情侣》等，也是极富诗趣的名构。虽则一些极伟大热闹的歌舞片宫闱片，我并不以不曾看为憾事。

　　商务里有一批 *Modern Library*③、*Every Man's Library*④廉价发卖，因为身边不多钱，只拣了一本 Swinburne⑤诗选，一本 *Silas Marner*⑥。读书也

不容易，像我们简直没福气读新出的书籍。*Silas Marner* 照理是应该早已读过的，况且 George Eliot⑦也算是我十分欢喜的人，可是我偏偏不曾读她的这一本代表作。两天工夫读完之后，有点失望，觉得并不像 *Mill on the Floss*⑧写得好，故事比较简单一些也是一个理由，总之很比不上狄更司。*Mill on the Floss* 可真是好，我读时曾流泪，里面的女主角即是著者自己影子，是一个好强好胜，想像丰富，感情热烈，玻璃样晶莹而脆薄易碎，带着不羁的野性的女孩子，她的恋人则属于很 passive⑨的性格，有病态美的苍白少年，带有多量女性的柔弱，逗人怜悯的那种人。故事很长很复杂很错综，而且读了长久也已模糊了，但这情形想起来很动人。在维多利亚三大家中，Eliot 最长于性格描写，Dickens⑩描写主角，总不及描写配角的出色，后者的好处是温情和谐趣的融和，以天真的眼睛叙述世故，把一切人都 cartoon⑪化起来，但却不是冷酷的讽刺。文章也许是 Thackerey⑫写得好。但小说在英国，无论如何赶不上法国同俄国，像 Flaubert、Turgenev⑬一类的天才，英国毕竟没有。

之江图书馆里英文书也是陈旧的多，可以看见近代文艺潮流的简直少得很。我还是喜欢读几本近代戏剧的选集，觉得读戏剧比读小说有趣得多。其实你也该用点功，想法子多看一点外国的东西。这是个人享受上的问题，不一定是为着自己将来的成就。我有一个成见，觉得女孩子特别怕看书，先生指定的东西也许翻得比男孩子格外起劲，但总不肯自己找书读。说是用功也全是被动的。

天又下雨了。

虔诚的祝福！我永不愿忘记你。

朱　廿三夜

① "天一"是当时的电影制片厂，陈玉梅是其台柱影星。
② *Song of Songs*：《雅歌》，《旧约》圣经中的一章，这里是影片名，由玛琳·黛德丽主演。
③ *Modern Library*："现代书库"。
④ *Every Man's Library*："人人书库"。
⑤ Swinburne：史文本，十九世纪末英国诗人。

⑥ *Silas Marner*：《织工马南传》，小说名。
⑦ *George Eliot*：乔治·爱略特，十九世纪英国女小说家。
⑧ *Mill on the Floss*：《弗洛斯河上的磨坊》。
⑨ *passive*：驯顺的。
⑩ *Dickens*：狄更斯，十九世纪英国小说家。
⑪ *cartoon*："卡通"，即动画片。
⑫ *Thackerey*：萨克雷，十九世纪英国小说家。
⑬ *Turgenev*：屠格涅夫，十九世纪俄罗斯小说家。

25

哥哥：

读了昨夜我给你的信，不要气我，不要笑我，尤其不要可怜我，今天我清新得很，想不到又下雨了。昨夜梦见弟弟，他成天在床上翻书，好像他不愿意住在学校里，因此回家了；我要每天坐电车上工厂做工，很有精神。我有没有告诉你，我的小的兄弟到福建当大兵去了，很有趣不是？我们做人，就像在一个童话里。昨夜跑出来把信丢在邮筒（油桶，我们从前说的）里，弄堂里看见月亮，一路上充满了工厂里吐出来的煤气，这就是我们的蔷薇花香了。Sol sol me, re do' la do' fa, la do' solme re sol do. 这是他们唱的歌，我不知道是什么歌。我买了一包奶油朱古力。

今天早晨老太婆打碎我一只茶杯，摸出二角几个铜板，费了好一会心思算出来的价钱，硬要赔我，还她还不肯拿，很诚朴。要是这时候卓别麟摇摇摆摆的进来，一定很有趣。跟他们大人我讲不来话，因为我太小了，跟小人儿又讲不来话，因为我太大了。臭虫报告了春天的消息，昨天在被中发现一个，小小心心用纸儿将它裹了，我碰一碰它就怕，觉得浑身臭虫在爬，恶心死人。愿你笑！

Ariel①

我忘记了我说过甚么话使你感激，愿你不要过分相信我，过分相信一个人会上当的。好坏都随各人判断，没有甚么该不该。你要是能放心我，能随便我向你说什么话，我就快活了。我多分是一个趣味主义者，不是十分讲理的，我爱你也许并不为什么理由，虽然可以有理由，例如你聪明，你纯洁，你可爱，你是好人等，但主要的原因大概是你全然适合我的趣味。因此你仍知道我是自私的，故不用感激我，感激倘反一反很容易变成恨，你愿意恨我吗？即使你愿意恨我，我也不愿意被你恨的。我们永远要好，就是那么一回事，今天下雨自然有下雨的原因，但你能说天什么理由一定要下雨呢？

关于这题目有说不完的话，最好你相信，你应该这样"幸福"，如果这是"幸福"的话。

① Ariel：莎剧《暴风雨》中的小精灵。

26

好人：

你不懂写信的艺术，像"请你莫怪我，我不肯嫁你"这种句子，怎么可以放在信的开头地方呢？你试想一想，要是我这信偶尔被别人在旁边偷看见了，开头第一句便是这样的话，我要不要难为情？理该是放在中段才是。否则把下面"今天天气真好，春花又将悄悄地红起来"二句搬在头上做帽子，也很好。"今天天气真好，春花又将悄悄地红起来，我没有什么意见"这样的句法，一点意味都没有；但如果说"今天天气真好，春花又将悄悄地红起来，请你莫怪我，我不肯嫁你"，那就是绝妙好辞了。如果你缺少这种 poetical instinct ①，至少也得把称呼上的"朱先生"三字改做"好友"，或者肉麻一点就用"孩子"；你瞧"朱先生，请你莫怪我，我不肯嫁你"这样的话多么刺耳；"好友，请你莫怪我，我不肯嫁你"，就给人一个好像含有不得不苦衷的印象了，虽然本身的意义实无二致；问题并不在"朱先生"或"好友"的称呼上，而是"请你莫怪我……"十个字，根本可以表示无情的拒绝和委婉的推辞两种意味。你该多读读《左传》。

我没有要你介绍女朋友的意思，别把我的话太当真。你的朋友（指我）是怎样一宗宝货你也知道，介绍给人家人家不会感激你的，至于我则当然不会感激你。

我待你好，你也不要不待我好。

① poetical instinct：诗的直觉。

27

阿姊：

不许你再叫我朱先生，否则我要从字典上查出世界上最肉麻的称呼来称呼你。特此警告。

你的来信如同续命汤一样，今天我算是活转来了，但明天我又要死去四分之一，后天又将成为半死半活的状态，再后天死去四分之三，再后天死去八分之七等等，直至你再来信，如果你一直不来信，我也不会完全死完，第六天死去十六分之十五，第七天死去三十二分之三十一，第八天死去六十四分之六十三，如是等等，我的算学好不好？

我不知道你和你的老朋友四年不见面，比之我和你四月不见面哪个更长远一些。

有人想赶译高尔基全集，以作一笔投机生意，要我拉集五六个朋友来动手，我一个都想不出。捧热屁岂不也很无聊？

你会不会翻译？创作有时因无材料或思想枯竭而无从产生，为练习写作起见，翻译是很有助于文字的技术的。假如你的英文不过于糟，不妨自己随便试试。

我不知道世上有没有比我们更没有办法的人？

你前身大概是林和靖的妻子，因为你自命为宋梅。这名字我一点不喜欢，你的名字清如最好了，字面又干净，笔画又疏朗，音节又好，此外的都不好。"清如"这两个字无论如何写总很好看，像"澄"字的形状就像个青蛙一样。

"青树"则显出文字学的智识不够,因为"如树"两字是无论如何不能谐音的。

人们的走路姿势,大可欣赏,有一位先生走起路来身子直僵僵,屁股凸起;有一位先生下脚很重,走一步路全身肉都震动;有一位先生两手反绑,脸孔朝天,皮鞋的历笃落,像是幽灵行走;有一位先生缩颈弯背,像要向前俯跌的样子;有的横冲直撞,有的摇摇摆摆,有的自得其乐;有一位女士歪着头,把身体一扭一扭地扭了过去,似乎不是用脚走的样子。

再说。

朱　一日

28
1934 年

傻丫头:

我不要向你表敬意,因为我不要和你谈君子之交。如果称"朱先生"是表示敬意,"愿你乖"是不是也算表示敬意？你说如果有人称你宋先生你决不嫌客气,这里自从陆经理以下至于用人都和你一样称我为朱先生(除了我们的主任称我为"生豪公",英文部一二个同事称我为"密司脱朱",因为他们懂得英文的缘故,一位茶房亲热地称我为"朱",大概自以为这样叫法很时髦,不知全然缺乏了"敬意"),我又何尝嫌他们客气？问题只是在你称我为朱先生是否合适这一点上。就常识而言,"先生"二字是对于尊长者及陌生或疏远者的敬称,在俚俗的用法中,亦用于女人对他人称自己的丈夫或称他人的丈夫的代名词,如云"我家先生不在家","你的先生有没有回来"等。用于熟识的朋友间,常会有故意见疏的意味,因此是不能容忍的。

今天,没有什么好说的,上午满想睡半天,可是到十点钟仍旧起来了,读了一些……下午……天晓得我真要无聊死。

我爱你,此外什么都不知道。

心里异常不满足,因为写不出什么话。要是此刻你来敲门唤我,出去 take a walk[①]多好。

黄天霸　五夜

过了别离时,还解相思否

① take a walk：散个步。

29

清如：

昨夜我做了一夜梦，做得疲乏极了。大概是第二个梦里，我跟你一同到某一处地方吃饭，还有别的人。那地方人多得很，你却不和我在一起，自管自一个人到里边吃去了。本来是吃饭之后，一同上火车，在某一个地方分手的。我等菜许久没来，进来看你，你却已吃好，说不等我要先走了，我真是伤心得很，你那样不好，神气得要命。

不过我想还是我不好，不应该做那样的梦，看你的诗写得多美，我真欢喜极了，几乎想抱住你不放，如果你在这里。

我想我真是不幸，白天不能困觉，人像在白雾里给什么东西推着动，一切是茫然的感觉。我一定要吃糖，为着寂寞的缘故。

这里一切都是丑的，风、雨、太阳，都丑，人也丑，我也丑得很。只有你是青天一样可羡。

这里的孩子们学会了各色骂人的言语，十分不美，父母也不管。近来哥哥常骂妹妹泼婆。妹妹昨天说，你是大泼婆，我是小泼婆。一天到晚哭，闹架儿。

拉不长了，祝你十分好！六十三期的校刊上看见你的名字三次。

朱　初三

30

昨夜醒来听雨，一阵朦胧之后，重又做起梦来，大凡清晨的梦总是更纷乱，我也不大记得起来了。记得我是睡着，梦魇了，一样东西打胸口上压下来，喊，喊不出，一只脚还竖起着，要伸直都不可能，这原是常有的现象。于是我觉得一些人走了进来，姑母说，你看他们好睡，要来揭被，我全知道，我在十分梦魇，他们说什么做什么我都知道。无奈撑不起身来。终于醒了转来，我说你们做什么我都知道，我说我在睡着的时候什么事情都知道，如果今晚这窗前月亮亮，我睡着也可以看见。仿佛我的眼睛盲了。仿佛我忽然想要问你一句话，我死了之后，你肯为我流泪不？仿佛我真要死了。我说，如果我们是生在不科学的时代，或者可以相信灵魂不灭，而期待着来生，但现在是什么都完结了，我不愿意死，因为我爱你得那么厉害。仿佛我读到你的同平常一样的亲切的信，但不是在我将死的状态中了，我要写回信——于是我写了这些。

31

你相不相信"一见钟情"这句话？如果不相信，我希望你相信。因为昨天有一个人来看我，我们看影戏，我们逛公园，她非常可爱，我交关喜欢她。我说，她简直跟你一样好，只不知道她是不是便是你？也许我不过做了个梦也说不定。

亲爱的小鬼，我要对你说些什么肉麻的话才好耶？我只想吃了你，吃了你。

鸭　廿五

32

弟怨不欲生，阿姊是否被大狼衔去了乎？
纸上洒了几滴水，当作眼泪。

廿九五点钟

33
1934 年

清如：

  只想给你写信，可是总想不出话说。一天过得糟透，苏州的朋友叫我在春天未去之前去玩一次，我很动心，可是想还是来望你一次吧，如果没有什么妨碍，你愿不愿意看见我？前天才回绝了一个人的借钱，今天又有人来问借，真使我想像我是一个有钱人。酒面扑春风，泪眼零秋雨，过了别离时，还解相思否？翻绝妙好词，得此四句，甚喜。肚子很饿，身上又有些冷了起来。你此刻大概在房间里，你相信我是异常，异常地记念着你的。祝好。

一日下午四时

34

宋姑娘：

  读到芳札之后，不想再说什么话，因为恐怕你又要神经。

  这星期过得特别快，因为中间夹着一个五一劳动节。其实星期制很坏。星期日玩了一天之后，星期一当然不会有甚么心向工作，星期二星期三是一星期中最苦闷的两天，一到这两天，我总归想自杀，活不下去；星期四比较安定一些，工作成绩也要好些，一过了星期四，人又变成乐天了，可是一个星期已过去大半，满心想玩了；星期五放了工，再也安身不住，不去看电影，也得向四马路①溜达一趟书坊，再带些东西回来吃，或许就在电车里吃，路上吃；星期六简直不能做工，人是异样不安定，夜里总得两点钟才睡去；可是星期日，好像六天做苦工的代价就是这一天似的，却是最惨没有的日子。星期日看的电影，总比非星期日看的没兴致得多，一切都是空虚，路一定走了许多，生命完全变得不实在，模糊得很，也乏味得很；这样过去之后，到星期一灵魂就像是一片白雾；星期二它醒了转来，发现仍旧在囚笼里，便又要苦闷了。

你总有一天会看我不起，因为我实在毫无希望，就是胡思乱想的本领，也比从前差得多了，如果不是因为今天是星期五之故，我真不想活。

不骗你，我很爱你，仍旧想跟你在一起做梦。

朱

① 四马路即现在的福州路。

35

清如：

恕我又发过一次小脾气，你不怪我？

今天热了起来，要穿单衣了。

告诉你昨天我看过什么电影。吃过中饭，一点半了，到北京剧院看丽琳哈蕙的《龙翔凤舞》，英文名 The Congress Dances，取背景于拿破仑被囚于 Elba①岛之后，奥国权雄 Matternich 所操纵的维也纳会议，述俄皇与维也纳民间女子的一段缱绻。是一本清快的音乐喜剧，带着 opera②的形式，虽然不过是 love story③，又有一点政治的意味。却处理得似童话一样美丽，充满令人愉快的诗趣，和一般好莱坞的影片不同。丽琳在这里美极了，俄皇派马车接她，一路上穿过市街，穿过郊野，在车子里小鸟一样唱歌，路上的人都向她欢呼，真是一个美丽的梦。酒肆中的恋情，府邸中的神奇，宫庭中的舞会（亲王贵族们在会议室里，听着乐声，椅子整整齐齐地摇摆起来，终于溜了出去），以及一切人物性格之歌剧化，都有类于阿丽思的奇境。于是海面起了波浪，拿破仑的黑影在朦胧中出现，一切烟消云散，小女郎立在门边呆望。

接着又到新光瞧《阿丽思漫游奇境记》，毕竟因为太不自然的缘故，还不及在书上念着有趣。在我前面坐着四个女孩子，顶大的也只十二三岁，北方的言语，英文说得很好，看着预告的片子，说 Song of Songs 我看过，有意思ㄐㄧㄞ④！又说中国片子讲 love 的不多，《姐妹花》也不讲 love。节目上有 Hollywood Parade[5]的短片,说那是什么哪,大概是一个一个明星出来一下吧。故事中的什么 White Queen、Red Queen[6],也熟悉得厉害,Uncle William[7]是什么人呀?我奇怪她们懂得这么多。

愿你快乐!不恼我!

六日下午

① Elba:爱尔巴岛,地中海中一小岛,拿破仑曾被囚禁于此岛。
② opera:歌剧。
③ love story:爱情故事。
④ ㄐㄧㄠ:汉语旧注音符号,是"极了"的注音。
⑤ Hollywood Parade:好莱坞展示。
⑥ White Queen、Red Queen:白皇后、红皇后。
⑦ Uncle William:威廉大叔。

36

好朋友:

你知不知道我夜夜给你写信,然而总是写了一点,不是太无聊,就是话支蔓得无从收拾,本来可以写很长很长的信的,但是那很吃力,因此就去睡了。

我听见人家说,春天已快完了。今年这春天过的很有趣。其实觉得天气暖也只是不久的事,春天不春天本不干我甚么事,日子能过得快总是好,即使我们都快要老了。无论如何,我们老了之后,总要想法子常在一起才好。

今天到杨树浦底头跑了一回,看见些菜花和绿的草。静静的路上老头儿推着空的牛头车,有相当的意味。工厂里放工出来,全是女人,有许多穿着粗俗的颜色,但是我简直崇拜她们。

漠然的冷淡全不要紧,顶讨厌的是不关痛痒的同情,好像以为我生活得很苦很沉闷,而且有害身体,其实我是不会生活得比别人更苦的,而且你允许我这样说,我还是一个幸福的人,我总是想自己比别人更幸福的。好友,我不该这样想吗?你是怎样好,怎样使我快乐,除开我不能看见你。

小说都已看完，《罪与罚》好得很，《波华利夫人》译得不好，比之前者动人之处也不及多，《十日谈》文笔很有风趣，但有些地方姑娘们看见要摇头，对女人很是侮辱，古人不免如此。

明天是所谓瞓坦觉的日子，或者，大概，要去领教领教 Garbo①。

我很想起张荃，她出路有没有决定？大概是在家乡教书。

梦中不识路，何以慰相思。我是怎样的爱听你说话。祝福。

朱　廿一夜

① Garbo：嘉宝，美国著名电影演员。

37

昨天上午安乐园冰淇淋上市，可是下午便变成秋天，风吹得怪凉快的。今天上午，简直又变成冬天了。太容易生毛病，愿你保重。

昨夜梦见你、郑天然、郑瑞芬等，像是从前同学时的光景，情形记不清楚，但今天对人生很满意。

我希望你永远待我好，因此我愿意自己努力学好，但如果终于学不好，你会不会原谅我？对自己我是太失望了。

不要愁老之将至，你老了一定很可爱。而且，假如你老了十岁，我当然也同样老了十岁，世界也老了十岁，上帝也老了十岁，一切都是一样。

我愿意舍弃一切，以想念你终此一生。

所有的恋慕。

蚯蚓　九日

38

青女：

我不很快乐，因为你不很爱我。但所谓不很快乐者并不等于不快乐，正如不很爱我不等于不爱我一样。而且一个人有时是"不很"知道自己的，也许我以为我爱你，其实我并不爱你；也许你以为不很爱我，其实很爱我也说不定，因此这一切不必深究。如果你不接受我的欢喜，你把它丢了也得，我不管。因为如果你把"欢喜"还给我，那即是说你也得欢喜我，我知道你是不肯怎样很欢喜我的。你以为你很不好也罢，我只以为你是很好的。你以为将来我会不欢喜你也罢，我只以为我会永远欢喜你的。这种话空口说说不能令人相信，到将来再看吧。我希望我们能倒转活着，先活将来，后活现在，这样我可以举实在的凭据打倒你对我的不信任。

我永远不恨你骂你好不好？

不准你问我要不要钱用，因为如果我没钱用而真非用不可的时候，我总有设法处的。要是真没有设法处，我也会自己向你开口的。此刻我尚有钱。

兄弟如有不好之处，务望包涵见谅为荷！

以后我每天或间一天给信你，你每星期给一次信我，好不好？其实我只要你稍为有点欢喜我，就已心满意足了，我相信你终不至于全然不喜欢我，有时你说起话来带着——不说了。

我发疯似地祝你好！

丑小鸭　十

39

清如：

我希望你不是生病了，心里很有些惴惴。但愿你没有信来是为着别的各种理由，忙、懒、不高兴、生我气，或是嫁了人了都好，只不要是生病。我卜了一下，明天后天都仍然无信，顶早星期四，顶迟要下星期五才会有信，这不要把我急死吗？

> How like a winter hath my absence been
> From thee, the pleasure of the fleeting year!
> What freezings have I felt, what dark days seen!

What old December's bareness everywhere!
And yet this time removed was summer's times;
The teeming autumn, big with rich increase,
Bearing; the wanton burden of the prime,
Like widowed wombs after their lord's decease.
Yet this abundant issued seemed to me
But hope of orphans and unfathered fruit;
For summer and his pleasures wait on thee,
Art thou away, the very binds are mute;
Or, if they sing, 'tis with so dull a cheer
That leaves look pale, dreading the winter's near. ①

  我想不出说什么话,因为我不愿说"恨不得立刻飞来看你"一类的空话,也不高兴求上帝保佑你,因为第一我不相信上帝,第二如果真有上帝,而他不保佑你,我一定要揍他一顿。
  祝福你,"善良的人"。

心烦意乱   廿八

① 这一首十四行诗的参考译文如下(黄福海译):
飞逝的岁月把快乐带向远方,
自从离开你我就像冬天一样!
我感到阵阵冰凉啊日月无光,
衰老的腊月到处是荒凉景象!
这时候夏季早已剥夺了青春;
成熟的秋天赢得丰收和繁殖,
但却像丧偶之后寡妇的身孕,
缀满了花信时节的杂乱果实。
而我只能企望这绵绵的瓜瓞,
带来孤儿和没有父亲的成果;
因为夏季和快乐只和你相约,
你一走这段因缘就没了着落;
纵有歌吟也带着木然的神情,
枯黄的落叶惧怕那寒冬来临。

过了别离时,还解相思否

40

好友：

　　心里烦得写不出话来，可是又非写不可。我直到此刻都在恼，因为你说了"实在我这人很不好，免得你将来不喜欢我的时候要恨我骂我"的话。如果你提到将来，当然我起誓给你听也是没用的，但你如以为我对于你的友谊的发生是由于一时盲目的好感的驱使，那么你从开始就得拒绝和我做朋友的；你如以为我们的友谊是基于深切的了解，那么你就得信任这段友谊。除非你将来变了样堕落了，那时我为着过去友谊的关系一定要恨你骂你，否则我将没有不欢喜你的理由。至于我们自己好不好是各个人眼光判断的不同。如果你以自己为很不好，也没有不许我以你为很好的理由。而且一个人不该太把自己看轻，如果你能使一个人倾心相爱，你总有特别使他钦佩的地方，不见得是因为他实在找不到朋友了才要找到你。以我自己说吧，我知道我是极无聊极不好的家伙，然而至少我相信即使我常爱说谎，心性轻浮，而且失去天真的心已沾上人世的污秽，但我对你的一片心总是可以向上帝交代，是真挚而纯洁的，因此当我赢得你的信赖时，我并不因为我不够和你攀朋友而觉得近乎僭越，我决不肯相信将来有一天你会翻脸不认我。如果我欢喜你，为什么我不能欢喜你呢？

　　语无伦次，余话再说。祝你好，我欢喜你！

你所不欢喜的人　十一

41

我们的清如：

　　我们不知道几时才能再读到你一首较好的诗。如果我们是梦里的人们，我们要对那只作怪的夜莺说："谢谢你，还是闭住你的嘴吧，我们希望你唱着歌带我们到神奇的美梦里去，你却要哗啦哗啦唤我们醒来。到天亮的时候，云雀会来唤醒我们的，此刻夜冷静得如止水，还没有到应该醒的时候哩。要是玫瑰已褪了色，就请你用血和泪把它染红了好不好？老实说，要是我们醒来看见玫瑰已褪了色,还是不醒来的好。"

我们待你好。

朱朱和我　廿八夜

42

清如:

William Davies 说的:

What is this life, if, full of care,

We have no time to stand and stare?①

如果我向上帝祈求,我将说,给我充分的悠暇吧!看云的悠暇,听雨的悠暇,赤脚在椅背上打盹的悠暇,做诗、谈恋爱、自寻烦恼的悠暇,或者就是全无思虑的,在一两点钟内给朋友写一封无所不谈的随笔的信的悠暇。然而我的心是那么空虚又那么惶惑,那么寂寞又那么懒。实在我有许多偶然触及的思想,一些偶然忆起的琐事,我闷得很,我很需要告诉你,然而总似乎没有气力把这些搬到纸上。给你写信是乐事也是苦事,我也说不出我是如何思念你。

生涯是全然的无望。

---

① 这是诗人威廉·亨利·戴维斯的两句诗,大意为:如果事事需要操心,没有时间停驻观望,生后将会怎样?

43

宝贝:

我倦眼朦胧地给你写信,现在是下午四点三十三分。昨夜看小说看到二点多,今天倦得想死。我不想骂你,第一因为我倦;第二因为你叫我不要骂你;第三因为我并不比你好,不配骂你;第四即使我不倦,即使你叫我骂你，即使我配骂你，我也不愿意骂你，因为你是宝贝。

为什么我不会欢喜你向我饶舌呢？你自己懒得动笔，莫要推在我身上，我不要你那样体谅我。我多希望你一天到晚在我耳朵边咭咭呱呱，那么我永远不会神经衰弱。只要你不嫌吃力，一天对我讲四十八个钟点的话我都不会厌倦。

越是想你，越没有梦，福薄缘悭，一至于此！昨夜好容易到将醒来时才梦见接到你一封薄如蝉翼的信，还来不及拆开看时已经醒了，这种梦简直不值一个大。

我只盼望星期，我愿意什么事都不做，只是玩，吃东西，活着一点不快乐。

等到再看见你时，我又老了一百岁了。作算我再能看见你三十次，作算每次都是整整的一天，作算我们还有三十年好活，那么我还有10927.5天不看见你，30天看见你，这比例叫人气馁。

44

好友：

诗一首呈教。

下星期尾我来看你，你允不允许我？本星期尾要回家去。

不用再告诉你我是多么想你。做人是整个儿的无聊，也不知你把日子怎样挨过去。

我待你好，待你好，你好，好。

太保阿书

45

时间过得却快，现在三点半钟了。好友！我对你只有感激的欢慰和祝福的诚挚。几天的期望，换得一整天相聚的愉快，虽而今遗留给我的只是无穷的怅惘，我已十分满足。我不欲再留恋于此，已定坐七点十五分快车一个人悄悄地离校。我知道这次我不该来，在外边轻易引不起任何的伤感，一到此便轻轻拨起了无可如何的恋旧之思。这是我自寻烦恼，你不用为我不安（老鼠爬到身上来）。这环境于我不适，我宁愿回到嚣尘的沪上。望就给信我（老鼠爬到头上）。

我不能眷怀已往的陈骸，只寄希望于将来，总有一天，生活会对于我不复是难堪的 drudgery①。我十分弱，但我有求强的意志。寂寞常是啮着我，唯你能给我感奋，永远不能忘记你！

不多写，你会明白我，放假后过沪时，我从今天起再开始渴念着见你一次。现在我走了，我握你的手。

朱　二日晨四时

① drudgery：苦工。

46
1934 年

宋：

你把我杀了吧，我越变越不好了。

我想不出你将来会变得怎样，但很知道我自己将来会变得怎样，当我看见一个眼睛似乎很贪馋，走路东张西望，时常踩在人家脚上，嘴里似乎喃喃自语的老头子，我就认识，这就是我。

今天幸亏天气好——不热，有些雨，否则我一定已经死了，最近的将来我一定要生几天病，因为好久不病了。

要是世上只有我们两个人多么好，我一定要把你欺负得哭不出来。

俚词四首（借用张荃女史诗韵）

水面花飘水面舟　猖狂一辈少年游　宁教飞花随水去　莫令插向老人头

美人汗与花香融　且敞罗衫纳野风　春去春来都不管　好酒能驻朱颜红

恼杀枝头间关禽　恼杀一院春光深　敲碎一树桃李花　莫教历落乱侬心

　　陌上花儿缓缓开　天涯游子迟迟回　只愁来早去亦早　不如日日盼伊来

　　我爱宋清如，因为她是那么好。比她更好的人，古时候没有，以后也不会有，现在绝对再找不到，我甘心被她吃瘪。

　　我吃力得很，祝你非常好，许我和你偎一偎脸颊。

无赖　星期日

47

清如贤弟：

　　昨天夜里看 Booth Tarkington[①] 的《十七岁》，看到第二百页的时候，已经倦得了不得，勉强再看了三四十页，不觉昏昏睡去，做了许多乱梦，其中有一个梦五彩缤纷，鲜丽夺目（你有没有做过五彩的梦？），迨到睡醒，忽然看见电灯尚未扭熄，大吃一惊，如果给居停看见了，又要痛心电费。一看表已快五点钟，熄了灯，天也已亮，于是把《十七岁》看完，再睡下去，梦魇了起来，照例是身子压得不能动弹，心里知道在梦魇，努力想挣扎醒来，似乎费了九牛二虎之力把半身抬起，其实仍旧是躺在床上那一套。

　　在良友里用廉价把《十七岁》买来，作者 B.T. 或者不能说是美国第一流的作家，但总是第二流中的佼佼者。描写十七岁男孩子在初恋时种种呆样子，令人可笑可怜，至少很发松，大可供消遣之用。"大华烈士"以论语派的文字把它译出，译文也不讨厌。如果你不讨厌我只会向你献些无聊的小殷勤，便寄给你。实在！让疯头疯脑的十七岁做做恋爱的梦，也尚可原谅，如果活过了二十岁还是老着脸皮谈恋爱，真太不识羞了，因此我从来不曾和你恋过爱，是不是？

　　今天希望有你的信（但似乎是没有的样子）。我待你好。

吃笔[②]者　十四

① Booth Tarkington：布斯·塔金屯，美国作家。
② 吃笔：朱生豪故意将"吃瘪"写作"吃笔"。下同。

48
1934 年

清如：

要是我死了见上帝，一定要控诉你虐待我。

人已做到了山穷水尽的地步，再有何说？要是我进了修道院，我会把圣母像的头都敲下的。

总之你是一切的不好，怨来怨去想不出要怨什么东西好，只好怨你。

今天提篮桥遇见了苏女士，照理一年不见了应该寒暄几句，可是她问我哪里去，我想不出答案，便失神似地说回去，她似乎觉得这话有点可笑，我只向她笑笑而已，一切全是滑稽。

愿上帝祝福所有的苦人儿！

如果穷人都肯自杀，那么许多社会问题，都可不解决而自解决，我以为方今之世，实有提倡自杀的必要。

总之你太不好，我这样不快活！

再没有好日子过了，再不会笑笑了，糖都要变成苦味了，你也不会待我好了。

总之这样下去是不成的，我宁愿坐监牢。

为什么你要骂我？为什么你……人家都给他们吃，只不给我吃，我昨天不也给你吃花生？

我秘秘密密地告诉你，你不要告诉人家，我是很爱很爱你的。

我是深爱着青子的，

像鹞鹰渴慕着青天，

青子呢？
　　睡了。
鹞鹰呢？
　　渴死了。
没有茶吗？
　　开水是冷的。
我要吃 ice cream。
我要打宋清如，那尼姑。

49

好澄：

希望这封信能先你到家，等候着你。

路上平安？回家欢喜？母亲婉弟都好？以一颗爱你的心愿你得到最大的幸福，在母亲的怀里。

我的心是早该冷了的，为你的缘故，还不敢忘却春天的美丽。我不愿有更舒服的生活环境，因既已有你友情的抚慰，那是远宝贵过于一切的。

期待着你将给我更大的（但永不要给我最大的，因最大之上，将无可希望了）欢喜，当我看见你的时候。

祝福。

朱　十七

50

清如：

我知道你不爱见我，但不曾想到你要逃避我，我只是你一个平常的朋友，没有要使你不安或怅惘的理由。见一见你，我认为或者是尚可容许的我的仅余的权利，当然我也辨不出是悲是喜，但我总不能抑制着不来看你，即使自己也知道是多事。倘使我的必须是被剥夺去一切生人的乐趣，永远流放在沙漠中的命运，必须永远不再看见一面亲爱的人，那么我等候你的盼咐，我希望那会使你不感到不安。

  我不要休息，也不能休息。有钱的人，休息的意义是享福，可以把身体养得胖些；对于我们这种准无产阶级者，休息的意义是受难，也许是挨饿。我相信我更需要的是一点鼓舞，一点给人勇气的希望。我太缺少一切少年人应该有的热情。

  在你母亲的身旁，不要想到我，我不要损害你神圣的快乐。为你祝福。

朱　十九

51

宋：

  于是你安然到了家里，我也安然活着。当然我并不愿你来，也不盼你希望你来。今天又是下雨，但你不来而以因为我不愿你来作理由，却太使我恼，因为这是你第一回听我的话。如果我说，我愿你爱我，你愿不愿爱我呢？世上的事都是这样的，你如向人请求点恩惠，人家便将白眼报之，要是请他打一记耳光，人家便会欣然应命的。

  当然是我的无理，你不要以为我怪你，但以后请你不要诱我了吧，那真有点难堪。

  但愿来生我们终日在一起，每天每天从早晨口角到夜深，恨不得大家走开。

朱　廿六

52

好人：

  挨过了一个无聊的聚餐，回到斗室里剥去衣裳（我不想对你讲究无聊的礼貌，一定要衣冠端正而写信），便在纸上写上了"好人"两个字，这光景正像受了委屈的孩子扑到娘怀里便哇的一声哭起来一样，除了这我也想不出什么安慰自己的办法了。

  委屈是并没有什么委屈，不过觉得乏味得很，跟别人在一起的时候，我总是格外厌世的。今晚是本级在上海的同学欢送陈尧圣出国,虽然都是老同学,我却觉得说不出的生疏;坐在那里,尽可能地一言不发,如果别人问我什么,便用最简短的字句回答,能用点头摇头或笑笑代替则以之代替。我总想不出人为什么要讲那些毫无意义毫无必要的"你好"、"忙不"、"放假了没有"、"几时来拜访"、"不敢当,请过来玩玩"一类的话。

只有你好像和所有的人完全不同,也许你不会知道,我和你在一起时较之和别人在一起时要活泼得多。与举世绝缘的我,只有你能在我身上引起感应。

建筑月刊从最近期定起,计洋五元六角,定单上的五字写得不大容易辨认,故再写一笔,免得查问。

我爱你永远爱不完,愿蚊子不要叮你。

朱　廿七

53

虞山①小宋:

何以为生,简直闷得死去活转来。

他生未卜此生休,实做人之已而已而也。

足下亦自以为无愁乎?我辈行垂垂老矣。

拉底带拉底带。

绣水②朱君

① 虞山系宋清如家乡常熟城的一处名胜,用以代称常熟。
② 绣水:嘉兴的古称。

54

好人:

我想你昨天并没回家,因为这里不下雨,天气凉爽,正宜游玩。

今日仍无薪水发下，颇感恐慌，前代订《建筑月刊》之钱，请即寄下（订单早寄在栏杆桥，有没有看见？）。否则我将不写信给你了，不是因为不待你好，而是因为没有邮票。

好像夏天已过去了的样子。我今天早上不曾吃粥，因为粥菜恶劣极了，一碟臭腐乳，一碟干菜，真难为情得很。

我待你好。

和尚　六日上午

55
1934 年

好：

我希望世上有两个宋清如，我爱第一个宋清如，但和第二个宋清如通着信，我并不爱第二个宋清如，我对第二个宋清如所说的话，意中都指着第一个宋清如，但第一个宋清如甚至不知道我的存在。要你知道我爱你，真是太乏味的事，为什么我不从头开始起就保守秘密呢？

为什么我一想起你来，你总是那么小，小得可以藏在衣袋里？我伸手向衣袋里一摸，衣袋里果然有一个宋清如，不过她已变成一把小刀（你古时候送给我的）。

我很悲伤，因为知道我们死后将不会在一起，你一定到天上去无疑，我却已把灵魂卖给魔鬼了，不知天堂与地狱之间，许不许通信。

我希望悄悄地看见你，不要让你看见我，因为你不愿意看见我。

我寂寞，我无聊，都是你不好。要是没有你，我不是可以写写意意地自杀了吗？

想来你近来不曾跌过跤？昨天我听见你大叫一声。假的，骗骗你。

愿你好好好好好好。

米非士都勒斯[①]　十三

[①] 《浮士德》中的魔鬼，现译为"靡菲斯特"。

56

回答我几个问题：

1. 我与小猫哪个好？
2. 我与宋清如哪个好？
3. 我与一切哪个好？

如果你回答我比小猫比宋清如比一切好，那么我以后将不写信给你。

4. 我要不要认得你？
5. 小猫要不要认得你？
6. 小猫要不要认得我？

说起来很惭愧 昨夜我做梦 梦里我总是英雄而且比醒的时候多情得多 因为英雄自古必多情 醒时不过是阿Q的兄弟阿R 自然只好不多情了 想想看多么好笑 我不给你信 你就会干死枯死 那么我即使不爱你也只得爱你了 好 后天晚上同你捷克斯拉夫京城里看电影去。

57

心里气得很，没有吃的，没有玩的，没有书看，没有歌唱，你又没有信给我，如何活得了！

希望希望，我能希望些什么？明天还不是跟今天一样？能够早些老去是幸福，只怕挨那挨不尽的寂寞。

今晚一定要痛哭一场。我不知道你真会不会哭，也许有时找不到哭的题材，但会哭的人是可爱的。不过不应当当人面前哭，要悄悄的哭，而且哭过了要哈哈笑。顶好口袋里塞满糖，一个人走到一处幽静的地方，坐下来想生世中一切曾经过的悲哀，以及将来的可能的悲哀，一直想到自己完全溶入悲哀之中，而哭了起来，然后突然收住泪立起来，把糖塞在口里，唱着歌一路回去。一个浪漫的人，笑与眼泪是随身的法宝，你如不会笑，至少还够不上浪漫。

我所知道的人家对你的批评是说你很"ㄉㄧㄚ"①，这字写不出，只能以拼音代之。这也许更有侮辱的意味，我听了很无可如何。

古人有许多蠢处。莎士比亚写了一百几十首 sonnets②，其中一大半是为他所爱的一个男朋友而作，为英文中最有名的情诗。这事本没有什么反常，不过他说他希望他的朋友赶快结婚，好把美丽的种子传下去，说这种话，他完全是一个生物学家，而不像是个诗人。其实这些天才们傻的程度比我更甚。

星期日和人同去看《娜娜》，由左拉小说所改编的电影，俄国姑娘 Anna Sten 的第一张片子。看了之后，很失望，因为本来是自然主义的名著，却完全变成了平凡的罗曼斯，导演手法上也没有特殊之点，安娜·斯坦的演技虽不差，因剧本的不好（比较的说）也不曾留下多大的印象。罗曼斯的片子我只看过一张好的，那是 Garbo 的 *Queen Christina*③，故事是说一个冰雪之国（瑞典）的女王，喜男装，好骑射，不愿结婚，憧憬着自由，因为对于一个西班牙使臣的缱绻，那是代表她对于南国的阳光与热情的渴慕，终于脱去王冠的桎梏，载着被杀的使臣的尸首，到那产葡萄的国土里去了。很够诗意的不是？这是嘉宝自己挑选的她祖国的故事，完全地代表了她的艺术的灵魂的。

① 汉语旧注音符号，读 dia（嗲）。
② sonnets：十四行诗。
③ *Queen Christina*：《瑞典女王》，影片名。

58

昨夜做了一夜恶梦，看见许多家族、祖先的鬼。我家园后那间破厅成了他们的聚集所，我也看见母亲的鬼，想叫姆妈，喊不出，苦闷地叫着 m—m—m—，不是欣快，也不是惊怖，只是绝望，因为她也是那么冰冷地，像从棺材中跑出来的样子。

在宗法社会的旧家庭中，我似乎还算是比较自由的一个，因为一切我无须听命于父母亲族，但实际上鬼的势力仍是在暗中操纵着，逢时节祭辰，你必须向那些既不认识，又无感情的祖先下拜，便是屈服的象征。他们说我非讨老婆不可，并非为我个人的幸福打算，只因为我是大房的长子。但我当然没有做孝子顺孙的野心，至少我不希望我身后有人祭奠。

四日晨

59

清如：

你的几句话狠狠激怒了我。什么是普通的祝福，什么是不普通的祝福，我不甚清楚，说你待我好的话，不过是因为我在这里很寂寞，谁也不待我好，只你肯频频给信我，故心理上觉得你待我顶好，我不可以这样想吗？凡你对我说过的话，我总相信；不曾说过的，我不想知道也不欲妄测。既然你告诉我了，我知道了而且相信。本来我没有要在你心上占据"特殊"地位的野心，就是你当不当我朋友也满不在乎；我对于你的态度虽似狂妄一些，好像如你所想，不应该这样热烈似的。但我确信我的爱你并没有逾乎一个朋友的爱的界限；也许别人对于朋友的见解不过是普通的泛常的来往应酬，那我就不知道了。我说话常时是放肆一些，即使是在给女朋友的信中，会待好待好地招人疑忌。其实那些话在我倒并不觉得一定是向异性献媚求媚的话。即是普通的朋友，也尽有可以爱的理由，只要别缠到歪处去。我不甚愿和女性交际（如我是女子，我也不甚愿和男性交际），更不愿与任何一女子发生友谊以外的关系。你将永远是我少数的几个女友中之一，也许将是我唯一的女友，不知道你能不能相信我？但你并不待我好，故朋友云者，也不过是我一方面而言。至于我在于你，不过是一个认识的人而已，是不是？

愿你好。

朱朱　六日晨起

60

清如：

　　本来是不该再写这信了，因为昨夜气了一夜，原谅我没有人可以告诉。

　　话太多，实不知从何说起。只恨自己太不懂事，以后该明白一些，我是男人，你该得疑惧我的。一向太信任"朋友"两个字，以为既然是朋友，当然是由于彼此好感的结合，至于好感的到何程度，那当然不是勉强而来。但爱一个朋友，总不算是一件错的事，现在才晓得要好是真不应该"太"的。我心里有无限的屈辱。

　　愿你相信我一向是骗你，我没有待你好过，现在也不待你好，将来也不会待你好，这样也许你可以安心一点。交朋友无非是多事，因为交朋友就要好，而你是不愿别人跟你要好的。现在我很相信你不时提说的那一句话，男女间友谊不能维持永久。这责任不是我负，因为我一向信任你，不信任人的是你。我殊想不到待你太好会构成我自己的罪名。我心里有无限的屈辱。

　　写不出了，主要的意思，仍没有说。愿你好，以后，我希望能使你安静一点。

　　做人，是太难堪了。

61

朋友：

　　今天你也显出你的弱点来了。我还以为你真是"寡情"的，然而寡情的人是应该无爱亦无恨的，那么发狠做什么。

　　你骂我，我会嬉皮涎脸向你笑；你捶我，虽然鸡肋不足以当尊拳，但你的小拳头估量起来力气也无多，不至于吃不消；你要看我气得呕血，也许我反会快乐得流眼泪。我猜想你一定想念我，否则该已忘了我（已经四五十年不通信了呢，把一天当作三年计算）。我早已对你说过我向你说的是谎话，因此你不该现在才知道。你不要我怜悯，我偏要怜悯你，小宝贝怎么好让你枯死渴死萎死呢？天那么暖，冰冻死是暂时不会的。

一个人只被人家当作淡烟一样看待，想想看也真乏味得很，我倒愿做一把烈火把你烧死了呢。做人如此无聊，令人不高兴写信。

寄奉图画杂志两本，并内附图画数幅，亦小殷勤之类。你如嫌嘴酸，不要骂我也罢，如嫌手痛，不要捶我也罢，如怕自己心痛，不要看我呕血也罢。

老鼠（因不及小猫，故名）

62

昨夜的梦：

我弟弟非常 nervous①，因为他一个人睡在一间房间里，本来的两个同房间，一个生病回去，一个已死了。这房间是在顶楼的角落里，狭小而长，椽子板壁窗棂等都未加油漆，老鼠非常多，房间里堆着许多零乱的东西。在这房间的底端有一口年深日久的棺材，旁边点着一盏黝暗的琉璃灯。这棺材的盖是永远盖不拢的，总是掀开着一条缝。你猜睡在这棺材里的是谁，原来就是故英国诗人雪莱的遗体。白天人走出之后，常常有一位女客走进这房间里去，她穿着紫貂裘，长个儿的，但显得有些憔悴，偶尔和人们见面的时候，也点首招呼，但人家对她总有些神秘的惊惧。原来她便是雪莱的弃妻曼丽，跳在河里死的。往往她进入房间后不久，便见她和他一起出来到街上去。弟弟说："今晚把洋灯捻得亮一些吧，因为我怕。"

记得去年在上海有一批白俄的智识阶级举行普希金的逝世百年纪念，当时有一班中国文化界的志士激于义愤，大骂他们无耻，说他们污辱了普希金。很是好笑。

星期三

昨夜的梦：

我来看你，身上的衣服穿得褴褛不堪，像个叫花子。人家背后指着说："宋清如真倒霉，跟这个人做朋友！"

人要懒死了的样子。想来想去觉得做人太麻烦，简直做不来，你要是懂得些做人之道，请告诉我，老这样糊涂着活下去或死下去，很可怕。

星期四

① nervous：神经质。

63

老弟：

我的意像，

腐烂的花，腐烂的影子，

一个像哭的微笑，

说不清的一些乱七八糟的梦，

加上一张你的负气的面孔，

构成一幅无比拙劣的图画。

说绝交在理论上完全赞成，事实上能不能实行是一个问题，因为如果单是面子上装做绝交，大家不通信不见面，这是很容易的，但能不能从心理上绝交呢？至少我没有要下这一个决心的意思。你的没用你的可怜的怯弱除了你自己以外就我知道得最清楚，大英雄无可无不可，决不会像你那样倔强好胜的。我是怎样一种人你也大部分都知道，有些地方和你很相近，也有些地方和你不同，要是你以为我是个了不得的人，当然你不敢称我做孩子的。如果我们不想以幻像自欺自慰，那么要获得一个比真相更美的印象是不必的。我不知道你会不会有一天要讨厌我起来，但我可以断定的是我决不会讨厌你，你完全中我的意，这不是说我只看见你好的一方面而忽视了不好的一方面，实在我知道你不好的地方太多了，有些地方简直跟我的趣味相反，但如果你的好处只能使我低头膜拜的话，你的不好处却使我发生亲切的同情，如果你是一个完美的人，我将永不敢称你做朋友。三分之二的不好加上三分之一的好，这样而成的一个印象对于我觉得是无比的美妙，因为她不缺乏使我赞美之点，同时是非常可以同情的，如果把这印象再修得好一些，反而会破坏她的可爱，因为她将使我觉得高不可及了。

我所说的你的不好处不过是以客观的标准而评定，在我主观的眼中，那么它们是完全可爱完全好的。

因此我说，不要绝交好不好？

十日午后

64

爱人：

用了两天工夫给或友①写了一封英文的情书，计长五六大页。告诉你，这是一件登天的工作。要是有人问起我来："你善于踢足球呢，还是善于写情书？"我一定说："比较说起来，我还是善于踢足球。"

世上最无聊的事便是写情书，如果有写之之必要的话，最好像圣诞卡片一样，由出版家请人设计一些现成的情书，或者由诗人们写上一些丁香玫瑰夜莺的诗句，附上些花啊月啊，邱匹德之类的图案，印好之后发卖，寄信者只要填上姓名就好了。因为就是信的开端的称呼，如亲爱的挚爱的热爱的疼爱的宠爱的眷爱的……小麻雀小松鼠小天使小猪猡……以及末尾的自称，你的忠实的你的唯一的你的永远的等等，都已印好，这样就非常方便，横竖如果对方是聪明的话，早知道这些不过是顽意儿罢了。

可怜的就是那些天真的男女们，总以为人家写给他的信所说的是真话，或者自以为自己所写的是真话。一个人没有理由相信他自己，正如他没有理由相信人家一样。

（以下七十五字检查抽去）

▢▢▢▢▢▢▢▢▢▢

祝你发福。你不要我来看你是不是？我待你好。

———————
① "或友"：即"某一位朋友"。

65

你怕不怕肉麻？如果不怕肉麻，我便把一切肉麻的称呼用来称呼你。

我相信我将不能认识你，因为现在我确已完全忘记你的面貌，下回得再把你看得仔细些记得牢些。你愿意我在什么时候来看你？今天下午？大后天？下一个月？明年？还是一百年之后？我真疼你疼你，希望没有大狼会来驮了你去。

你说我们将来会如何结局？还是我不要了你，你不要了我，大家自然而然地彼此冷淡下去，还是永久跟现在一样要好，或是有什么其他的变化？我相信将来也许你会被我杀死也说不定。照你想来，如果我们在一块儿生活，会不会是一件很可怕的事？

我觉得我很"滑稽"（这"滑稽"两字不是说富于幽默，善诙谐之意，而是指一种莫名其妙但也并非莫名其妙的状态），我把自己十分看轻，这是一件很可怜的事，自命不凡固然讨厌，但自己看轻自己则更没出息，如之何？

总之你是非常好非常好的，我活了二十多岁，对于人生的探讨的结果，就只有这一句结论，其他的一切都否定了。

当然我爱你。

综合牛津字典　十三

注意：如果你不喜欢这封信，当然你可以假定这不是写给你的，而且我也可以否认这是我写的。

66

天如愿地冷了，不是吗？

我一定不笑你，因为我没有资格笑你。我们都是世上多余的人，但至少我们对于彼此都是世上最重要的人。

我一天一天明白你的平凡，同时却一天一天愈更深切地爱你。你如照镜子，你不会看得见你特别好的所在，但你如走进我的心里来时，你一定能知道自己是怎样好法（这是一个很古怪的说法，不是？）。

一切不要惶恐，都有魔鬼作主。

我真的非常想要看看你，怎么办？你一定要非常爱你自己，不要让她消瘦，否则我不依，我相信你是个乖。

Lucifer

67

Drink to Me Only with Thine Eyes①

今日融合无间的灵魂
也许明日便会被高山阻隔
红叶上的盟言是会消退了的
过去的好梦是会变成零星的残忆了的
自夸多情的男女
明天便要姗笑自己的痴愚了
饮了这一杯酒朋友
趁我们还未成为路人
请多多的望我几眼吧

树头的叶夏天是那么青青的
一遇秋风便枯黄了摇落了
当生命已丧失它的盛年
宝贵的爱情也会变成不足珍惜
自夸多情的男女
明天便要姗笑自己的痴愚了
饮了这一杯酒朋友

趁我们还未成为路人
请多多的望我几眼吧

等到我们彼此厌倦之后
别离也许是不复难堪的了
然而等我们梦醒的时候
我们自己的生命也不复是可恋的了
相思是不会带到坟墓里去的
一切总有了结的一天
饮了这一杯酒朋友
为了纪念我们的今天
请多多的望我几眼吧！

① 英文标题意为"就用你的眼神与我干杯"，为英国文艺复兴时剧作家、诗人本·琼森的诗作。

68

我不知道是什么东西，卢骚的新哀洛绮思（师范英文选第三册选入，这种物事好教学生！以文章而论，歌德的维特当然好得多了），恋爱，恋爱，那种半生不熟，十八世纪式的恋爱，幼稚而夸张，无谓的 sentimentalism①，佳人＋才子＋无事忙热心玉成好事的朋友＋扭扭捏捏不嫉妒的"哲学的"丈夫，这位丈夫，是卢骚特创的人物，篇中谁都佩服他，实际是最肉麻的一个。

你不用赌神发咒我也早相信你了，前回不过是寻晦气的心情，其实我总不怪你。

我顶讨厌中国人讲外国话，并不因为我是个国粹主义者，如果一个人能够讲外国话，讲得比他的本国话更好的话，那么他尽有理由讲外国话，否则不用献丑为是。个人对于中国语言文字并无好感。

过了别离时，还解相思否　　57

好人，我永远不对你失望，你也不要失望自己。

我希望你不要用女人写的信纸。

我以为理发匠非用女人不可，有许多理发匠太可怕，恶心的手摸到脸上，还要碰着嘴唇，叫你尝味它的味道。嘴里的气味扑向你鼻孔里，使人非停止呼吸不可。中国人喜欢搥背狠命扒耳朵，真是虐待狂。

伤风好了没有？你真太娇弱。

我不笑，不是不快活，无缘无故笑，岂不是发疯。

后天星期日。

接到你的信，真快活，风和日暖，令人愿意永远活下去。世上一切算得什么，只要有你。

我是，我是宋清如至上主义者。

人去楼空，从此听不到"爱人呀，还不回来呀"的歌声。

愿你好。

Sir Galahad②

P.S. 我待你好

① sentimentalism：感伤主义。
② 亚瑟王的圆桌骑士之一，被誉为最纯洁完美的骑士。

69

宋：

庄××君很可同情，我对于吃笔的人总是抱同情的。我相信他一定没有读过追求学，因此而遭惨败，实深遗憾。凡追求，第一要知己知彼，忖量有没有把握；第二要认清对方的弱点"进攻"；第三要轻描淡写，不露痕迹；第四须有政治家风度，可进则进，不可进则须看风收帆，别寻出路，不给被追求者以惹厌的印象。硬弄总是要弄僵的，寻死觅活的手段，只能施于情窦初开，从来不曾见过男人的深闺少女，柔弱的心也许会被感动。

College girl①大多是 hard boiled②，这是认识不足和手段错误。如果李女士一定不肯接受他的好意，大概他以后会变成女性咒诅者。大多数的男人都是这样缺少 sportsmanship 的。对于女人的男性憎恶论，则我觉得较可原谅，因为女人之被男人吃笔大抵有历史的社会的根据，而男人之被女人吃笔，多份是自己的错处，主要的毛病出在"不识相"三字上。

你也许不是一切人的天使，但至少你是我的天使。

昨得"打油渣诗"一首，"仿宋体"：——

书隔一星期，□历七千万万世纪，思君意如火山爆发，每个细胞打结三十六次。临颖不知云，却怨天气好，愿化一面镜子，常常照你笑。

愿你伤风快好，我待你好。

和尚　十六

① College girl：女大学生。
② hard boiled：老练的、不动感情的。

70

宋：

再过五天是星期日。今天，星期一，中午从厂里出来，就在盼望星期日了。星期日是不会有甚么乐趣的，但希望日子快些过去而已。我真不知道怎样把时间 while away①，没有一种方法能使自己快乐。看小说也感沉闷，跑出门，不知走到何处去好。歌旧的已唱腻，新的不上口，写信完全不高兴，朋友一个也不要看，无缘无故，想哭也哭不出，好吃的东西一样也没有。星期日最大的希望是身边有钱，走到外面一个人吃一顿中饭，买一大批书回来，再影戏院有好片子映，整下午葬在里面，因为此外似乎没有可以忘却自己的存在的方法。

心里完全是这样的空虚，不知给你说什么话好。明天也许你有信来，但愿你不要因我而不快，我收回一切的话。希望你幸福，接受我不尽的眷慕。

希特勒　廿一夜

① while away：消磨。

71

宋：

心里不痛快的时候，也真想把你抓起来打一顿才好。

朱　廿四

72

我实在是不值得可怜的，上星期又懒了一个星期。多极端，少调和，这实在足以影响我身体及精神上的健康。比如说吧，前夜整夜不睡，昨夜整整睡了一夜。失眠并不怎样痛苦，整夜不睡我还很少遭到过。两点钟上了床，很快就是三点钟，夜里的时间常比白天格外快一些，这是使我常晏睡的原因，虽我其实不愿意晏睡。于是起来捉臭虫，那时我便变成警捷狠辣的警察当局，一个个巨盗小窃都被我夹在纸头里捏杀了，一直杀得伏尸盈野，流血遍地，再关上了电灯，而天已经在发亮，计一小时四十余分钟，比有名的三十年战争还长久一些。昨天人并不倦，可是一到晚上九点钟，书是怎样也看不下去了，于是一睡到大清早，从来不曾这样甜法。

读完了吉辛随笔四卷（*Private Paper of Henry Ryecroft*），因此还算用功。

73

清如：

读到你信，我已决定不走动了，其实心情也懒散得很，蛰着吧，蛰着吧。人不大有气力，昨天用你的诗意写一首词，近来真一点诗思都没有：

不道飘零成久别

卿似秋风,侬似萧萧叶

叶落寒阶生暗泣

秋风一去无消息

倘有悲秋寒蛱蝶

飞到天涯,为向那人说

别泪倘随归思绝

他乡梦好休相忆

律诗首二句须对调,方合律。"花细细"可改"花碎碎",此联佳。"几头娇鸟"句俚。全诗甚女儿气。绝句第一首可。第二首第三句不合律,末句庸劣。

我有些悲哀,是茫茫生世之感,觉得全然是多余的生存着,对谁都没有用处。捱着活吧。

你仍肯为我祈祷吗?你待我好的,不是?

愿你快乐!

朱 二日下午

74
1934 年

清如:

假使你再跟我多接触一点,那么我仍然会变成你所鄙弃之群中的一个,这话你相不相信。我实在是个坏人,但作为你的朋友的我,却确实是在努力着学做好人,我很满足,因为这努力已获得极大的报酬,可以死无遗憾的了。

说起来有些那个,每回接到你信,虽是很快活,但也有些害怕,生怕你会说嗔怪我的话。我太不天真,心里有太多的尘埃,话如果不经滤过而说出来，有时会使自己回想起来很难为情，到那时候，也只好涎着脸说"说过的话不算"而已。人要是不能原谅，那么世间将无一个可以称为好朋友的人，如果不是相信你能忽视我的愚蠢可笑的地方，我一定永远不愿意看见你，因为见了你我将无地自容。

以前我最大的野心，便是想成为你的好朋友，现在我的野心便是希望这样的友谊能继续到死时（把这称为野心，我想是一点也不过分），同时我希望自己能变好一些，使你更欢喜我。

人总是那么一种动物，你无论到那里总脱离不了可厌的诸相，少理会理会他们就是。厌恶是不必，因为你厌恶了人，人也要厌恶你，但你如不理会人，那么人也不理会你，这就很清净了。骂女同学不值三角三的人，其实原来他不会如此无礼，都是因为他在人眼中自身也不值三角三之故，因此这算不得是侮辱，只能说是阿Q式的复仇。

和异性相处，最好的方法，便是不要过立崖岸，稍为跟他们随和一些，但不要太狎近。有许多女同学遭人嫉骂，都是因为过于矜持，不大方之故。在男女同学的环境中，太装出不屑为伍的神气，的确是足以令人难堪的（当然不屑为伍也许有不屑为伍的理由，但人总是昧于责己，只知道你神气，而不知察反自身）。我在之江读了四年书，同班的女生，也到最后一学期，路上相遇如不相识的，这种人我总不知道为什么要到有男人的学校里来念书。男人有时确是很下流，但这是因为他们从未学得尊重女性之故，在他们的经验中，只以为女子是另外一种人类，要把这种思想打翻，男女同学的学校实在是一个最适宜的改造观念的场所，但因为女子一方面的性格上的消极性质，在学问上少合作，课外活动方面不和男生竞争，学校当局则务为不彻底的防闲，对于正规的异性间友谊不加以奖励（他们都以为这些青年们是挺会交朋友的，其实有些只会瞎谈谈恋爱，有些非常面嫩，而有些则对于异性有着成见的憎恶），这些都足以阻碍双方理解的成立，而使男女同学一句话成为虚名，甚至只有坏处而无好处。我以为比如说在之江一类学校里毕业了出来，如果是男子，那么不曾交到一个女朋友还不算奇怪，因为女同学人数少，在较少人数中选择一个朋友，机会是要少些，但如是一个女学生，那么至少也得有二三个以上的男朋友（不是说谈恋爱的人），因为二三百男子中，说是没有人配作她的朋友，这样的女子未免自视太高一些。不过这样的话，在目前是谈不到，男女间差异过大，隔膜太深，在客观环境未更变以前，伲们间的关系还只能以恋爱结婚为限，这是无可如何的。我们当然都是理想主义者，也许在旁人眼中是可笑的也说不定。

读了生物学之后，你会知道所谓两性这一问题是如何一种悲剧。人类间的异性爱能从盲目的本能变成感情的交响，再从单纯的感情经过理智的洗练，因是创造出一种完全不同的事物出来，不能不说是绝大的进步。现今人类还不能不忍受许多生物学上定则的束缚，但几千年后，借着科学的能力，也许关于人类的生存和生殖两个问题有着另一的方式，而男女性将变为仅仅是精神上的区别，以彼此的交互影响提高文化的标准，这未不便是梦想，但那时人类当已进化到另一种阶段！

又是胡说。此刻我要出去，暂时不写了。

愿我亲爱的朋友与世无争，自得其乐。做人只有两种取乐之道，一种是忘我，忘了"我"，则一切世间加于"我"的烦恼苦痛皆忘！一种是忘人，忘了"人"，则一切世间的烦恼苦痛皆加不到我的身上。

朱朱　三日

75

小弟弟：

你才真傻，我又不问你爱不爱我，不过嚷嚷而已，其实你自己早对我说过了，我何必再问你？这正和我说我爱你一样，都不过是随口唱的山歌。而且你如真爱我，那你一定是个大傻子。（其实你不许我问你是你的自由，我问你也是我的自由，是不是？）

我已有充分的证据证实你生于民国元年岁次壬子，西历一千九百十二年，跟我同年岁，但我比你长三个多月的样子①，这是毫无疑义的。说谎即使说得不合情理，至少不要自己露出马脚来才是，你有什么资格叫我弟弟？

我说你解除婚约一回事②真不聪明，我承认一切都没有意思，代定婚姻、自由恋爱，以及独身主义三件事的价值同样等于零，因此何不一切随其自然？毕竟你还有点革命精神，不够做一个哲学家（比较起来，我觉得代定婚姻比自由恋爱好些，假如那父母是真有识见而真爱儿女的话，而且即使结果不美满，也可以归咎别人，不似自己上了自己当的有苦说不出）。

我不愿说吴大姐甚么坏话，其实她也没有什么不好，除了太女人气一点，我总没有法子使她了解我，你瞧我如不向她提说你，她便会猜疑我对她不忠实，我如向她提说你，说你很有趣很可爱，她又要生气不快活。当初我什么心腹话都给她说，我对你有了好感第一个便告诉她，她说："可笑！"那时我便伤透了心，我懂不出为什么她跟我做朋友便不可笑，而我跟别人做朋友便可笑。后来我知道她宁愿让我瞒着她跟人家要好而她自己假装不知道，这种态度虽也值得矜怜，但和我的主义太不合了。假如现在有一个人和你发生了很热烈的感情，初知道时我也许有点不快，但如你把他介绍给我以后，我也一定会和他成为好朋友，因为如果我爱你，你爱他，那么照逻辑推下去，我也一定得爱你所爱的人。我跟吴大姐有一个共通的朋友，他比我先跟她有交情，因为他是一个很忠厚而有道德（不像我一样轻狂）的人，已娶了妻子，因此不曾和她走上所谓恋爱的阶段。后来他对我的感情比对她的感情还好，但直到现在他对她都是一样的热情。当初我们三个人都说过彼此以同性朋友看待，我总不以为我跟你交朋友和跟郑天然任铭善交朋友或她跟陈敏学交朋友有什么不同，但这种思想也许只是傻子才会有，她不是傻子，因此不能懂得我。说起来很奇怪，在我和她第一年同学的时候，彼此还根本说不上有甚么交情，但已经常有人对我说，"吴大姐很爱你哩"，我当时不过以为人家开我的玩笑，其实我总觉得她不够爱我，她很难得给我说推心布腹的话，一切总是讳莫如深的样子，又常常要生我的气。我知道她是爱我的（现在她一定不肯承认），但那种爱很不能惬合我的心理，因为我要的是绝对没有猜疑的那种交情。

也许我十四下午仍会来杭州。我待你好。

阿弥陀佛

① 实际上宋清如出生于1911年7月13日，比朱生豪大半岁许，此处朱生豪故意和宋清如拌嘴。
② 宋清如幼时曾被许过人家，长大后在她的坚持下退掉了这门亲事。

76

清如：

　　凄惶地上了火车，殊有死生契阔之悲，这次，怕真是最后一次来之江了。颇思沉浸六个钟头的征途于悲哀里，但旋即为车厢内的嘈杂所乱，而只剩得一个徒然的空虚之怅惘了。八点多钟回到亭子间里，人平安。

　　你会不会以为我这次又是多事的无聊？我愧不能带给你一点美好的或物，并不能使自己符合你的期望。每次给你看的一个寒伧的灵魂，我实不能不悲哀自己的无望。我没有创造一个新运命的勇气，不，志趣，又不能甘心于忍耐。正同你说的，我惟蕲速死，但苦无死法，人生大可悲观。人云，难得糊涂，虽糊涂的骨子里实具有危险，我苦于不能糊涂。

　　但只你我的友情存在一天，我便愿意生活一天。如果我有时快乐，那只是你美丽的光辉之返照。我不能设想有一天我会失去你，那是卑劣的患得患失的心理，我知道。我相当的爱我每一个朋友以及熟识的人，可能的话，我也愿爱人生和举世一切的人，但我是绝对的爱你，我相信。我希望这不是一个盲目的冲动，我该不能再受感情的欺骗了。

　　这次给我一个极度美丽的记忆，我不能不向你致无量感激敬爱之忱。我害怕我终不会成为你的一个真的好朋友，因我是一个不好的人，但我愿意努力着，只要你不弃绝我。

　　谁知道我们以后还会不会会见了！哀泣着的是这一个失去了春天的心。春天虽然去了，还能让它做着春天的梦吗？虽然是远隔着，在梦里我不愿离开你，永远。

　　愿你真的快乐，好人！

朱　十八夜

77

宋：

今天四点半一人到常去吃东西的广东馆子里喝茶吃点心看小说，并没有什么趣味，我不知怎样找快乐，life always the same[①]。

人家送了我一本 Lawrence[②] 的小说，一本禁得很厉害的东西，全是描写性交的文字。告诉我你是不是好宝贝，不曾读过一本"秽亵"的书？

我又要忙起来了，工作已逼上身，damn it[③]！

几时你写长一点的信给我，写三张信纸，我回答你六张。女人们常爱多话，可是信总写不长，不知什么缘故，也有会写得比较长一些的，但都是把同一的意思反复述说着，加上许多啊字呢字哩字。

你知道我刚才搁了笔想些什么？我想你诚然是很美的，不过那不是几何学上所能说明的那种匀称的美，也不是用任何标准可以丈量的美，你有一种敏感的纤细的笔触，我简直不敢碰你（我想你如果胖了，一定要不动人得多）。即使从你的恶劣的字体中，也仍然可以体味出你的美来。

你是世上顶可爱的宝贝，遥遥无期的见面，想起来怪不快活，但我不想再到杭州来。我有点恨，我太容易灰心。

四日

① life always the same：生活总是如此。
② Lawrence：劳伦斯，英国作家。
③ damn it：该死的。

78

阿宋：

今天是星期，你猜想我很无聊吧？无聊是有些的，还不难过。我心里有歌唱，有希望，有你。

　　昨天回来，看完了顽童汤姆莎耶的故事，唱唱歌，很高兴，不曾忘记你。夜里做乱梦，姑母赶来上海责我在外面游荡，很怨。在把三年来的新旧诗词整理抄集起来，约有三百面光景，你看过的居多，等你来的时候，托你代我保存。

朱

79

　　一半儿词做得不好，咏秋海棠，其实也等于不曾咏，没有奇警的作意或深沉的寄慨，把笔尖绕来绕去也总脱不了稚嫩的闺秀气。"冷露"两字不叶律，当全用平声字，把全句改作"一半儿飘零一半儿红"，不知好不好。

80

　　二姐已经睡得好好的了，小弟刚看卓别麟回来，胡闹得有趣。

雁歌暝归霞	楼凤惨瘗残	屏墨香尘老	轻灯舞往还
宿酒愁难却	旅尘染鬓寒	临江慵写黛	病却盼花残
素缕委尘白	软绡染水红	春归絮舞苦	花老燕飞慵
千里无情月	尚临别梦明	断魂残酒后	掩泪倚青灯

——拼字集句成四首

　　这玩意儿是我发明的，即是把一些诗词抄在纸上，然后一个一个字剪下来，随意把各字拼凑成一些不同的诗句，如上例。很费心思，你一定不耐烦试。然而我待你好。

廿八夜　爱丽儿

　　我想要是世上有一个人，比你更要好得多，而且比你更爱我，那么我一定会忘了你的。不过那是谎话,如果真有那样一个人,我一定要咒诅那人,因为比你更好,即是不好。而且我为什么要人爱我呢?你倘不待我好我也一样待你好,除了你之外,我不许任何人待我好,但你待不待我好全随你便。

如果我忘了你,你会不会"略为有一点"伤心呢?我知道你一定会说"绝不!"为着这缘故,我更不肯忘了你,因为一个人如被人遗忘了而一点不伤心,这表示那忘记她的人对她会不值一个大,这是何等的侮辱呢。

莫名其妙的,日常我觉得我很难看,今天却美了一些。

你的鼻子有些笨相,太大一点,你试照照镜子看,你的眼睛最美,那么清澈而聪明,眉毛的表情也可爱。脸孔的全部轮廓,在沉静和愠怒时最好看,笑起来时,却有些凄惶相。是不是胡说呢?你的手跟你写的字一样太不文雅,不过仍然是女性的,令人怜疼,想要吻吻佢们。

廿九晨

81

Kid：

Don't worry alright just a bit of being angry about everything ever adore you want to kiss your big nose.

ARIEL

大意：

孩子：

别担心,什么都好,只是对一切都有点不满。永远喜欢你,想要吻你的大鼻子。

爱丽儿

82

宋：

信不知怎样写法。有时我常惭愧我自己,也会觉得我不配作你的朋友,有时我本来不算生病，人照常好。我想我并不太苦，也许有点太幸福，我想。在这世上，比宋再好的人，我想是没有了。

今天不放假也好。天仍是阴，心里仍是闷。但无论如何，我算在友情里（可不可以说你的？）找到了活在世上的意义，寂寞实在是够人耐的。让我永远想望那一点天外的星光过活，纵便看不见他，在梦里我要给他无数吻。

我们人类的感觉，许多是在自己的感觉里夸张了的，我们正也需要这类的夸张。

愿你有一切的快乐，我是你的。

朋友　五日

83

祖母大人：

请借给我五块钱，好久以后还给你。

请讲个故事给我听，Once upon a time there was a king.①

请不要哭。

请待我好。

出须官官　十七

① 大意为：从前有一个国王。

84
1934 年

小宋：

代你作了三首诗，这玩意儿我真的弄不来了。

　　春风转眼便成秋　昨日欢娱此日愁　愁到江山齐变色　惹伊鸥鹭亦低头

不见花前笑脸红　寂寥身世可怜虫　寒松阡陌蛾眉月　肠断坟头夕夕风

　　迷离旧事逐烟尘　不尽凄凉剩此身　梦里依稀犹作伴　一灯红影照三人

　　我现在很有钱，你要我买点什么东西给你？

廿一

85

好人：

　　你简直是残忍，一天难挨过似一天，今天我卜过仍不会有你的信来。我渴想拥抱你，对你说一千句温柔的蠢话，然这样的话只能在纸上我才能好意思写写，即使在想像中我见了你也将羞愧而低头，你是如此可爱而残忍。

　　我决定这封信以情书开头，因此就有如上的话，但这写法于我不大合适，虽则我是真的爱你，如同我应该爱你一样。

　　如果到三十岁我还是这样没出息，我真非自杀不可。所谓有出息不是指赚三百块钱一月，有地位有名声这些。常常听到人赞叹地或感慨地说，"什么人什么人现在很得法了"，我就不肚热那种得法，我只要能自己觉得自己并不无聊就够了。像现在这样子，真令人丧气。读书时代自己还有点自信和骄矜，而今这些都没有了，自己讨厌自己的平凡卑俗，正和讨厌别人的平凡卑俗一样，趣味也变低级了，感觉也变滞钝了。从前可以凭着半生不熟的英文读最艰涩的 Browning[①] 的长诗，而得到无限的感奋，现在见了诗就头痛，反之有时看到了那些又傻又蠢气的电影，倒要流流眼泪，那时我便要骂我自己，"你看看你这个无聊的家伙，有什么好使你感动的呢，那些无灵魂的机械式的表演？"真的我并不曾感动，然而我却感动了。一个人可以和妻子离婚，但永远不能和自己脱离关系，我是多么讨厌和这个无聊的东西天天住在一个躯壳里！如果我想逃到你的身边，他仍然紧跟着我，因此我甚至不敢来看你，因为不愿带着他来看你。我多么想回到我们在一处作诗（不管是多么幼稚）的"古时候"，我一生中只有那一年是真的快乐，真的满足，满足自己也满足世界，除了太过渺茫了的我的童年，那还是太古以前的事，几乎是不复能记忆的了。

你知道火炉会使人脸孔变惨白，但你不知道人即使在火炉旁也会冻死的，如果有人不理他。杭州已下雪了，这里只有雨，那种把人灵魂沾满了泥泞的雨。冬天唯一的好处是没有臭虫，夜里可以做梦，虽然我的梦也生了锈了。

寄与你一切的思慕。

朱儿

---

① Browning：勃朗宁，十九世纪英国诗人。

第二部分

**假如有人问我烦忧的缘故，
我不敢说出你的名字**

86

清如：

元旦早上到家，过了两夜，今晚回上海，读了你的信，很快活。

家里当然并没有趣儿，来了几个客人，吃吃东西发发闷，想给你写信也没心思，一半因为没有钢笔墨水我写不出。夜里仍做些梦，都不记得了，今天早上睏晏觉，在被中想想你，曾经哭哭，不是为伤心或相思得苦，只是无聊而已。

我的年龄一共有四说，廿二岁，廿三岁，廿四岁，廿五岁。

再过两天是星期，又得玩了，还剩两三块钱。至少可以把西席地米尔的 Cleopatra①和刘别谦的 Merry Widow②两本一起看过。郑天然这家伙不知究竟打算来不来，要是明天不来，我根本对他失望了，已经是第四次的延期。

什么希望都没有，只希望就看见你，你阴历新年在家还是在校？

这是今年我所写的第一封信。一切的思念和祝福都属于你，愿你无限好。

我怪爱在冷天吃冷东西，此刻尤想吃 ice cream。

朱　三日夜

① Cleopatra:《埃及艳后》，影片名。
② Merry Widow :《风流寡妇》，影片名。

87

宋：

今夜我非常口渴。

从前有一个阿Q式的少年，某个女郎是他的爱人，但他并不是她的爱人，因此你可以知道他们的是一种什么关系。然而他是个乐观的人，他说，她不过是嘴里说不爱我，其实心里是很爱很爱的；因此他非常幸福地生活下去，直到有一天她把他完全冷淡了。他说，真的爱情是渊默的，真的热力是内燃的，而外表像是蒙上一重冰冷的面幕；因此他仍然非常幸福地生活下去，直到有一天她嫁了人了。他说，爱不是占有，无所用妒嫉而失望，而且她嫁人是一回事，爱我又是一回事，她的心是属于我的；因此他仍然非常幸福地生活下去，时时去访候她，直到因为太频繁了而一天被飨闭门羹。他说这是因为她要叫我不要做傻子，既然我们的灵魂已经合成一体，这种形式上的殷勤完全是无谓而多事的；因此他仍然非常幸福地生活下去，直到老死，梦想着在天堂里和她在一起。横竖天堂并没有这回事，只要生前自己骗得过自己，便是精神上的胜利了。我说这样的人，非常受用。

真是从心底里感谢你给我的那两张照片，取景、位置、光线，都很好，那女郎可爱极了，你愿不愿为我介绍？看她的样子很聪明，很懂事，而且会做诗，也许很凶（？）。

读书要头痛，最好的办法，就是不读，等不痛的时候再读。可惜你不多跟我在一起，对于应付功课债方面我是顶在行的，在大考的时候，我惯是最悠闲的一个，虽然债欠得比谁都要多。

我不希望你来（不是不要你来），你来我会很窘的。

买了一本《文学月刊》，一本《文学季刊》，其中的小说，模模糊糊看不下去，我说去年一年在小说、戏剧、诗歌一方面都绝少收获，诗歌已至绝路，戏剧少人顾问，小说方面，还有一批能写的人，可是作家一成名，便好像不能再进步了的样子。过时的作家写出来的东西几乎没一篇不讨厌。

前天去看《风流寡妇》影片，我不曾看过《璇宫艳史》，很抱歉，刘别谦的作品一部也不曾看过，我以为一定是很好的，至少在技巧上画面上，不能怎样说它坏。但希望过奢，不免有些失望。故事不算不发松，不知为什么总觉得很空虚，不似《云台春锁》那样嘲讽得泼辣淋漓。歌舞场面的富丽，则别的影片如《奇异酒店》等中也已见过。希弗莱我本来相当的喜欢的，虽则他不是美少年，这里仍然是他的顽皮。但麦唐纳在任何一方面都不能使我满意，第一她完全不美，不动人，简直有些难看，第二她的表演也是平平，没有出色的地方，歌唱得还好，但不及 Grace Moore[①]。

因此今天 Cleopatra 也不去看了，左右不过是铺张一些巨大的场面，比之《罗宫春色》和以前的《十诫》、《万王之王》是较失败的一张，因为缺少情绪上的力量，据说是。附近的小戏院里映《狂风暴雨》，去温了一遍，这类片子才真是百读不厌，而且第二遍比第一遍更满意。

郑××我看他真没有脸孔活在世上，日本大概不会去了吧？和你的说去北平一样，可是你有你的客观环境，还可以原谅，他赖在家里不知作甚么的。

接受我的渴念和祝福。

朱　六日夜

你一定说我不好，大概已成定谳，再为自己辩护也没有用了，我将以自怨自艾的灰心失望度过这不得你欢喜的余生了吧，言念及此，泪下三钵头。

如果上某个教员的第一班课，在开首几个星期里，必得格外巴结，给他一个特别好的印象，以后可以便宜不少，就怎样拆烂污也不要紧了，这是我一贯的政策，我的好分数都是这样得来的。

我不笑你，但我真愿你不要再病了，永远地，永远地。不是假惺惺，真有点怅惘。有得时间生病，宁可谈恋爱。

我能够崇敬你的，如果你愿意。

① Grace Moore：格雷丝·摩尔，一演员名。

88

清如仁姐大人芳鉴：

我希望你能再稍为待我好一些，这对我本无关系，因为我是个死人，随人家怎样待我都是一样，所以如此希望你者，不过为着你良心上的安宁起见而已，将来末日审判的时候，也庶几可以无疚于圣父圣子圣灵之前。

举今天的事情来说，我抱着万一的希望奔到了汽车站，迟了七步半，废然而归，本来希望只是万一，因此失望也只是万一，所有的损失，也不过是半身臭汗、一顿中饭、二角车钱、三刻钟迟到而已，但告诉了你，你岂不要不安乎？

你瞧，你如不希望我来看你，就不该告诉我时刻，告诉我时刻，就表示你的不希望我来看你并无诚意，此足下之一不该也；你如不愿见我，就不该特地从上海过有心逗我气恼，此足下之二不该也；你应该早一点发信或再迟一点发信，偏偏要把信在这尴尬的时间寄到我手里，此足下之三不该也；如果你不希望我来看你，就应该在信上写明"希望你来看我"，那么我为着要给你吃一次瘪起见，一定会不来看你，计不出此，此足下之四不该也。有此四不该，虽欲不打手心，不可得矣。

希望你快快爱上了一个人，让那个人欺负你，如同你欺负我一样。

小弟朱生敬启　十六

而且即使你是宋清如，也不应该把地址写成地趾。

寄来的女人照片，我绝对不认识是谁。

89

亲爱的"英雄"：

英雄总是舍不得家的，终于回到娘怀里吃奶去了。想途次平安，到家快乐。

几时回来？大概未必肯来看我，我也决心不望你了。免得再使自己生气。暂时只写这些。愿你好。

朱

90

清如：

我心里很悒郁很悒郁。你的信来了，拿在手里，心微微的痛。读了之后，更懊恼得说不出话来。我已写过两封信，寄在栏杆桥。现在写信，又忘记了你常熟的地址号数，得还家翻了出来才能付寄。心真急，话，今天说了要隔天才能听到，已不痛快。回音，又有得等的。冬天的日子也是这样长。

这里，有的是把冷淡当作友谊的"好朋友"。我，没有话说，只念你，像生着病。我心里很悒郁很悒郁。不要失约，好人！我把一天当一年过，等候着你。我不能让你在我身边闪过，我要望着你，拉住你，相信不是在梦里。天！我愿意烧，愿意热烈，愿意做一把火，一下子把生命烧尽。我不能在地窖里喊忍耐，一切是灰色得难受，灰色得难受。死，也得像天雷砸顶那么似的死，火山轰炸那么似的死，终不能让寂寞寸脔我的灵魂，心一点一点地冻成冰。我怕冷。愿你好。如果我不是这样不自由，我将飞到随便什么地方来看你。说不尽的心里的一切。

朱　十九下午

91

宋：

　　孺慕这两个字也许用得很不适当，但没有别的名词比这更好地道出我对你的怀念，那不能是相思，一定是孺慕。

　　你走了一礼拜了，仿佛经过了好几月，前夜写了封信，却不曾发出。话是没有什么可说，只告诉你我虽不快活，也不比一向更不快活，日子尚不至于到不能挨过的地步。其次你到家后还未有信给我，已经在望了。我不要你怎样费工夫给我写信，只草草告诉我安好就是。我只盼快点放假回家，虽然也不会有甚么趣味，或者到杭州望望铭善去。

　　以全心祝你快乐健康。

朱　廿三

　　假如有人问我烦忧的缘故，
　　我不敢说出你的名字。

92

一九三五年一月廿三晚间

　　今天曾到什么地方走过？

四点半因为寄一封信出门去，茫然地坐 Bus 到外白渡桥下来，抄到北四川路邮政局前，摊头上买了一本《良友》（不好，印刷也大退步），旋即回来，总之，做人无趣。

　　刚才吃过夜饭吧？

　　是的，今夜饭菜有鸡，虾，咸肉等，虾是二阿姨从常州带来的，伯群先生也在座，看样子他们的婚期就在最近，青春过了的人，对于这种事，除了觉得必要这一个思想外，不会感到怎样的兴奋吧。总之，人生不过尔尔。

　　请问，足下对于婚姻的意见。

　　这是个无聊的发问。我只觉得看看孩子们装新郎新妇玩是怪有趣的，变成真事就没趣。总之，浮生若梦。

　　感慨很多吧？

　　没有什么感慨。有一个朋友因放学需钱，要向我告借五块，有趣得很，端整的钢笔字写了满一页，开首是寒暄，于是说我心性倾向悲观，应当怎样求解脱，念佛修行……

　　是不是开玩笑的写法？

　　不，完全是一本正经的，他是个古怪的佛教徒。于是借钱。钱我借不出，五块钱是还有，预备留在身边。去年他也向我借过五块，那时正是闹裁员欠薪，我一块都没有，好容易设法寄了他，不但不还，收到后回信都不给。在现在懒得一切的心情里，像煞有介事的写复信去给他声明苦衷兼讨论大乘教义的事，也只能作罢了。一切有为法，如露亦如电。

　　今天晚上预备如何消磨？

　　可怜也，本想一头钻到被里翻旧的外国杂志看，可是心里觉得怪无可如何的，想写信给澄哥儿①。

　　他今天没信来吗？见了相依为命的母亲的面，该是怎样的悲喜交集吧。

　　今天望了一天信，只要知道他平安快乐就好了。做人有什么办法，不要见的人天天混在一起，心里欢喜的人一定要盼呀盼呀才盼到一天半天或者几十分钟的见面。

　　得了，你有那么好的一个朋友，岂不应该心满意足了吗？这世上，寂寞的人，心灵饥饿的人，是多到无可胜计哪，比之他们，你算是特别幸福的了。

（受了恭维，很快活）所以，我总不承认我是 pessimist[②]。

你现在希望什么？

容我思索一下。——希望生活有些满意的变化，这是 uncertain[③] 的。最远一个希望是死，永久的安息。比如拍电影，这是远景，把镜头尽量推近，一个可能的希望是不久能再看见我的朋友（你知道我说的是谁）；再推近，一个半身景，这希望是快些放阴历年假；再近，一个面部的特写，是希望最近的一个星期日。

近来看过电影没有？

正式看过的只一张《国际大秘密》，片子不坏，人材不差！但趣味不浓厚，是美国式的俄国革命影片，其中的列宁扮得很像。中央电检会通过准映，但今天报纸上又载重新禁映了，不知什么理由。其实是非常灰色的一张。

领教领教，现在预备写信了吧？

不，算了。今晚一定早点睡。

那么再说，愿你今夜有个好梦。

看见宋吗？我想我不会有那样福气。

① 指宋清如。
② pessimist：悲观主义者。
③ uncertain：不确定的。

93
1935 年 1 月 30 日

二哥：

今天星期三，还有三天，星期六就放假，一共七天。要是阳历新年放那么多，岂不好，不幸而生为阴国民。五日之前，信寄我家里，如果有信的话。

你大概安好，也许很忙，读一点书，或者只是想想而已也说不定。你读一点什么书？

郑天然昨晨六点钟坐大轮船留学去，不曾来看我，当然我也没有去送她。前晚我为她大气特气，电话里关照说我去看她，还想请她吃夜饭哩，巴巴的走到她旅社里，出去了。有事情得留下话，不使人瞎等是不是。这人吊儿郎当，借我至少十五块钱，还我十块，其余的算是我要付她的利息，犹太人碰着她要饿死。写信总是虚假的文言，她爸爸的！以后尽量不理她。

再说。菩萨保佑你易长易大，无灾无病。

拙者　日期见上

94
1935 年 2 月 1 日

人生当以享乐为中心。第一种人眼前只道是寻常，过后方知可恋，是享乐着过去。第二种人昨日已去，不用眷眷，明日不知生死，且醉今宵，是享乐着现在。第三种人常常希望，常常失望，好在失望后再作新的希望，现实不过如此，想像十分丰富，是享乐着未来。你在读书时可以想像放假而快乐，放假时可以想像读书而快乐，于是永远快乐。

我假从二月二日（记住那是我的阳历生日，阴历生日已过去两个星期）放起，不想就急急回家，那天（明天）上午或者去买东西，下午或者去看舞台人的演剧，或者晚车回去，三日四日五日六日都在家，七日回上海，八日再可以玩一天，九日上工，十日星期仍上工，到十七再玩。

到家里去的节目不过是吃年糕，点蜡烛，客人来（我希望她们不要叫我拜客了），以及搓麻将。

新近发现了一条公理：凡是巴巴的来看我的朋友，都不外是因为：1. 借钱，2. 托我事情；其余的朋友都不愿意见我，这最近有好几个例证：

一、一个在苏州的好几年不见但常通信的朋友到上海来，打电话叫我到中央旅社看他，我把中央误听了东亚，找不到，后来他说，本想来看我，想想见面没甚么意思，因此就走了。

二、你过上海时我来车站望你，你说我不应该来看你。

三、郑××上次穷瘪来投靠我，今番堂而皇之地出洋，于是打电话来关照我都叫茶房代打，当然再不要光顾亭子间了。

四、我叫任铭善到我家来玩，他想了好几天，终于决定不来。

苦笑而已，云何哉。

看见太阳，心里便有了春天，天气真有暖意，即使不怎样暖（否则室内不用生火炉），至少有这么一点"意"。可是上海是没有春天的，多么想在一块无人的青草地上倒下来做梦哩。手心里确是润着汗，今年的冬天是无需乎皮袍子的，只是不知几时才会下雪，虽然我并不盼望。

你的来看你的朋友如果不是一个古怪的人，便是一个平常的人，因为你要叫我猜，我便猜她（不是他吧）是一个古怪(means①有些特殊的地方)的人，否则你没有向我特别提说的必要。古怪两字用指最高泛的意义，不单指人的本身，也指 case②，condition③等等而言。

这答案答得坏极。

Bertram④的离别使她的眼里充满了眼泪，心里充满了悲伤。因为她虽是绝望地想着他，但每点钟和他相对，对于她终是很大的安慰。Helena⑤会坐着凝望着他暗黑的眼睛，他慧黠的眉毛，他美发的涡卷，直至她好像把他的肖像完全画在她的心版上，那颗心是太善于保留那张可爱的脸貌上每一根线条的记忆了。

当我年轻的时候，我也是这样的。爱情是那朵名为青春的蔷薇上的棘刺。在年轻的季节，如果我们曾是自然的儿女，我们必得犯这些过失，虽然那时我们不会认它们为过失。

不要自寻烦恼，最好，我知道你很懂得这意思。但是在必要的时候，无事可做的时候，不那样心里便是空虚得那样的时候，仍不妨寻寻烦恼，跟人吵吵闹闹哭哭气气都好的，只不要让烦恼生了根。

你是个美丽而可爱的人，春天、夏天、秋天和冬天的精神合起来画成了你的身体和灵魂，你要我以怎样的方式歌颂你？

祝福！

朱朱　一日

① means：意思是。
② case：情形。
③ condition：状况。
④⑤ Bertram 和 Helena 是莎剧《终成眷属》中的男女主人公。

95
1935年2月2日

哥儿：

不动笔则已，一动笔总是 sentimental①，我很讨厌我自己。

几天暖得像大好的春天，今天突冷，飘雪。

真想着你啊，还有好多天呢。

有人说我："说着想念你啊想念你啊的一类人，都是顶容易忘记人的。"我不知道自己究竟是不是那种人，容不容易忘记人现在也没有事实为自己证明。但如是那样能热热烈烈地恋，也能干干净净地忘却，或比不痛不痒的葛藤式的交情好些吧？作文章，写诗，我都是信笔挥洒，不耐烦细琢细磨的人；勾心斗角的游戏，也总是拜人下风的。

该有信给我了，你允许我的。

一本《古梦集》②，抄得你梦想不到的漂亮，快完工了，作礼物送给你，至少也值得一个 kiss。

真愿听一听见你的声音啊。埋在这样的监狱里，也真连半个探监的人都没有，太伤心了。这次倘不能看见你，准活不了。

哥儿是用不到我祝福的，因哥儿的本身即是祝福，是我的欢乐与哀愁的光明。

朱　2/2 下午

① sentimental：感伤的。
② 朱生豪大学毕业后曾把自己写下的旧体诗词选编抄录装订成册，取名《古梦集》，后毁于日本侵略者的炮火中。

96
1935 年 2 月 3 日

清如：

　　我四日回家去，七日回上海，假使你在那几天里动身，肯到我家里来当然很好。不过我不盼，因为已知道我们彼此的运命是成十字形的，等我在嘉兴的时候，你又会打上海转了。我已不希望再看见你，除非如你所说的，等我讨老婆的时候，你一定会来（虽然你的话也未必作得准），然而为要看见你而讨起老婆来，这终好像有点笑话，而且很不合算，倘使看见你一次了还不够，那么须得把老婆离了再娶过，岂不滑稽？最好还是娶你做老婆，你看怎样？——别怕，我不要向你求婚，但我有了一个灵感，说，你如果到四十岁还嫁不出去，我一定跟你结婚，好不好？如果我到那时还没有死（你也没有死），一定要安安静静地活下去了，现在是只有烦心，娶了妻子会烦死。

　　你嫁人时候我一定不来吃喜酒，因为我会脸红。喜酒最不好吃，我宁愿两人对酌，吃花生米喝淡酒（最好是甜酒），可以十杯廿杯尽喝下去，一喝就醉太无意思。

　　总之前途瞻望甚黯淡，绝对悲观，还是求上帝许我多梦见你几次吧。

　　祝好。

绝望者

97
1935 年

宋：

　　不知怎么心里怪不如意，总觉得世界欺骗了我，不得劲，弱得希望死。能够把自己的生命弄得悲剧一些总是有意思，无可奈何的是怎么也不过是一个悲喜剧里连叫人发笑或怜悯都不配的小丑，受着运命和性格中弱点的支配，一点也做不了主宰，生活得像蚂蚁一般微末，那真太可怜了。

　　《古梦集》一本，已装订好，不久寄给你。捧着自己的心血，有点发抖，过去的终是再不回来了。

　　想着你。

　　祝福！

朱　五日

98
1935 年 2 月 6 日

二哥：

　　我写不出信，真要命，你教我写些什么话。

Proud word you never spoke, but you will speak

4 not exempt from pride some future day.

Resting on one white hand a warm wet cheek

Over my open volume you will say,

"This man loved me！" Then rise & trip away.①

　　简直没办法，想什么地方抄一点写写，又没有抄处，否则真不必自讨苦吃硬要写信，可是不写信我又怎么睡得着。

　　我一天想你到夜，我不愿不想你，一定要想你，你真可爱可爱。信怎样写呢？

　　我真是那么痴望着看见你，永远是那么渴着，像一个渴慕太阳的红人。

要是此刻看见你，我将要怎样贪婪地注视着你哩。还能够一同到云栖等处走走吗？

我想念你，似乎我生命中只有这几个字，我想念你想念你你你。

几时能看见你？无可奈何地祝你好，信等于不曾写，你不要憎嫌我。

朱

① 这是十九世纪英国诗人兰多的一首诗。你从来不说骄傲的话，但总有一天你仍不免要说出骄傲的话来。你暂白的手支着发热流泪的脸，对着我摊开的作品，你声言："此人爱过我！"然后起身离开。

（屠岸译）

99

亲爱的朋友：

今天才回上海，你一日发的信在我去后到，今天才看见，希望你眼皮上的东西已没有了。你真是苦恼子相，要不要我疼你？

已经决定今夜不写信了，可是不写总不成功，在家里，则想写想写总写不出什么话来，除了我爱你。

告诉我谁骂你是滑头，当然也许他也有他的理由，但有人说你是最甜也是最可信赖的好人，你承认不承认？（那个"有人"便是我。）

写信总是那么写不痛快，我真是盼望看见你，就是不说一句话也好。顶好是有五六天样子在一起盘桓，然后再分别。过分的幸福反而不好的，因此我不敢盼望不别的永聚，只要别得不太久远，聚得不太匆促，那么生活也就很可满足了。

生命是全然的浪费，用一个两个钟头写一封无关重要的信，能够邀得心心相印者的善情的读诵，总算是最有意义的事了。

感受思慕的话是无从诉说的，但愿你好，康健，快乐，有一切福。

朱　八日

几时离家？

100

宋清如：

我觉得"小姐"比"女士"不肉麻得多，你以为如何？

"她"字完全是多事；"他对她说"固然明白，"她对她说"岂不仍旧弄不清楚，还要分写作"𢙢"和"𡛄"？

今晚☐☐☐没事做，因此写信，虽然并不高兴写。

从前星期日也可以整天住在家里，近来老想"到上海去"（在我们这里是这样说的），太费时间，从提篮桥到抛球场一段电车总得一二十分钟，等车子的时间不算，到法租界去得四十分钟，没有特别的事总不大上算。我最常到的两条路是四马路和北四川路，四马路自然是因为书店的缘故，其实那是最最俗气的一条马路。静安寺路霞飞路①是上海最好的两条路了，但我不能常去，北四川路颇有名士风趣，夹在广东人和日本人之中间，有一种说不出的吊儿郎当。南京路是《东方杂志》，四马路是小报，霞飞路是画报，北四川路是《论语》、《人间世》。

昨天一下火车便去看电影，华雷斯皮莱的《自由万岁》，这是张难得的片子，我勉强使眼泪不流下来。虽然以个人的好恶而论，对于这位莽汉型的主角，我并无特殊的好感，如有人所批评的，华雷斯皮莱只能浮面地抓住观众的情感，但不够深刻。这位丑男子的地位评价，总该在 Ceurge Arliss, Charles Laughton, Paul Muni, Edward E, Robinson②诸人之下，比小白脸们那自然要高得多了。出来不知天下雨，而且很大，索性到对过金城里去买五角钱票看《新女性》，第八个失望，片子长得异乎寻常，说明书弄了一大篇，我想导演者还算聪明，否则按着中国影片的拖拖沓沓的老毛病推想起来，这么纷繁的头绪准得演上一整天才演得完，然而看下去是多么无精打采啊！同样的题材，《三个摩登女性》确不愧是成功的优秀作，女人除了教训意味太浓之外，也不失为流丽干净。《新女性》我不知怎么说好，主角阮玲玉饰妓女等之类是成功的，扮女作家真太不像了，表演老是那个"型"，如果原谅她扮这角色的身份不配的话，那么至少得说她一句毫无进步，看她从前的作品要比现在的作品满意得多。人和蝴蝶一样，也越变越难看了。立起身走出的时候，已过七点钟，已经映过整一点钟，照本事的情节看起来，似乎还不过三分之一的样子，叫人打哈欠的东西，谁能耐心这么久坐下去，尽管它的意识十分正确。因此想到《香雪海》的导演手法确值得称赞，虽然是那么庸劣的故事，却是像美丽的小品文一样抒写出来，简单的情节，不多的人物，灵秀的表演，在去年度可算是最成功的一张了。

你会不会玩麻将牌？那并不是怎样有趣的东西，有时会使你非常心烦，但一陷入方阵之后，简直无法摆脱，完全不想罢手了，因此是费时失业的东西，并且能使亲人暂时变为冤家，因赌牌而两亲家母争吵或母女不和，是最普通不过的事。如外国的纸牌之类，如果目的不是为赌钱，只是游戏而已，那不久就会厌倦的，但麻雀牌的魔力要大得多，它需要更复杂的勾心斗角，同时又要看手风牌势，讲命运，各人的个性也最能在打牌时看出来，有的是越输越吵，有的却越输越静，有的迟疑不决，有的当机立断，有的老谋深算，有的粗率卤莽，有的敢冒险，有的讲持重稳健，有的随随便便，有的心无旁骛，洋洋乎大观哉。至于等待一张需要的牌的心境，是和恋人的心境并无二致的。

我常常想不出你所说的看书是看什么一类书。

昨天在火车里看见一个年纪很大了的女学生，胖得像猪一般，又有一个瘦得很的中年妇人，面目可憎的样子，衔着香烟老走来走去，真不应该有这种女人。我以为林黛玉式的美人在中国还是需要的，与其病态丑或健康丑，那当然宁可病态美。

讲来讲去全是有闲趣味。再会。有人说，宋清如很滑稽。

祝好人好。

朱生豪　九夜

① 霞飞路即现在的淮海中路，当时属法租界。
② 均为当时好莱坞知名影星，分别是乔治·亚里斯、查尔斯·劳顿、保罗·穆尼、爱德华·罗宾森。

101

好人：

你初八的信于今天读到。

如果要读书，倘使目的是为趣味，那么可以读读子书、笔记和唐宋以后的诗词、英文的小说戏曲，倘使要使自己不落伍，则读些社会科学的书，但不必成为社会主义者。

回家很没趣味。兄弟一个失业，拉长了面孔，一个又吐出过一点血。长者们逼我快娶亲，你肯不肯嫁我？或者如果有这样的人，你可以介绍给我：

1. 年龄二十五至三十。

2. 家境相当的穷。

3. 人很笨。

4. 小学或初中毕业，或相当程度（不必假造文凭也）

5. 相貌不甚好，但勉强还不算讨厌。

6. 身体过得过去，但不要力大如牛，否则我要吃瘪。

7. 不曾生过儿子，生过儿子而已死或已丢掉则不妨。

8. 能够安安静静坐在家里不说话。

9. 最好并无父母，身世很孤苦。

10. 不喜欢打扮及照镜子。

11. 不痴心希望丈夫爱她（但可以希望他能好好待遇她）

这种是不是无聊话？

我永远爱你。

朱　二月十五

信仍寄世界书局较妥

102

清如：

快用两句骗小孩子的话哄哄我，否则我真要哭了，一点乐趣都没有，一点希望都没有。今天本想听concert①去，害怕听不懂，对着那种高贵的音乐一定会自惭形秽，也许要打瞌铳，因此不曾去。你为什么不同我到云栖走走去？看了半张《倾国倾城》的影片，西席地米尔这老头子真该死，可以为他鸣起葬钟来了，表演的没精神，庸劣到无可复加的地步，布景的宏丽，浪费而已，偏有人会称赞它是莎翁的悲剧，该撒安东尼都是一副美国人相，可想而知了。总之一切令人生气，走到杂志公司里，翻到了一本《当代诗刊》，看见了老兄的大作，也有点不高兴。回来头里发昏，今天用去两块半钱。几时我想把桌上的书全搬掉了，对于学问文艺，我已全无兴趣。人家说，原来老兄研究诗歌，一本本都是poems，滚他妈妈的，我不知把它们买来做甚么，再无聊没有了。一个心地天真读政治经济的朋友，却有了进入文坛的野心，半块钱一千字的卖给人家，其实他的能力很不高，但没有自知之明，失业，生活都过不去，却慷慨激昂地说："他们有钱，坐汽车，住洋房，浑天糊涂，死了之后，哼哼，谁还记得他们。看，巴尔扎克、莎士比亚、爱伦坡（每回他要向我特别称赞这位美国小说家诗人），死去了多少年，他们的著作留在世上，大名永垂不朽。"谢谢上帝，我不想身后名，汽车洋房，在我看来也不是怎样了不得的有趣，还是让我在一个静悄悄的所在，安安静静地死去吧。昨天为郑天然到商务里买一本钟先生的中国哲学史（又要我挖出两块钱），他们问我什么人做的，我说钟泰，他们说什么钟泰，没有，中国哲学史只有冯友兰的，我翻图书目录点给他们看才去找了来，岂不伤心？回来自己翻了翻，实在也看不下去，住在市侩社会里一些时，这种东西读上去真太玄腐了。这些学者们独善其身，和人群隔得那么远远的，做着孔孟之道的梦，真也有点可笑。秦始皇是快人，可惜他的火等于白烧。

上海批评电影的人有硬派软派，上海的文坛也有近乎如此的分别，实际即是现代和文学，施蛰存和傅东华的对立，后者大言不惭，专门骂人，自以为意识准确，抓住时代，施蛰存现在和叶灵风何家槐一批人都是typical②的海派作家了。这一个圈子里实在也毫无出路（虽则有许多人是找不到进路），中国不会产生甚么大的文学家艺术家，从古以来多如此，事实上还是因为中国人太不浪漫，务实际到心理卑琐的地步的缘故，因此情感与想像，两俱缺乏。

　　我很不好，为什么你高兴和我做朋友？你也不好，全然不好，我知道，但我爱你，为什么你不同我玩呢？

兴登堡将军

① concert：音乐会。
② typical：典型的。

103

　　做人真寂寞，做猫狗鸟儿也是一样，有了生命就有寂寞。写不出诗，也是苦恼之一种。能无聊无聊，多好啊！

104

姊姊：

　　如果我愁闷死了，大概一定和你没有什么相干的吧？我永远想不到做人会是这样无聊的，否则我一定早就叫母亲不要生我了。

云儿飘　廿日

105

清如：

　　在刚从严寒中挣扎出来，有温暖而明朗感的悦意而又恼人的天气，在凄寂的他乡，无聊的环境里，心里有的是无可奈何的轻愁，不知要想些什么才好，只是倦倦地怀忆着一个不在身旁的，世间最可爱的朋友，无论如何，当我铺纸握笔的时候，应该是有一些动人的话好说的，然而我能说些什么呢？

我无法安排我自己的时间，想定定心在公余做一些自己的工作，不能；随便读些书，也是有心没绪的。心里永是那么焦躁不宁。如果不是那样饥渴地想忆着你，像沉舟者在海中拼命攀住一根漂浮的桅杆一样，我的思想一定会转入无底绝望而黑暗的深渊，我觉得我的生命好像不是属于自己的，非自己所能把握。

要是此时我能赶来看看你，该是多么快活！我说如果我们能有一天同住在一个地方的话，固然最好相距得不要太远，但也不必过近，在风雨的下午或星月的黄昏走那么一段充满着希望的欢悦的路，可以使彼此的会面更有意思一些。如果见面太容易，反而减杀了趣味，你说是不是？如果真有那一天就好了！别离有时是太难排遣的。

廿九　夜

106

宋：

你前儿那封信里说的话一通也不通，懒得驳你了。世上没有什么人会爱你，因此只好自己骗骗自己说恋爱是傻了。顶聪明的人都是爱寻烦恼的，不寻烦恼，这一生一世怎么度过去？理学先生都有说不得的苦衷。活人总是常戚戚的，死人才坦荡荡。

我渴望和你打架，也渴望抱抱你。

你这恼杀人的小鬼。不要因为我不爱你而心里气苦。

岳飞　三月二日

你很苦，真是，谁也不疼你，快钻到被头里去哭吧。

三等无轨电车里两个女人打架，今天总算得到了点 thrilling①，女人打架，照例我总是同情比较好看一点的那个，事实是女人跟女人相打，总是彼此毫无理由的多，要判断谁曲谁直，永远是不可能的。

天实在太暖了，趁着好的太阳光，多走走路吧，不要闷着等死，你如要等死，死便不肯来的。

① thrilling：令人兴奋的。

107

清如：

　　今晚编辑所同人饯别某大编辑进京得意，敝人车钱尚要向人设法，此信的邮票，当然也无着落，明天如仍无希望，则脸孔非得拉到丈二长不可。你的那包糖今天要在邮局里过第四夜了。昨天接到寄来包裹通知，因为不知是哪块来的什么东西，很不放在心上，今天去拿，回头①得向四川路总局领去，明天只得央人去拿，以后望写明提篮桥支局为盼。

　　这两天真是什么心思都没有，一点书也看不进，只是想你想你想你想你想你。昨夜梦见你被老虎吃了，把我哭死。

　　想不出什么话，而且要跑出去了。我待你好。

　　　　　　　　　　　　　　　　　　　　　和尚　十

① 回头：上海方言，意思是"答复、回答"。

108

好孩子：

　　不会哭吧？我很急，真想跑来瞧瞧你。天十分暖了起来，其实上课堂也要打瞌铳，乐得躺在床上看看云吧。希望快好起来，耶稣保佑你，即使没有什么痛苦，我也是不能放心的。

　　想不出一个好故事可以讲给你听。"黄鹂"那首写得很可爱，你总是那么可爱。我想写一首诗给你，可不知道写不写得出。歌人一天一天的拙劣了。

　　春天，我不忆杭州，只忆你，和振弟，他比你寂寞，也许比我还寂寞，他是永不把心开放给别人的人。

我给你念祷告，希望这信到时你已经好了。愿你安静！春天否则是会觉得太短的，生生病，也许会长一些。但是心里高高兴兴，什么时候都是春天，所以还是快些好起来吧！好好珍重，以后不许生病了。再写。

朱朱　十九夜

109
1935 年 3 月 20 日

清如：

今天好没有好？昨夜睡得安不安？安安静静，什么都不要想，于是日子会过得很快，一下子就好了。虽是距离隔着我们，但你跟我总是那么近，仿佛我能听见你的呼吸，感得到你的红的热的颊儿似的。弄堂对门有学校，女孩子唱歌，那么活泼，想起过去的时日。愿你痊愈！

朱　廿晨

110

清如：

今天上午阴了半天，果然下起雨来，心里很不痛快吧？昨夜我很早的睡了，可是睡不着，今天头痛，吃过中饭倦得很，头只是倒下来。一个小学生上课时举起手来，问他，他站起来，手背揩了揩眼睛，说，先生，我要睡觉去！

从前刘延陵有过一首诗，写小孩子陪着母亲，坐船渡河，带着鲜花去望医院里病着的姑姑。母亲叫他唱歌，小孩拍起手唱："……说得尽的安慰，我们都说过了，说不尽的安慰，我们都交付给鲜花了……"反复着轻柔的调子，很美，有太戈尔《新月集》里的调子。《新月集》你读过没有？

你病了，想起来也心里寂寞得想哭，不十分难过还好。我愿意我能安慰你。等你爽了再给我写信吧。祝福！

二十下午

111
1935 年 3 月

昨夜我在梦里大唱其歌，嗓子吊到半天高，被誉为 the world's greatest tenor①。学校开学的第一天，我从头龙头下山吃饭去，遇见宋清如和那位 inevitable②某小姐以及另外一位杜撰出来的女士从宿舍里出来，我对宋清如说，"瞧你简直像个鬼"。因为她满面孔跌破抓碎，贴满了橡皮膏和布片，面色又黄又老又难看，见了怪教人心疼，禁不住要爱她，这是 love at first sight，中文译为一见倾心，于是我 play the gallant③，说，"一同吃饭去好不好？"她贼忒嘻嘻地犹豫不定，心里是答应的，但是因为嘴里太干燥，说不出话来。那两位密斯见机说，"我们少陪了（让你们去 play donkey④吧）"，我说大家一块儿去吃饭又有何妨，假使你们小气不肯请客，就各人自会钞也罢。她们说不用客气了，于是带着一副贼腔去了，少不了做个鬼脸，以及笑那种女人特有的笑，那种笑既不是场面上应酬敷衍的笑，也不是中心发出来的愉快的笑，又不是因为感到发松有趣，胳肢里被 tickle⑤了的笑，乃是一种根本不必笑的笑。你——不是你，我说的是宋清如，真腼腆得可以，大学教育不知教了她些甚，于是我也只好红红面孔，陪着她慢步金莲地走着，心里只想有机会把她作弄一下，虽则未免太罪过。嘿！这顿饭吃得可真写意，每人坐一张桌子，因为菜蔬太多，一桌子放不下。刚要吃之时，幕布便拉拢了，休息五分钟，我说这种电影我不要看了，于是出去做 the world's greatest tenor，可惜你——她没有福气听我唱，♩♩♩♩♩~~~，唱到最高的地方，力竭声嘶，变成了猫叫，听众大拍其掌，我觉得非常荣幸。

我有没有告诉你过，有一次我梦见宋清如，她开始是向我笑，笑个不住，后来笑得变成了一副哭脸，最后把眉毛眼睛鼻子嘴巴都笑得变动了位置，最后的最后满面孔都笑得面目模糊了，其次的最后脸孔上只有些楔形文字，这是我平生所看见的最伟大的笑。

我真爱宋清如。

元始天尊

① the world's greatest tenor：世界上最伟大的男高音。
② inevitable：躲避不了的。
③ play the gallant：献殷勤。
④ play donkey：做傻事。
⑤ tickle：挠痒。

112

傻子：

不要自命不凡地自称为狠心的人以使读你信的人感到滑稽而哑然失笑，如我读到你信时所感到并且哑然失笑那样吧。作为狠心的人，那尊号是女人们所永远够不到的。你是十分不够格，绝对地而且必然地。（以上全是外国句法，注意）在对人的感情而言，我比你要淡漠得多，自私得多，而我却自命为多情。狠心的人一定不知道狠心这两个字的，因为他心中根本无别人的感情的印象存在，即，他从不把别人的感情看作一回事，因此，他加于别人感情上的伤害，他不知道也不管，他决不向人表白他是狠心的人，仿佛要求人原谅一般。他根本并不以为自己是狠心，因为他的心是生来就狠，不是自己使它狠起来的。因此他有时可以坦然地说着温柔的话以骗人而不以为意。至于自命狠心的人，却最容易被人攻袭而无所措其手足，而且嘴里说我是狠心的人的时候，心里总是充满着感情，却仿佛一切都是无可奈何的样子。

113

再论狠心（注意：未读附函不可看此）

女子当自命为狠心时，每有一种殉道者似的高壮的感觉，但男子中也有此种感觉者，惟所谓诗人与feeble-hearted①之流。男子是无往而不狠心，他看得这两字太平凡了。他们高兴用狠心对待人，但不愿意人家用狠心对待他，这是所谓男子的自私，然而这也不过是一种错觉罢了，因为实际上男子是格外欢喜对他狠心的人的。举例，厉害一些的老婆常能保持她丈夫对她的爱情，而善良的妻子常为她男人所轻厌。这或者是这世间有战争的原因，为着这种敬强凌弱的心理，为着支配这世界的是男人。但女人实际上也有这种情形，谁个女子愿意舍弃一个英雄豪迈的伟男而跟一个阔茸卑琐脂韦谄媚的小丈夫跑呢，除非后者或者有物质上的优越条件？大凡心身健全的人，他（她）所爱慕的对象都是性格强壮（善于狠心）的人，心身有病的人，才爱温柔多情者（达官富翁之于姨太太不在此例，因为他们意在玩弄，无爱慕之可言）。心身畸形发展者，则流于虐待狂及被虐待狂的情形。对于最后一种人，你向他说一声我恨你，比说一百声我爱你要使他窝心得多。

① feeble-hearted：意志薄弱的。

114

孩子：

你不来，不是我又要生气了吗？事实是你不愿来看我，我知道你不过说说而已，因此这回并不怎样希望着。

朋友这称谓不很好，当我乘电车的时候，卖票的揩油，他也说，朋友，对不起。为着表示感情起见，最好称好友。

告诉你，活着全然是多事，既然活着根本就是多事了，因此有时索性不必怕多事，把一生这么闹一下子也好。

我们没有春假，但我要回家去，好像告诉过你了？也许不曾，我的弟弟讨老婆。

我这里出卖安慰，买一送一，无奈生意萧条，你如肯惠顾，无任欢迎，不过货色有些发霉，为尊重商业道德起见，先行通告：

"一死尚怜－－－，多情应谢－－－，

寒因－－－，病到－－－"

愿你快乐，大概今生永不会再看见你了。

　　　　　　　　　　　　　　　　　　　　　　　朱　廿四

115
1935 年 4 月

好好：

　　今天毫无疑问地得到了你的信，就像是久旱逢甘雨一样。

　　吃喜酒真非得要妈妈同着不可，难为情得一塌糊涂，今后誓不再吃（你的喜酒当然我一定不要吃）。世上没有比社交酬酢更可怕的事（除了结婚而外）。

　　我希望你不要嫁人，如果你一定要嫁人的话，我希望你不要嫁像我这种男人（如果我也可以算是男人的话），要是你一定要嫁像我这种男人呢，那我也不管，横竖不关我事。

　　我今天要到街上去，买信封信纸墨水（全是为着给你写信用的），再买几本小说看。你有没有看过杜思退益夫斯基的《被侮辱与被损害的》？如果商务廉价部里有这本书，我可以买来给你。

　　我待你好，直到你不待我好了为止。也许你不待我好了，我仍待你好的，那要等那时再说。

　　我要吻吻你。

　　　　　　　　　　　　　　　　　　　　魔鬼的叔父　三日

116

清如：

　　在家过了三夜，倒并不如想像的那样无聊，全然忘了一切，无所为地高兴起来，家里的婚事只是小热闹一下，一切像儿戏般玩着，那位弟妇我不知叫她什么好，终于叫她做嫂嫂，比你大得多，不是孩子样儿。大表姐的第六个孩子，最小的甥女，和我很要好，陪着她玩。她的四哥在兄弟姐妹间乡气最重，是个戆大，人很忠厚，但不惹人欢喜，被妹妹欺负得哭起来，我过意不去，领他到乡野里走，他很快活，虽然似乎很笨，对于大自然却很敏感，看见骑在牛背上的牧童，很是羡慕，说脱下长衫去做看牛童子，一定很写意。徘徊旧游地，那些静寂如梦的 old spot①，对于灵魂是一种苏醒。我曾指点给孩子们我从前读书的小学，我对我的各个母校都眷眷不忘。我的中学时期是最枯燥颓唐的一段。

昨夜回到自己房间里，才看见你一日所写的信，于六日到上海。我气量（应作器量）确不大，平日勉力自扩，然有时无可如何，心里过于气闷之时，一遇可乘之机，便要借此泄泄郁恨，别人也许会认真，但你好得很，从不跟我闹气，因此我对你什么话都不怕说出来，否则真会很差的。

到家里我可以不想你，但一回到上海，便满心里都是你，想你有时要想得哭，但不想更无聊。

我不想望什么，但愿一生有得好东西吃，他无所也不敢希冀，如祈福，我愿我有一个美满的来生，更愿来生仍能遇见今生的朋友以及永别的爱者们。

今天去看盼了好久的银幕上的《块肉余生》，迭（狄）更斯的作品，即使还不能达到艺术的最高峰，总是非常富有感情的文字，我读他的小说总不能不流泪，电影上也有好几块能使软心的人呜咽、硬心的人心软的地方，但一般而论，迭（狄）更斯的作品结构都失之散漫，因此改编为电影，很不易讨好，全剧精彩的地方，都只在各片段。但制片者的努力是很可佩的，那么一本大书，那样复杂而多方面的故事，竟能如此有条不紊简洁而无遗漏地演了出来。这片是 All Star Cast②，内中人才很不少，但真做得好的，却似乎只扮演大卫童年的一角，那个孩子应该是不让贾克古柏的。

在广东店里悄悄地吃了一碗叉烧蛋炒饭，便乘雨回家。今天虽是星期一，又天雨，而戏院仍满满的。

弟　朱某顿

① old spot：陈迹。
② All Star Cast：全明星阵容。

117

清如：

  为什么不来信呢？不是因为气我吧？我所说过的话都是假的，你一定不要相信我。

  星期日对于我往往是最不幸的一日，因为它全然是浪费而毫无用处，寂寞的人是不该有星期日的。

  你现在快活吗？也许很有点倦怠是不是？你有不有点看不起我？

  祝你一切的好。

无聊者　九日晚

118

清如：

  气好了吧？即使不是向我生气我也很怕。什么委屈大概你不肯向我说，虽我很愿知道。我心里很苦，很抑郁，很气而不知要气谁，很委屈而不知委屈从何而来，很寂寞，生活的孤独并非寂寞，而灵魂的孤独无助才是寂寞。我很懂得，寂寞之来，有时会因与最好的朋友相对而加甚。实际人与他朋友之间，即使是最知己的，也隔有甚遥的途程，最多只能如日月之相望，而要走到月亮里去总不可能，因为在稀薄的大气之外，还隔着一层真空。所以一切的友谊都是徒劳的，至多只能与人由感觉而生的相当的安慰，但这安慰远非实际的，所谓爱尽是对影子的追求，而根本并无此物。人间的荒漠是具有必然性的，只有苦于感情的人才不能不持憧憬而生存。

  愿你快乐，虽我的祝福也许是无力而无用的。

汝友

爱人：

"爱人"两字是随便叫叫，并不因为我爱你之故。

昨天拿了薪水，便到上海去，先是到中国国货公司买了一张礼券，随后到上海杂志公司，空手而出，终于在开明书店里买了一本《文学季刊》，回来买了各种的糖四只角子，为这心中有些得意，路上发生了两种感想：

一、在书店里，值得我花钱买的书，真是太少了。一天我去买一折七扣的书，三四角洋钱买了厚厚的五六本，计《金瓶梅》四册、《虞初新志》一册、《萤窗异草》一册。实实在在，中国书真太不能引起我的兴趣，我小说读过得太多了，秽亵的作品也看过不少，但《金瓶梅》却不曾看过，这四册，真是太干净了，原来是把本来的样子删净碍目的地方，名之为"古本"，这颇有点滑稽，既然买来原是为看看这一本中国小说的名著，不一定为要看那些那个的地方，所以这一点也就原谅了吧，读过几回之后，彻头彻脑地令人打瞌睡，毫无可取的地方，因此翻了翻就丢了。《虞初新志》，你也许也知道是一些轶事杂文的选录，著名的《板桥杂记》、《影梅庵忆语》、《小青传》等都在里面，文章有好的，也有全不足取的，没有什么大意思。《萤窗异草》是仿《聊斋志异》一类的书，文笔自然要庸劣多了，从前看过……写得不耐烦起来了，不再说下去，因此你终于不知道我的感想是什么。

我近来吃糖吃得太狠，有时我想像吃的是你的耳朵你的鼻头，这样使糖加了一重微咸的味道，因为你不会是甜的。有一种糖的包纸上印着四个Darling的字，这种糖大概患神经病和我一样。

今天下雨，放工后肚皮饿得要命，懒得哭，因此不哭了，其实要哭是很容易的，只要闭了眼睛，想：世间没人爱我，大家欺负我，我无东西吃，于是心里一苦，便哭起来了，而另一个我却在一旁嬉笑。

《文学季刊》还是三月中出版的，其中四篇论文，关于皮蓝得娄的，关于福楼拜的，关于乔治·桑巴尔扎克与左拉的，都没甚大意思，安诺德的《论诗》，原文我曾读过。小说中有托斯退夫斯基的《白痴》，可惜未完，皮蓝得娄的戏剧《亨利第四》，我不喜欢，我永远反对一切"哲理"的东西，虽然我承认大艺术家都是大思想家。创作中只有张天翼靳以两个名字是熟的,张天翼的东西,总很浮浅,少修养,靳以的《洪流》,描写得颇可以,其余是"天三"的《夜渡》最好些。散文中有一二篇很好。没有诗,很满意,我太不愿意读诗了。

我真想把自己用大斧一劈两片。

张飞

你看我苦闷得要疯,我又读了一部法国革命史。

读书有什么意思呢?你如现在停学了跟读到毕业有什么分别?

120

每夜有很好的睡眠,工作时间之外,则忙着看书,一切都似乎辽远起来,辽远起来,又宁静又柔和。昨夜做了很多的梦,似乎生活因梦而丰富起来,今天有如此之感。我看我自己做梦,自己是主演者,又是旁观者,在梦中我总知道自己在做梦,然而并不因此而削弱了梦的真实性。今晨大雨,我知道下午一定有好太阳,这几天太阳老跟雨赛跑。

我在俄国人那里买了三本旧书,每本大洋一角。一本是巴尔扎克的短篇小说,一本是马克吐温的幽默杂文,一本是S. Maughem[①]的《南海故事集》,都已看完了。Maughem是现存的英国通俗性作家,我们的文学家们似乎不大愿意提起他,不过实在中国人对他算不得生分,因为他的小说演成影片的很多。这本南海故事是以南洋群岛为背景的几篇小说,颇有梦魅的情调,像吸鸦片一样地。

刚才又洒过一阵暴雨。要是在春暮时节,看满山暴雨打落花,一定很热闹。劳伦思的小说里女主人公裸着体在大雨中淋着奔跑,很是一个理想,昨夜我在梦里也曾在雨中奔,但不曾脱去衣服。

① S. Maughem:S.毛姆,英国现代作家。

张荃中毒太深,已无法救治,让她去吧。

我的意见是恋爱借条件而成立,剥夺了条件,便无所谓恋爱,这是皮之不存,毛将焉附的道理,因此恋爱是没有"本身"的。所谓达到情感的最高度,有何意义呢?聪明人是永不会达到情感的最高度的。究竟你仍然是一个恋爱至上论者,把它看得那么珍重。

不懂得说懂得,是现代处世唯一的吹牛要诀,未读过经济学 ABC 的侈谈马克思《资本论》,不是顶出风头的人吗?五千年前孔先生的说话居然还会引用,可见你头脑陈腐。

因为你不喜欢恭维,我得恭维恭维你。你是娇小玲珑(这属于别人的批评)的富家小姐,性情既温良,人又聪明又有才干,因此不必失望,更不用痛哭流涕了。"心跳"两字非我妄造,因曾听你说起过,为着鲰生某次的一封信。

情书我本来不懂,后来知道凡是男人写给女人或女人写给男人的信(除了父母子女间外),统称情书,这条是《辞源》上应当补入的,免得堂堂大学生连这两字也不懂。

阮玲玉之死,足下倘毫不动心,何必辱蒙提起?她死后弟曾为她痛哭七昼夜。

假如我说,我因为知道你不喜欢恭维,而故意和你反对,借为反面讨好的手段,你将作如何感想呢?

郑天然只送过我一张画片,如果我是女人,当然非吃醋不可。

咳嗽了几天,昨天真的病了,幸而没有死,今天仍照常办公,虽然不很写意。

愿你好。

朱朱

明明是我写给你的信,却要自解为 X 写给 Y,未免有点 "Ah Q-ish"[①],假如不作那样想,你会怎样生气呢,请教?

① Ah Q-ish: 阿Q式精神。

清如（规规矩矩）：

王守伟兄很有意思，叫他编年刊，他就在年刊的弁言上斥年刊的无谓，说要是把出年刊的钱花在别种有意思的事情上，一定好得多。你为什么诗刊作序，也可以这样说，说做诗是顶难为情的事情，诗人等于一只狗，要是把写诗的精神去提倡新生活，一定有意思得多。要是有钱办诗刊，宁可吃几碗豆腐浆。我请求你千万不要再说什么诗是人类灵感的最高流露一类孩子说的话了。

我咳嗽了一声，在桌上的你的信纸吓了三跳。

笑话，真是笑话，恋爱没有条件，如何能成立。条件有种种不同，以金钱美貌为条件，我以为未必便比以学问道德为条件卑鄙，after all, this is 20th century①，恋爱已不是浪漫的诗意了。为什么你要说是恋爱的外婆？你的思想总是半生不熟，既然上了台，就该大言不惭，何客气之有。after all, this is 20th century。姑娘们不屑谈恋爱，是表示神气，但如暴露自己无人与之谈恋爱，未免使人听了伤心。万一男同学们听了你的自谦，信以为真，同情你起来，预备给你经验，你岂不又要心跳？唯物论者讲实际，艺术家们讲 taste②，唯物论的艺术家们讲灵肉一致，总之需要条件，不见得恋爱至上主义者们会恋爱一条癞皮狗。你如袒护反面，我一定得给你一顿教训。

Shall I thus wait suffocatingly for death③? 于是我读到你诗意的叙述，哎，流落四方，梦花幻灭在不同的土原上，夕阳的光辉下望着蓝空微笑死去，能作这样的想头，不也是幸福吗？我希望我在一间狭小的斗室里，人声的喧嚣中，乌烟瘴气的周围，红着眼睛，白着嘴唇，脸上一抽一搐地喘着气死去。

这两夜，每夜做乱梦，我实在是不爱安静地睡去的，夜静后毫无声息，我会觉得很寂寞，巴不得汽车、无线电、哭、喊、救火车的哭声尤其有趣，打牌、闹，一齐响了起来。因此我也是不喜欢无梦之睡眠，早晨无梦而醒，觉得把一夜工夫白白耗费了似的。这两夜每夜做乱梦，因此使我对睡觉有了热情，顶有趣的一个梦是在经理室里撒尿，尿桶刚放在经理的背后，完事之后大家对我看看，我有点惶愧又有点快乐。

当然你尽管说"我不想望你到杭州来"好了，因为即使你想望，我也是不会来的。

福我已经太多了，以后你得祝我长寿，我希望活一百五十岁，看你曾孙的女儿怎样和人家恋爱。

我的信都写得太无赖，你如不喜欢这些，我以后也可以用八行书端楷恭书吾姐安好的，虽然纸墨笔砚都得买起来。

总之我知道你所用的信纸是专为写情书用的，可惜不曾再撒一些香粉在上头，至少我闻不出。信封尤其有趣，那个黑小弟弟活像你。总之这是一个人的 taste 问题。

完了，再向你说一声口是心非的"我爱你"。

朱朱

① after all, this is 20th century：无论如何，现在已经是二十世纪了。
② taste：品位、爱好。
③ Shall I thus wait suffocatingly for death：我是否要这样窒息地等待死亡？

123

第一，我不能承认半生不熟即是中庸之道，中庸之道完全是经验，是成熟，懂得中庸之道的，都是处世已达到炉火纯青，熟透了的程度，而半生不熟则是涉世未深者的本色，所谓半生者，仅别于全然的乳臭而言。

其次，中国文化得以保存至今，完全是侥幸，从前未和西洋文化接触，因为一切天然的优势，邻近各民族都成为文化上的附庸，但西方势力一进来之后，不是就显出了岌岌可危的形势了吗？

如果你一定要让，那么我让你去让吧。

来不来要探询别人的意见，岂不无谓！高兴便来，不高兴便不来，何必管别人愿不愿。要是你来了，不是因为你乐意来看我，不过因为我希望你来的缘故，借着感情的关系硬拉人家作一次非本心的探望，有甚么快活呢？

你当然是很好的，否则我怎会爱你？至少你是如此中我的意，使我不再希望有一个比你更好的人。你以为我这话是不是诚实的？我告诉你是的，我眷恋着唯一的你。

我不愿意你来，因为我看见女人很难为情。

124

清如：

昨夜又受了一夜难，今天头颈的两侧肿了起来，仍然没有死。

因为放假，在房间里躲了一天，看皇家电影画报，即使是电影杂志，英国人出的也要比美国人出的文章漂亮得多。比如说《卡尔门要不要剃掉他的小胡子》这一个卑琐的题目，也会写得颇生动。

似乎我很好辩，昨夜醒着时，专在想辩驳你的话，我想你说的"没有恋爱经验的人决不会心跳"这句话确实是异样重大的错误，很简单地反问你一句，那么富有恋爱经验的人反而会心跳吗？从未上过战场的人不会心跳，久历战场的人反会心跳吗？恋爱经验和心跳的程度是成反比例的。我告诉你，越未曾恋爱过的心越跳得厉害，它会从胸脯中一直跳出口里，因此有许多人一来便要说我爱你。固然就是我爱你也得加以审判，有的人不过是别有企图，或者不负责任地随便说说，但这些人的我爱你是空气经过嘴唇的颤动而发出的声音，并不是直接由心里跳出来的。

再论客气问题，我以为客气固然是文明社会所少不来的工具，然而客气也者，不过是礼貌上的虚伪，和实际的谦逊并不是一件东西，凡面子上越客气，骨子里越不客气，这是文明人的典型，倘使是坦率地显露自己的无能,那在古人是美德,在现代人看来是乡曲了。即孔子也说过"当仁不让"的话,因为时代的进展,目今是"当不仁亦不让",不看见列强的竞扩军备吗?要是日本自忖蕞尔小国,不足临大敌,那么帝国的光荣何在?皇军的光荣何在?你如果还要服膺先圣之遗言,那么无疑要失去东四省的。这引申得太远了。

朋友以切磋琢磨为贵,敢以区区之意,与仁弟一商酌之。

关于半生不熟的问题,也曾作过严密的论辩,因为构思太复杂,此刻有些记不起来,暂时原谅我,因为生病的缘故。

"□□□□□□"

我咬你的臂膊(这是钟协良的野蛮习惯之一,表示永远要好的意思,当然也是很 classic①,很 poetic②的)。

关于半生不熟的思想问题,我的论辩如下:

我知道你不单恋爱缺少经验,就是吃东西也缺少经验,否则不会说出毕生不熟的东西人家最爱吃的话来,至少一般人和你并无同嗜。固然煮鸡要煮得嫩,但煮得嫩不就是半生不熟,最好是恰到火候,熟而不过于熟,过于熟便会老,会枯,会焦。所谓过犹不及,过即是太老,不及即是半生不熟。同样所谓思想上的调和、折衷、妥协等等,固然革命的青年们是绝对应该唾弃的,但在处世上仍然有很大的用处。调和、折衷、妥协的人都可以说是你所谓的聪明人,然而你要明白,调和、折衷、妥协并不就是半生不熟,前者完全是政策关系,或阳左此而阴就彼,或阴左此而阳就彼,运用得十分圆滑,便能两面讨好。然而半生不熟是思想的本身问题,在个人方面会使自己彷徨无出路,在应付环境一方面恰恰是两面皆不讨好。后者可以胡适之为例子,前者可以阮玲玉为例子。胡适之在以前是新思想的领袖人物,为旧人所痛恨,为新人所拥戴,总算讨好了一面;而今呢,老头子憎恶他仍旧,青年们骂他落伍,便是因为思想上不能与时俱进,成为半生不熟的缘故。阮玲玉的死,是死在社会的半生不熟和自己个人的半生不熟两重迫害之下。何以谓这社会是半生不熟的?可以从活的时候逼她死,死了之后再奉她为圣母一样的事实见之。要是在完全守旧的社会里,这样一个优伶下贱,又不能从一而终,没有一个人敢会公然说她好话的;在更新的时代里，那么，第一，她不会自杀；第二，即使自杀了，社会对她的死也只有冷静的批判，而不是发疯的狂热。这种畸形的现象，当然是半生不熟的社会里才会有，然而要适应这种半生不熟的社会，却应当用调和、折衷、妥协的手段，要是再以自己的半生不熟碰上去，鲜有不危哉殆矣的。何以谓阮玲玉自己是半生不熟的？我们知道她是个未受充分教育，骨子里尚承袭着旧社会中一切女子的弱点，因此是怯懦、胆小、做事不决裂、要面子，其实和第一个男子离开了以后很可以独立了，而仍然要依附于另一个铜臭之夫的怀中；同时她却比普通女子多一些人生的经验，多有在社会上活动的机会，对于妇女的本身问题不无自觉，然而她不够做一个新女性（当然怎样算是新女性是谁都模糊的，这名词不过喊喊罢了，如其说单单进工厂去做女工便成为新女性了，更是简单得有些笑话），因为她没有勇气，没有勇气的原因是自己心理上半生不熟的矛盾。因为一死表明心迹很近乎古烈士的行为，便激起了多情人们的悼惜，其实是多么孩子气得可笑啊。

　　这样的说法已和我本来批评你的半生不熟的原意有些出入了，但也可以当作引申，你不为你自己辩护而为半生不熟辩护，这也是失着，我不知道你究竟是不是半生不熟？

① classic：经典的。
② poetic：诗意的。

125

　　其实老早倦得想睡了，可是到底发了那么半天呆。
　　我说，我不高兴写信了，因为写不出话来。可惜我不是未来派画家，否则把一块红的一块绿的颜色在白纸上涂涂，也好象征象征心境。
　　总之是一种无以名之的寂寞，一种无事可做，即有事而不想做，一切都懒，然而又不能懒到忘怀一切，心里什么都不想，而总在想着些不知道什么的什么，那样的寂寞。不是嫠妇守空房的那种寂寞，因为她们的夫君是会在梦中归来的；也不是游子他乡的寂寞，因为他们的心是在故乡生了根的；也不是无家飘零的寂寞，因为他们的生命如浮萍，而我的生命如止水；也不是死了爱人的寂寞，因为他们的心已伴着逝者而长眠了，而我的则患着失眠症；更不是英雄失志，世无知己的寂寞，因为我知道我是无用的。是所谓彷徨吧？无聊是它的名字。

吴梦窗的词，如果稍为挑几首读读的确精妙卓绝，但连读了十来首之后不由你不打呵欠，太吃力。

没有好杂志看好电影看也真是苦事，我一点不想看西席地米尔的《十字军英雄记》，左右不过又是一部大而无当的历史影片。我在盼望着董纳倾全力摄制的莎士比亚《仲夏夜之梦》，卓别林的新作，嘉宝的 Anna Karenina[①]，和自然色试验作的 Becky Sharp[②]。上海不大容易看到欧洲大陆的影片，就是英国的作品也不多，从德国意国来的极少几部，都是宣传的东西，我很希望看一些法国的名制。

有点要伤风的样子，老打喷嚏。

傻瓜，我爱你。

想你想得我口渴，因此我喝开水；想得我肚皮饿了，alas[③]，无东西吃。我愿意做梦和你打架儿，把你吃扁得喊爹爹，我顶希望看你哭。

心里不满足。祝你好。

小三麻子

① Anna Karenina：《安娜·卡列尼娜》。
② Becky Sharp：英国作家萨克雷《名利场》改编的影片，Becky Sharp 是其中的女主人公。
③ alas：英文感叹词，相当于"唉"。

126

照片拍得很有健康美的样子，虽然总不及本人好看。

今天星期，一无消遣之方，人比死还消沉，幸亏你来了信。

我说，一个个人主义者可以克服自我而成为社会主义者，但社会主义者动摇其信仰而转成个人主义者，其以前之信仰多半是幼稚而不成熟的，热情而非理智的，所谓社会主义者一名称，也不过是自己骗骗自己罢了。个人主义是一种病，但它未始不能给人一种因自信而起的刚强。我所怀疑的是我们是否有称自己为个人主义者的资格。我对于自己只觉得是一个并不存在的人。

这种话也许很外行，因为我什么主义都不懂。

下次我们见面的时候，请你准备好一付眼泪，因为我要看你哭。

这信已写了两个半钟头，写不出了，我爱你。

十

127

好人：

我深信我是世上第一个龌龊臭男子（这话有点像贾宝玉，是不是？我不管），愿你不要欢喜我。

不负责任也是我的一个大毛病，但有时却是因为太……责任的缘故，而不敢负起责任来，一个人要负责任总是太吃力，你说是不是？

聪明的女子应该早早结婚，聪明的男人应该不结婚，你想得出想不出这两句话的理由？

天一晴，我又希望它立刻下雨。凡春夏天气微雨最佳，秋冬则宜晴朗。即使是要游山玩水吧，在这种欲睡的困人天气也不能有十分清新的兴致。这意见你不至于反对吧？

我待你好，明天也待你好。让我亲亲你的笨手。

128

宋：

你不来信很可恨。

三首贺新凉词，做是做得很吃力，越看越不像样，简直是狗屁不通，你劝我以后不要妄想做诗人了好不好？

　　彭重熙称赞你很安分守己，我倒希望你惹事招非。

　　你实在太好，你简直不是女人。

　　否则此刻我在杭州了，虽则也许你还不曾知道。总之是你不好，明天等待着我的仍然是一整天的空虚。

　　矮小的中国女子，穿着西式晚礼服，很不好看。

　　圣灵赐给你满心的喜悦，愿你仍旧待我好。

朱

　　浅薄的人，人家的仆役，和狗，是世界上最神气的三种动物。

星期六之夜

　　初到上海来的时候，很有心学做一个 gentleman[①]，可是终于很快地回复到 vagabond[②] 的路上。根性如此落拓，即使有一百个妻子拘管着我，我也不会变成 gentleman 的。

星期日晨自叹

---

① gentleman：绅士。
② vagabond：浪子，流浪者。

129

小姐：

　　样样事情都不如意，这蹩脚钢笔尖又那么不好写，一个月不知要用多少笔尖。一跑进门，孩子又把我的胶水瓶弄过了，桌子上满是胶水，狠狠地把那已被弄空了的胶水瓶掼碎了。我从来不曾喜欢过孩子，这两个孩子尤其讨厌。总之我像一头受伤的狗，今天的薪水失了望，把剩余的三十几个铜板寄出了这封信，连买糖也买不成了。因此你想你这人好不好，昨天还要寄一封欠资信来，剥削去我财产的一半！如果其中说的是我爱你一类的肉麻话,那么或者明天我还可以整天躺在床上做些粉红色的梦,好像真有了一个爱人的样子;毕竟现实是惨酷的,你寄给我的只是一些鬼脸!这象征了人间无爱情,只有一些鬼脸,因此我终将看着鬼脸过此一生了。

把这信寄出之后,预备就做工,明天要做整天的工,晚上想早点睡,使精力充足一些,后天钱到手,便到外头去吃夜饭看影戏,自己请客,到十点钟回家。想想看多惨,一星期做了六十点钟工,把整个的人都做昏了!

可是顶惨的是连半个安慰安慰心灵的爱人都没有,因此要写信也不得不仍旧写给你,虽你是那么不好。

你会不会为我的不幸而落泪呢?愿撒旦保佑你!一个吻。

堂·吉诃德　星期六

130

宋:

我想得你好苦,你为什么不想我?

131

有一夜,我梦见你做新娘,你猜我送你什么礼物?我送给你一条大鳗鲡(写了这两个字才觉得这东西确实有一个很好的名字,你瞧,除去了鱼旁不便是一个漂亮的洋化的女人名字)。本来我很高兴地赶来吃喜酒,以为你会接待我,然而你哪里有工夫,一句话都不曾对我讲。我很懊恼此行,身上的一件长衫背后又破了一个洞,怕被人见笑,于是一个人上三层楼看火烧去。醒来尚有些悲哀。

吉诃德先生已看了八分之六(六百页),第二部较第一部写得好。昨天看了两本小书,《日本近代小品文选》和《夏目漱石集》。所谓《夏目漱石集》实际只有一篇《哥儿》(已看过的),一篇《伦敦塔》,和一篇序跋文。可看的也就是那篇《哥儿》而已,因此把它重看了一遍。

下星期日是一定要家里去走走了,这星期日不预备出去。我已定下紧缩政策二十条,今后每月零用只准用十五块钱(连书籍及日用必须的在内)。

我非常绝望而苦恼。

愿你好。

雨

132

What shall I say, Mademoiselle?

I am a tedious bore, a born liar, a useless fool, an unwelcome guest, and one that does not worth the least of anyone's care, particularly of you. It is better for me to seal my mouth, kick away my pen, and bury myself in some forgotten place and eat my heart up. Why must I write you? Why? Why? Why? But oh! These rainy days! I'm feeling like a dying dog.

(in some sort of desperation)

大意:

我该说些什么呢?小姐?

我是一个无趣的可厌之人,一个天生的撒谎者,一个没用的傻瓜,一个不受欢迎的客人,一个不值得任何人尤其是你的一点关注的人。于我而言,最好应该是封住我的嘴,踢掉我的笔,把自己埋葬在遗忘之地,并啃啮掉我的心脏。为什么我一定写信给你呢?为什么?为什么?为什么?只因为,哦,这霖霖的雨天!我感觉自己仿佛一条垂死的狗。

(在某种绝望情绪中)

133

然则为什么不抛开书本,畅快地玩一下去?

"欣赏"不可写作"兴赏"。

诗最好是不读。

如果欣赏诗需要天才，那么看电影岂不也要天才？对于艺术的理解力的深浅，完全资于个人的素养，依浸润的程度的深浅而定，与天才无关。正如吃冰淇淋一样，发明制冰淇淋者自然是一个天才，但晓得冰淇淋好吃的人却根本无需乎天才。第一次吃冰淇淋的时候，牙齿冷得发痛，吃了一口便不敢再吃下去，后来我却成为冰淇淋的饕餮者，这便是因为对于吃冰淇淋的素养丰富起来，而理解力也有了进步了。吸鸦片烟也是这样，我们一闻到鸦片烟气味便欲作呕，正如读理科的人看见了诗要摇头一样。但嗜于此者，则醺醺焉有登仙之感。这不是他们有吸鸦片的天才而我们没有，只是因为我们缺少吸鸦片的素养的缘故。

至于批评任何事物的主要条件，只要不怕难为情，随便怎样瞎话一泡，总能言之成理。如果胆子一小，害怕自己说得不对，便没有希望了。

如果没有课，不要老躲在宿舍里，实梗①用功啥事体？

《江苏教育》大概是江苏省教育厅出版的吧，今天不曾到四马路去，明后天也许去。

我说你不要太客气，无论如何，从你那首"奈何天，雨丝风片"的宝塔诗起直到现在能填词的长调，而且居然很不坏，这进步不能说是不快，即使不好意思说你是绝世的诗才，至少也不能不承认你有些小小的天才。不过以后或许你不会再有什么进步，我觉得。

女孩子当中像你这样有意味的人的确很难得。她们有些只好作作摆供，有些是天生成的玩物，有些连作摆供玩物都不配；好一点的，或者能够在家庭内作一个贤妻良母，或者也能够服务社会。但前者又往往是心胸眼光见解一切都狭隘得很，后者又往往老气横秋，令人敬而远之，都是一些失去"女性"的女性。因此所谓找寻一个异性的"朋友"，实在并不是一件容易的事。

再说下去，又是痴话了。你使我快活，我多么高兴（"高兴"这两个字意味太薄，无论如何我还是想用"爱"字。）你！

十六夜间

① 实梗：嘉兴方言，意为"这样"。

184

弟弟：

《江苏教育》是江苏省政府教育厅出版的。

今天发薪水，买了一块钱邮票，一本信笺，一札信封。跑书店的结果，只买了两角钱一本薄薄的《六艺》，这是现代派作家们继《文艺风景》、《文艺画报》、《文饭小品》诸夭折刊物之后的又一个花样儿，编制和文艺画报相同。据我所知道他们本来是预备把《现代》复活的，后来仍改出这个杂拌儿的"综合性刊物"，包括文学绘画戏剧电影等东西。施蛰存现在是不声不响着标点国学珍本丛书，起劲干着的，还是叶灵凤穆时英刘呐鸥诸公子，《晨报》（被封禁后现改名《诚报》发行，尚未见过）的《晨曦》便是他们的地盘，常和生活书店一批人寻相骂。

《六艺》等我加批后寄给你看。

在读 Lawrence① 的 *Sons and Lovers*②，如题目所表示，其中所写的是母爱与情人爱的冲突。Lawrence 是写实主义的尖端的作家，完全着重于心理分析（再进一步就要钻进牛角尖里去了），而不注意故事，这本书较之去年所读的他的 *Lady Chatterley's Lover*③（据说是外国《金瓶梅》）要好些，因为后者除了几乎给人压抑感的过量的性行为描写外，很干燥而无味，但这本 *Sons and Lovers* 的各个人物的性格剖析，都极精细而生动。

我想不出老读小说有什么意思，但是读什么好呢？

有时我真忙得分不出身来，又想写信，又想作些活，又想看书，又想闭了眼睛沉思，又想在夜之街上徘徊。最是黄昏的时候，最想你得厉害，要是此刻能赶来和你默默相对半点钟而作别，我情愿放弃一切所要做的事。

无尽的离思呵！祝你好！

弟弟

我猜想你近来比较很沉默。

① Lawrence：劳伦斯 (1885—1930)，英国现代小说家。
② *Sons and Lovers*：《儿子们和情人们》。
③ *Lady Chatterley's Lover*：《查泰莱夫人的情人》。

135

老弟：

　　昨夜我简直想怨命，开始是因为今天明天有两天假放，日子无法过去，后来是怨恨你，我说我一定要变成恶鬼和你缠绕，世上没有比你更可恨的人。

　　顶不好的就是那种说着不确定的话的人，今天任小鬼说"或许"来看我，你想我能欢迎他吗？既不决定，对我说什么，自然啦我不能出去，因为一出去他来了，那是我的不好；然而不出去他不来，他却不负责任，还有比这种更不公平的事吗？你也哄过我不少次了。其实你决不会来看我的，何必说那种来看你不来看你的话呢。不给人希望也不给人失望，这是 fair play①，给了人希望再叫人失望，这不是明明作弄人？总之是太少诚意，今后我先预答你一句："我永不愿你来看我"，这样可以免得你找寻别的理由。

　　脸孔简直不像人，我也实实在在怕得看见人，让大家忘了我，我也忘了大家吧，讨厌的还要回到家里去。只有寂寞最自由。

　　你说过你希望将来，因此我希望你将来能到我坟墓上看我。

　　什么都欺负人，二三十家电影院连一张好片子都没有，日子怎么过去！啊啊。

　　永远爱你，尽管你那样不好。

朱　廿九

① fair play：公平竞争。

186

好人：

昨天梦你到嘉兴来玩，我爱你，凡不爱你的人都是傻子。在我的心中眼中以及一切感官中，你都是美到无可言喻。

天这两天变凉了，我毫无意见，随它冷热，都与我无干。

前天买了一本有趣的旧西书，"*House-boat on the Styx*"①，Styx是通阴阳两界的河名。其中当然尽是些鬼话，荷马莎士比亚孔夫子伊里沙伯女王哈孟来特拿坡仑华盛顿等等都在一起清谈口角，最被挖苦得厉害的是Dr. Samuel Johnson②。书的作者是完全无名的，出版于一八九零年。莎士比亚和约翰生博士争论莎士比亚戏曲是否莎士比亚本人所作，不能解决，去问Francis Bacon③，Bacon说是他作的，莎士比亚是他的"打字员"，因为稿子由他打字，便冒认为己作，一个连自己姓名都弄不清楚（莎士比亚的亲笔签名式共有六七种不同的拼法，后来有一位先生著过一本书，发现这个名字一共可以有四千种拼法！）的人，怎么会著出*Hamlet*④来呢？老莎大发急，再去问Sir Walter Raleigh⑤，Raleigh笑笑说*Hamlet*既不是培根做的，也不是老莎做的，那作者正是我哩。莎士比亚说，怎，莎士比亚的作品都不是莎士比亚作的，那么究竟有没有我这个人呢？又有一个笑话，一次莎士比亚回到阳间去，在伦敦登台演*Hamlet*，大受批评家的白眼，说他完全不懂莎士比亚。一晚他们举行讲故事会，预先派定约翰生博士做主席，因为他这个人惯会刻薄人，要是叫他等别人说过后插入一两句批评，那是非常够味的，但要他自己讲起来，便三日三夜讲不完，冗长得叫人异样头痛。第一个立起来讲的是Goldsmith⑥（他是个不会讲话的人），红红脸孔说了一些反反复复的话，便说要宣读《威克斐牧师传》前五个chapter⑦，大家急了起来，主席先溜走了，关照从者等他读完了来唤他。还是拿坡仑和威灵顿公爵商量出一个办法，假装因旧恨而吵闹起来，把会场闹得一塌糊涂，才避免去Goldsmith的读威克斐牧师传。拿坡仑问Frederick⑧大帝有没有读过Carlyle⑨所著Frederick传记（一部卷帙浩繁的著作），他说不曾，因为没有工夫，拿破仑说你现在永生了，尽管读到 eternity⑩，难道还没有工夫？他说，你读了三四页便知道了。

让我亲亲你，让我爱爱你，无数的肉麻。

朱儿　三〇

① *House-boat on the Styx*：《冥河中的船屋》。
② Dr. Samuel Johnson：塞缪尔·约翰逊博士，十八世纪英国作家和文学批评家，曾编注《莎士比亚戏剧集》。
③ Francis Bacon：弗郎西斯·培根，英国哲学家。
④ *Hamlet*：莎士比亚著名戏剧，《哈姆莱特》。
⑤ Sir Walter Raleigh：沃尔特·雷利先生爵士，英国文艺复兴时期诗人、政治家。
⑥ Goldsmith：哥尔史密，十八世纪英国作家，著有小说《威克斐牧师传》等。
⑦ chapter：章节。
⑧ Frederick：应为 Friederich，腓特烈大帝，普鲁士国王。
⑨ Carlyle：卡莱尔，十九世纪英国作家，历史学家。
⑩ eternity：永恒。

137

我想要在茅亭里看雨、假山边看蚂蚁，看蝴蝶恋爱，看蜘蛛结网，看水，看船，看云，看瀑布，看宋清如甜甜地睡觉。

我觉得我已跟残废的人差不多了，五官（想来想去只有四官，眼耳口鼻之外还有那一官不如是简任官还是特任官）都已毁损，眼睛的近视在深起来，鼻子的左孔常出鼻血，左耳里面近来就睡时总要像风车一样哄隆哄隆搁一阵，嘴里牙齿又有毛病，真是。

一切兴味索然，活下去全无指望，横竖顶多也不过再有十年好活，我真不想好好儿做人，恨起来简直想把自己狠狠地糟蹋一阵。

138

宋：

　　本来我知道你一定不会答应到我家里来，但我确痴心地盼你打上海过，还望你带好东西来我吃呢。又是这么像是特意要避过我似的，连安慰也不留一句地走了，怎不叫人耿耿呢？你或许以为车站上几分钟的相对没有什么意思，徒然引起一些惆怅，但在我，就是惆怅也好，日复一日的枯燥的生活，多么想望一些小小的兴奋，即使不一定是快乐，也总比空虚的想望好些。而且我是那么不自由，要来看你一次，总得顾虑着钱，顾虑着时间。一共在世上我们也没有多少年岁好活，见面的机会是那么稀少得令人伤心，更能禁得起多少次的失望呢？

　　我常常不大愿意提起关于结婚的一个问题，尤其是在一个要好的女朋友之前，但今天却想以纯粹朋友的立场，提供你一些意见。唯一我替你担心的，便是你对于一切都抱着得过且过的态度，害怕想到将来，甚至于想借着短命来逃避（也许我也有些如此），其实将来也许并非一定那样可怕也说不定。在此刻，我们的处境很有些相仿，我们的家庭方面都在盼望我们赶快结婚，而我们自己则都在托辞敷衍着。关于我自己，我抱着不结婚的理想，少说些也已有五六年了；起初还只是一个理想主义者的诗意的想头，伴着对于现社会婚姻制度的不满，而近年来生活的困苦的暗影更加强了我的决心。姑母她们以为我现在不愿结婚是有所期待，或者因为嫌现在所入菲薄，要等经济方面有恃无恐后再说，因此倒是相当地嘉许我，但我如说出永远不结婚的话来，她们便要说我是傻子，而且也不肯相信（按照我们的道德的逻辑，你不娶妻生子，父母生下你来做甚么？在这种训条之下，一个男人所受的责备要比女子厉害得多），然而我自己相信我是聪明的，虽然未免偷懒规避了"人生的义务"。同时我对自己也很有把握，即使我母亲从坟墓里复活转来硬要逼我尽我所不愿尽的职，我也不惜做一个忤逆的儿子，为着保持自己最少限度的自由。关于你，那么似乎你的理由只是因为怕和平常女人陷于同样命运之故，然而这并不是怎么充足的理由，因为命运的平凡不平凡和婚姻并无绝对的关系，真是一个能够自己有所树立的女子，那么虽结了婚也不妨害她为一个不平凡者。不然的话，你能说一般的独身妇人比结婚者的命运更可傲些更幸福些吗？多分是反而更悲惨些。你是爱你的母亲的，如果搪饰到无可搪饰，敷衍到无可敷衍的时候，为了不忍伤她的心，会不会乖乖地听起话来呢？如果终不免有那一天，那么宁愿早些留心为是。一个理想的男人和一个理想的朋友不一样，只要人格高尚，有思想，诚实负责，经济宽余的人就合适了，如果有这种人，还是不要放弃机会的好（一见面感情泛滥的人是靠不住的）。有了安定的小家庭生活（少年时的彷徨烦闷其实都是生活不能安定之故），只要不忙着养儿子，自己计划着一种有意义的生活方式或找些不烦重的工作，或研习学问，何尝不能获得甚大的乐趣（如果有了计划做不到，那是自己本身的劣根性，这种人无论结不结婚皆无办法）。我不知道你对于自身的将来能不能下一番透彻的考虑，因为无主义的因循是不幸的。我的意思并不是要劝你结婚，或不结婚，但无论结婚不结婚，都得立定斩截的主意，不要含糊过去。我以为你的身体不是个耐得起辛苦磨练的人生战士的身体，事实上你需要一个较温柔的环境。我这种话也许会使你很生气，但这些全是我对于你的诚挚的友情中所发出的一些无我的意见。我相信你如真结了婚一定会使我感到甚大的悲哀，因为也许我们本来不痛快的交往将更受到一重无可如何的拘束，但我对你太关切了，我殊不愿见你永远是一头彷徨歧路的迷羊。我自己又是那么无能为力，除了爱你之外，对你一点用处都没有的。

你当然也不要太用功（我知道你不会用功的），但在之江这种地方如果说稍为读读书就会对健康有碍的话，我总不能相信。我自己的体格，谁都说我很不好，但在如今这种不健康的环境里过着不健康的生活，两年了，身体也不见坏到什么地方去。太娇养了也是不对的。

我是个理想家，想到现实会使我黯然，但我也不想躲避现实，一切凭着上帝或魔鬼的旨意吧！

一切的祝福，你知道我将爱你到永远，像爱一个最喜欢的兄弟姐妹一样。

朱　五日晚

先还你五块钱，因需要付房租等没得多，其余的五块过两星期后准还你，虽然我知道你并不要紧。

139

宝贝：

要是我的母亲"宝贝、心肝、肉肉、阿肉、阿宝、囡囡、弟弟、阿囡、好囡、乖囡、乖宝、小囡"地叫我，我一定要喊她"不要肉麻"。用一种喊法已够，一连串地叫起来，不亦过甚乎？

我伤心得很。

最好我们逃到一个荒岛上去，我希望死在夕阳中，凝望着你的出神的脸。

世上竟有没出息的男子如小生者乎？我最怕人家对我说两句话，一句话是"不要浪费你的时间，好好努力"，一句话是"年纪不小了，快快结婚"。结婚的成为问题不只单单在于成为一个女人的丈夫，还得兼为她的父母的女婿，她的伯叔的侄婿，她的兄弟姐妹的姐夫妹夫，她的姐夫妹夫的连襟，以及说不清的种种关系，以及她的儿子女儿的父亲，岂不难于上青天乎？

Chief[①]诚意地要介绍"女朋友"给我，我说不要，因为这种事情太Awkward[②]。

我一点学问也没有，学问是可以求得的，我的毛病是我看不起学问。你看怎么办？要我做起文章来，著起书来，一来都不来。我想不出我有什么用处。

唯一的自慰是你并不比我高明。

我待你好，不许骂我。

十六

有的好花是短寿的，但好花不一定都短寿。蔷薇你又写成了"薇薇"。

你顶待我好而且待我顶好是不是？

这封信被刀挖得多么可怜，你疼不疼它？

① Chief：单位或部门的长官。
② Awkward：尴尬。

如果我自杀了，依利安那，发表声明说，"我因被臭虫咬得难过而自杀"，大家将会失笑吧，其实这理由并不比经济压迫不充分，因为被臭虫咬，除了身体上的痛苦之外，还要因此失眠，失眠则精神不佳，精神不佳则工作无力，工作无力则生活无趣味，生活无趣味则厌世，厌世则自杀。

我寂寞得很，然而跟别人在一起，实在还是孤独的好。昨天，钱又没了，一个人来看我，和大多数人一样，这也是一个不能使我欢喜的人，满口洋话，却又有几分"寿"①。先是拉我跑出去吃冰，于是说到 park② 去，我说没有 pass③，他说不要紧，撞进去好了，结果是被拦了回来。天微微下着雨，在路上流浪着，他的话题不脱 love and marriage④，因为听说而且知道我有一个 sweetheart⑤，故很以我为幸福。我因为讲不来外国话，所以回答也回答不出来，心里想说，即使我有一百个 sweetheart，我也看得像白开水一样平淡无味。最后决定到 Ritz⑥ 看影戏，约莫有经二龙头到虎跑⑦ 那样一段路完全在微雨中步行了去，走得他吃力煞，老落在我后面，到了戏院，天便下起大雨来。片子是 *No Greater Glory*⑧，全是由孩子做的，趣味很少，但表演颇深刻，意义有些 ambiguous⑨，因为要说它是提倡战争或反对战争，都说得过去。或则因为其中没有少女（女角只孩子的母亲一人，一个中年妇人）的缘故，那位朋友很摇其头，说是 funny⑩。出来天仍雨，他给了我四角钱坐黄包车而回，真倒霉。

我真想在海滨筑一间小屋，永远住在这里面，请一个管家妇，一切庶务银钱等事全给她管理，再领一个贫家无父母的孤儿女作我的孩子，每天和他一起看海。你要是高兴，一年中可以来望我一次，我不预备招待任何朋友。

① "寿"：上海方言，意为迂，不机灵。

② park：公园。
③ pass：门票。
④ love and marriage：恋爱和婚姻。
⑤ sweetheart：恋人。
⑥ Ritz："利兹"，电影院名。
⑦ 二龙头是杭州之江大学所在地的地名，虎跑，即虎跑泉是杭州著名景点，离二龙头约两公里许。
⑧ *No Greater Glory*：《无上光荣》，电影片名。
⑨ ambiguous：含糊。
⑩ funny: 好笑。

141

心里烦躁起来，想要咆哮，这种生活死人才过得惯，我猜想活在世上的都是死人，因为活人决活不下去。一切的无意义是无意义到透顶，感伤是滑稽，深情是 ridiculous①，眼泪是愚人的法宝，同情哀怜都是弱者的道德。我只想首触不周山，把愤慨的火烧尽整个宇宙。死在洪水里，死在大火里，死在刑场上，都比死在母亲或爱人怀里痛快得多，我想象着古代人被九牛分尸的惨痛的快活，整个儿的身体在一声鞭响下支解开来，把血肉模糊的印象遗给别人灵魂上的悚栗。活着总得飞，总得鸣，不飞不鸣，与死何异。然而翅膀也生了锈了，喉咙也生了锈了，脑筋在腐烂，心在发着霉，如今冀望一个清新的死也再不可得了。

① ridiculous：荒谬的。

142

昨夜梦见红红面孔，有趣得来，你猜是谁？
子曰，如之何，如之何，alack-a-da!①
Vanity of vanities, all is vanity. What profit hath a man of all

his labour which he taketh under the sun? One generationeration passeth away, and another generation cometh, but the earth abideth forever. The sun also ariseth. and the sun goeth down, and hasteth to his place where he arose. All the rivers run into the sea, yet the sea is not full, into the place from whence the rivers come, thither they return again. All things are full of labour, man cannot utter it, the eye is not satisfied with seeing, nor the ear filled with hearing. The thing that hath been it is that which shall be, and that which is done is that which shall be done, and there is no new thing under the sun. There is no remembrance of former things, neither shall there be any remembrance of things that are to come with those that shall come after. I have seen all the works that are done under the sun, and behold, all is vanity and vexation of spirit. And I gave my heart to know wisdom, and to know madness and folly. I perceived that this also is vexation of spirit. For in much wisdom is much grief, and he that increaseth knowledge increaseth sorrow.②

① alack-a-da：英语感叹词，意思是"呜呼"。
② 这段话出自《旧约·传道书》第一章，略有删改，大意是：虚空的虚空，凡事都是虚空。人一切的劳碌，就是他在日光下的劳碌，有甚么益处呢？一代过去，一代又来，地却永远长存。日头出来，日头落下，急归所出之地。江河都往海里流，海却不满；江河从何处流，仍归还何处。万事令人厌烦，人不能说尽。眼看，看不饱；耳听，听不足。已有的事，后必再有；已行的事，后必再行。日光之下，并无新事。已过的世代，无人记念；将来的世代，后人也不记念。我见日光之下所作的一切事，都是虚空，都是捕风。我又专心察明智慧、狂妄和愚昧，才知这也是捕风。因为多有智慧，就多有愁烦。加增知识的，就加增忧伤。

假如有人问我烦忧的缘故，我不敢说出你的名字

143

好友：

真不开心，老是那么的那么的，乖乖的好起来了吧，以后就是要生病，也分点给我生生吧，不要太小气。没气力多休息休息，功课马虎点没有关系。

你妒忌不妒忌都好，总之我用不到你也已经和她相熟了，而且要好得一塌糊涂，她是个挺好的（比我还好），你不能冤枉她，要是我告诉你我怎样爱她法，你如不妒忌便会气破肚子，如妒忌一定会变成大皮球满地滚。

你生肖属凤凰，我知道。否则属风，属星星，属月亮，你还没有资格属太阳，虽则我常唱 O Sole Mio[①]！想着你，因为你一点不健康。

还有话，留着。愿你不要病，上帝也不允许的。

路易十六　十日

[①] O Sole Mio：意大利文，《我的太阳》。

144
1935 年 6 月 17 日

沪杭甬线上行车京闸联运快车十二点廿五分上海到
京沪线上行车京闸联运快车三点正上海开
十足耽搁两小时
我预备十一点半出来，吃过一点物事就到车站等你（作兴[①]是你等我）在高兴地盼着！

朱

[①] 作兴：上海、嘉兴一带方言，意思是"也许、可能"。

宋：

你真可怜，闹了两年的到北平去，到现在还决定不下来。我贡献你四条路：

一、不转学，留在之江，免得投考等麻烦。

二、转学近处，南京、上海，或索性苏州，好常常见母亲。但苏州你已住久，上海我不劝你，南京也没甚大意思。

三、转学远处，北平、青岛、武汉、广州……一样走远路，当然如你原来的理想，北平去最好。

四、停学一年，作一次远程旅行，几次小旅行，余下时间，在家读书休息，养得胖胖后再上学。

如果转学，不要抱但求换换空气的思想，无论如何要拣比较好一点的学校，如果进和之江差不多或不如的地方，那很不上算，还是留着不走的好。

好人以为如何？

热天真使人懒，坐在 office 里，眼睛只是闭上来。想像着在一个绿荫深深的院内，四周窗子上幔着碧色的湘帘，在舒适的卧榻之上，听着细细的鸟声，睡了又醒醒了又睡的生活着。但无论如何，初夏的黄昏是可爱的。在之江，此刻也是顶美丽的时刻了。但这样的时间也只能在忆念里过去，心里很有点怨。祝福那些不懂得相思的人，至于我，则愿意永远想念着你。我，永是那么寂寞的。

还有的话，留着以后说。祝快乐。

朱

第三部分

如果没有你,
生命对于我将是不可堪的

146
1935 年 8 月 18 日

宋：

　　下星期日（八月二十五日）我到常熟来，好不好快回答我。

　　今天玩得很经济而实惠。上午往北四川路跑旧书店，第一家找到了一本 Dickens：*Oliver Twist*①（有插图），一本 Jane Austin：*Pride and Preiudice*②，要价二元三角，我还一块钱，他摇摇头把书插到架子上去了，我对这两本书并无怎样热情，因此也扬长而去。他们在收买的时候，这一类非教科用的书简直看得连废纸不如。讨价一块两块的书，买进来不过一角两角。其实在提篮桥俄国人那里，一角钱也照样能买到很好的书。上星期五我去买得的一本 Hawthone：*House of the Seven Gables*③，印刷纸张都很好，插图也精美，如果在那个书商手里，至少也要六角钱才能让你拿到手。第二家无所得。第三家找到一本 *Oxford Pocket Classic*④本的英国小品文选，他要三角大洋，索价不算太高，我还价两角小洋，又加至三角小洋，因为他说一定没有还价，我也弃之而去。第四家找到一本 Daudet：*Sapho*⑤和一本拿坡仑传，前者讨价四角大洋，我还四角小洋，就买成功了，后者未买。出来在一家饮冰室坐下，两角小洋的冰淇淋，分量多得令人吓了一跳。下午两角钱看了一本歌舞影片，我对于老是那一套的歌舞片子并无多大兴趣，但如有 Ruby Keeler⑥在里面的总不自禁地要去看一下。她并不是一个了不得的演员，但确是一个 darling⑦，在我的味觉上觉得银幕上没有比她更甜的人，尤其是她说话的音调，孩子气得可爱而异常悦耳。

　　一个人的趣味要变化起来真没办法，现在我简直不要看诗。大概一个人少年时是诗人，中年时是小说家，老年时是散文家，这并不指一定有所写作的而言。

　　我算是死了心，你肯不肯给信我都随你便，寂寞的人是不应该找人说话的。祝好。

猪八戒　十八

如果没有你，生命对于我将是不可堪的

① *Oliver Twist*：狄更斯，《雾都孤儿》。
② *Pride and Prejudice*：简·奥斯汀，《傲慢与偏见》。
③ *House of the Seven Gables*：霍桑，《七个尖角阁的老宅》。
④ *Oxford Pocket Classic*：《牛津袖珍经典》。
⑤ *Sapho*：都德，《萨福》。
⑥ Ruby Keeler：茹碧·凯勒，电影演员。
⑦ darling：可爱的人。

147
1935 年 8 月 21 日

昨夜我真的梦见了你，我们都还在之江山上。你对我的态度冷得很，见了我常常不理我。后来在茅亭那边我看见你，你坐在小儿车里，说要回家去。我自告奋勇推着小儿车下山，可是推来推去推了半天还不曾下得山，却推到我自己的房间里来了。你很恼，我很抱歉。我于是把满房间的花盆都搬开，撬起一块楼板来，说从这里下去一定可以下山。可是你嘟着小嘴唇走了，我的心也扑的一声碎了。

星期日，如果我此地在八点半出发，十一时许可以到常熟，你还不忙就上学校去吧？

伤风有没有好？日子过得太慢，你有没有老些了？我真想疼疼你。

罗马教皇　廿一

148

Darling Boy①：

千言万语，不知从何处说起。第一你说我是不是个好孩子，一到上海，连两三钟点都不放弃，寓所也没去，就坐在办公室里了。这简直不像是从前爱好逃学旷课的我了，是不是？事实是，下车时一点钟，因为车站离家太远，天又在临下阵头雨之际，便在北四川路广东店里吃了饭并躲雨，且吃冰淇淋。雨下个不停，很心焦，看看稍小些，便叫黄包车回家。可是路上又大落特落起来，车篷遮不住迎面的雨，把手帕覆在脸上，房屋树街道都在一片白濛濛中过去，像一个小孩子似的，衷心地感到喜悦（这是因为我与雨极有缘分的缘故，我做的诗中不常说雨？）。本来在汽车中我一路像受着极大的委屈似的，几回滴下泪来，可是一到上海，心里想着毕竟你是待我好的，这次来游也似乎很快乐，便十分高兴起来。——车过了书局门口，忽然转计想就在这里停下吧，因此就停下了。

为着礼貌的缘故，但同时也确是出于衷心的，容我先道谢你们的招待。你家里的人都好，我想你母亲一定非常好，你的弟弟给我的直接印象，比之你以前来信中所说及的所给我的印象好得多。

唉，我先说什么呢？我预备在此信中把此时的感想，当时欲向你说而没有机会，因当着别人而讲不出来的话，实际还无宁是当时的未形成语言的思想，以及一切一切，都一起写下来。明明见了面而不说话，一定要分手之后，再像个健谈者似的絮絮叨叨起来，自然有些反乎常情，然而有什么办法呢，我一点不会说话！你对别人有许多话说，对我又说不出什么话来，又有甚么办法？横竖我们会少离多，上帝（魔鬼也好）要是允许给我一支生花的笔，比之单会说话不会动笔也许确要好得多，无如我的笔并不能达出我所有的感情思想来何？但无论如何，靠着我们这两张嘴决不能使我们谅解而成为朋友，然则能有今日这一天，我能在你宝贵的心中占着一个位置（即使是怎样卑微的都好），这支笔岂不该值千万个吻？我真想把从前写过给你的信的旧笔尖都宝藏起来，我知道每一个用过的笔尖都曾为我做过如此无价的服务。

最初，我想放在信的发端上说的，是说你借给我的不是二块钱而是十块钱，这一回事是绝大的错误，当我一发现这，我简直有些生气，我想一回到上海之后，便立刻把我所不需要的八块钱寄还给你，说这种方面的你的好意非我所乐意接受，那只能使我感到卑辱。如果我所需要的是要那么多，为什么我不能便向你告借那么多呢？如果我不需要那么多，你给我不需要的东西做甚么呢？……如果我这样，你会不会嫌我作意乖僻？我想我总不该反而嫌怪起你的好意（即使这样的好意我不欢迎）来而使你懊恼，因此将暂时保存着尽力不把它动用（虽然饭店里已兑碎了一块，那我想像是你请我的客，因此吃得很有味），以后尽早还你。本来这月的用途已细心计划好，因为这次突然的决心，又不知道车费竟是那么贵，所以短绌了些，但除非必要，我总不愿欠人家一块钱，即使（尤其）是最好的朋友；这个"好"脾气愿你了解我。你要不要知道此刻我所有的全部财产？自从父亲死了之后，家里当然绝没有什么收入，祖产是有限得可怜，仅有一所不算小的房子，一部分自居，一部分分租给三家人家和一爿油行。但因地僻租不起钱，一年统共也不过三百来块钱，全部充作家中伙食和祭祀之用，我们弟兄们都是绝不动用分文的。母亲的千把块钱私蓄，一直维持我从中学到大学，到毕业为止计用空了百把块钱；兄弟的求学则赖着应归他承袭的叔祖名下一注小小的遗产。此刻我已不欠债，有二百几十块钱积蓄，由表姐执管着，我知道自己绝对用不着这些钱，不过作为交代而已。如果兄弟读书的钱不足时可以补济补济，自己则全然把它看作不是自己的钱一样。除了这，那么此刻公司方面欠我稿费百元，月薪四十三元，我欠房饭钱未付的十二元，此外别人借我去的约五六十元，我不希望他们还了。这些都不算，则我此刻有现金 $7.25，欠宋清如名下 $10.00，计全部财产为 − $2.75。你想我是不是个 Unpractical②的人？

　　话一离题，便分开了心，莫名其妙地说了这些不相干的话。我说，这回到常熟来我很有点感到寂寞，最颓丧的是令弟同我上茶馆去坐的那我也不知多少时候，那时我真是 literally③一言不发（希望他原谅我性子的怪僻），坐着怨恨着时间的浪费。昨晚你们的谈天，我一部分听着，一部分因为讲的全是我所不知道的人们，又不全听得明白，即使听着也不能发生兴趣，因此听见的只是声音而不是言语，很使我奇怪人们会有这么多的non-sense④，爱谈这个人那个人的平凡琐事。但无论如何，自己难得插身在这一种环境里，确也感到有些魅力，因为虽然我不能感到和你心灵上的交流，如同仅是两人在一起时所感到的那样，但我还能在神秘的夜色中瞻望你的姿态，聆听你的笑语，虽然有时不知道你在说些什么，但我以得听见你的声音为满足，因为如果音乐是比诗更好，那么声音确实比言语更好。也许你所说的是全无意思的话，但你的语声可以在我的心上绘出你的神态来。

半悲半喜的心情，觉得去睡觉是一件很不情愿的事，因为那时自己所能感觉到摸触到的，就只有自己的饥渴的寂寞的灵魂了。After⑤怨恨自己不身为女人（为着你的缘故，我宁愿作如此的牺牲，自己一向而且仍然是有些看不起女人的），因为异性的朋友是如此之不痛快多拘束，尽管在不见面时在想像中忘记了你是女人，我是男人，纯情地在无垢的友谊中亲密地共哭共笑，称呼着亲爱的名字，然而会面之后，你便立刻变成了宋小姐，我便立刻变成了朱先生，我们中间不能不守着若干的距离，这种全然是魔鬼的工作。当初造了亚当又造夏娃的家伙，除了魔鬼没有第二个人，因为作这样恶作剧的，决不能称为上帝。——之后，我便想：人们的饥渴是存在于他们的灵魂内里，而引起这种饥渴来，使人们明白地感到苦恼，otherwise hidden and unfelt⑥的，是所谓幸福，凡幸福没有终极的止境，因此幸福愈大，则饥渴愈苦。因是我在心里说，清如，因为我是如此深爱你，所以让我们（我宁愿）永远维持着我们平淡的友谊啊！

撇开这些傻话，我觉得常熟和你的家虽然我只是初到，却一点也没有陌生之感，当前天在车中向常熟前行的时候，我怀着雀跃的似被解放了的一颗心，那么好奇地注意地凝望着一路上的景色，虽然是老一样的绿的田畴，白的云，却发呆似的头也不转地看着看着，一路上乡人们的天真的惊奇，尤其使我快活得感动。在某站停车时一个老妇向车内的人那么有趣地注视着时，我真不能不对她 beam a smile⑦，那天的司机者是一个粗俗的滑稽的家伙，嘴巴天生的合不拢来，因为牙齿太长的缘故，从侧面望去，真"美"。他在上海站未出发之前好多次学着常熟口音说，"耐伲到常熟"，口中每每要发出"×那娘"的骂人话，不论是招呼一个人，或抱怨着过站停车的麻烦时。他说，"过一站停三分钟，过十几站便要去了半个钟点"。其实停车停得久一些的站头自然也有，但普通都只停一分钟许，没有人上下的，不停的也有。因此他的话有点 moderately exaggerated⑧，总之是一个可爱的东西，当时我觉得。过站的时候，有些挥红绿旗的人因为没有经验，很有些手足无措的样子，而且所有的人都有些悠闲而宽和的态度，说话与行动都很文雅，一个人同着小孩下车，小孩应该买半票的，却没有买，收票的除了很有礼地说一声要买半票之外，也就一声不响地让他走了。有两站

如果没有你，生命对于我将是不可堪的

司机人提醒了才晓得收票，某次一个乡妇下车后扬长而去，问那土头土脑的收票者，他说那妇人他认识的。最可笑的是一个乡下人，汗流浃背，手中拿着几张红绿钞票，气急匆匆地奔上车子，开到半路，忽然他在窗外看见了熟人，车子疾驶的时候，他发疯似向窗外喊着，连忙要求司机人把车子停下开开放他下车，吃了几句臭骂，便飞奔出去了，那张车票所花的冤钱，可有些替他肉痛，——这一切我全觉得有趣。可是唯一使我快活的是想着将要看见你。我对自己说，我要在下车后看见你时双手拉住你，端详着你的"怪脸"，喊你做宝宝，虽然明知道我不会那样的；当然仍带着些忧虑，因为不知道你身体是否健爽。实在，如果不是星期六接到你的信，知道你又在受着无情的磨折，也许我不会如此急于看你，为着钱的问题要把时间捺后一些；而且你说过你要来车站候我，我怎么肯使你扑空呢？

车子过了太仓之后，有点焦躁而那个起来，直到了常熟附近的几个村站，那照眼的虞山和水色，使眼前突然添加了无限灵秀之气，那时我真是爱了你的故乡。到达之后，望车站四周走了一转，看不见你，有点着急，担心你病倒，直至看见了你（真的看见了你），well then⑨，我的喜乐当然是不可言说的，然而不自禁地 timid⑩起来。

回去就不同了，望了最后的一眼你，凄惶地上了车，两天来的寂寞都堆上心头，而快乐却全忘记了，我真觉得我死了，车窗外的千篇一律的风景使我头大（其实即使是美的风景也不能引起我的赞叹了）。我只低头发着痴。车内人多很挤，而且一切使我发恼。初上车时，还有一个漂亮的少女（洋囡囡式的），她不久下车，此后除了一个个儿高的清秀的少年之外，一车子都是蠢货商人市侩之流。一个有病的司机人搭着我们这辆车到上海，先就有点恶心。不久上来了一个三家村学究四家店朝奉式的人，因为忙着在人缝里轧坐位，在车子颠簸中浑身跌在一个女人的身上，这还不过令人笑笑（虽然有些恶心）而已，其后他总是自鸣得意地遇事大呼小叫，也不管别人睬不睬他，真令人不耐。在我旁边那个人，打瞌铳常常靠压到我的身上，也惹气得很。后来有几个老妇人上来，我立起身让了座，那个高个儿少年也立起，但其余的那些年轻力壮的男人们，却只望着看看，把身体坐得更稳些。我简直愤慨起来，而要骂中国人毫无规矩，其实这不是规矩，只是一种正常的冲动。我以为让老弱坐,让贤长者坐,让美貌的女郎及可爱的小孩子坐,都是千该万该的。让贤长者坐是因为尊敬,让美貌的女郎坐是因为敬爱(我承认我好色,但与平常的所云好色有所不同。我以为美人总是世间的瑰宝,而真美的人,总是从灵魂里一直美到外表上,而灵魂美的人,外表未有不美者,即使不合机械的标准与世俗的准绳。若世俗所惊眩之美貌,一眼看去就知道浅薄庸俗的,我决不认之为美人),让小孩坐是因为爱怜,让老弱坐是因为怜悯。一个缠着小脚步履伶仃的乡曲妇人,自然不能令人生出好感,但见了她不能不起立,这是人类所以为人类的地方,但中国人有多数是自私得到那么卑劣的地步。这种自私,有人以为是个人主义,那是大谬不然。个人主义也许不好,但决不是自私,即使说是自私,也是强性的英雄式的自私,不是弱性的卑劣的自私,个人主义要求超利害的事物,自私只是顾全利害。中国没有个人主义,只有自私。

  对于常熟的约略的概念,是和苏州相去不远,有闲生活和龌龊的小弄,崎岖的街道,都是我所不能惬意之点。但两地山水秀丽,吃食好,人物美慧(关于吃食,我要向你 complain⑪,你不该不预备一点好吃的东西给我吃,甚至于不好吃的东西也不给我吃,今天早晨令弟同我出去吃的鸭面,我觉得并不好吃,而且因为分量太多,吃不下,只吃了二分之一;至于公园中的菱,那么你知道,嘉兴唯一的特产,便是菱了,这种平庸的是不足与比的,虽然我也太难得吃故乡的菱了。买回的藕,陆师母大表满意,连称便宜,可是岂有此理的是她也不给我吃。实在心里气愤不过,想来想去想要恨你),都是可以称美的地方。如果两地中我更爱常熟,那理由当然你明白,因为常熟产生了你。

  常熟和吾乡比起来,自然更是个人文之区,以诗人而论,嘉兴只有个朱竹垞(冒一个"我家")可以和你们的钱牧斋一较旗鼓,但此外便无人了。就是至今你到吾乡去,除了几个垂垂老者外,很难找出一打半风雅的人来,嘉兴报纸副刊的编辑,大概是属于商人阶级的人或浅薄少年之流,名士一名词在嘉兴完全是绝响的。子弟们出外读书,大多是读工程化学或者无线电什么之类,读文学是很奇怪的。确实的,嘉兴学生的国文程度,皆不过尔尔的多,因为书香人家不甚多,有的亦已衰微,或者改业从商了。常熟也许士流阶级比商人阶级更占势力，嘉兴则全是商人的社会，因此也许精神方面要比前者整饬一点，略为刻苦勤勉一点。此外则因为同属于吴语区域，一切风俗都没有什么两样。

要是我死了，好友，请你亲手替我写一墓铭，因为我只爱你的那一手"孩子字"，不要写在什么碑版上，请写在你的心上，"这里安眠着一个古怪的孤独的孩子"，你肯吗？我完全不企求"不朽"，不朽是最寂寞的一回事，古今来一定有多少天才，埋没而名不彰的，然而他们远较得到荣誉的天才们为幸福，因为人死了，名也没了，一切似同一个梦，完全不曾存在，但一个成功的天才的功绩作品，却牵萦着后世人的心。试想，一个大诗人知道他的作品后代一定有人能十分了解它，也许远过于同时代的人，如果和他生在同时，一定会成为最好的朋友，但是时间把他们隔离得远远的，创作者竟不能知道他的知音是否将会存在，不能想像那将是一个何等相貌性格的人，无法以心灵的合调获取慰勉，这在天才者不能不认为抱恨终天的事，尤其如果终其生他得不到人了解，等死后才受人崇拜，而那被崇拜者已与虫蚁无异了，他怎还能享受那种崇拜呢？与其把心血所寄的作品孤凄凄地寄托于渺茫中的知音，何如不作之为愈呢？在天才的了解者看来呢，那么那天才是一个无上的朋友，能传达出他所不能宣述的隐绪，但是他永远不能在残余的遗迹以外去认识，去更深切地同情他，他对于那无上的朋友，仅能在有限范围内作着不完全的仰望，这缺陷也是终古难补的吧？而且，他还如一个绝望的恋人一样，他的爱情是永远不会被她知道的。

说着这样一段话，我并不欲自拟为天才（实在天才要比平常人可怜得多），但觉得一个人如幸而能逢到一个倾心相交的友人，这友人实比全世界可贵得多；自己所存留的忆念，随着保有这些忆念的友人的生命而俱终，也要比"不朽"有意思些。我不知道我们中谁将先谁而死，但无论谁先死总使我不快活，要是我先死的话，那么我将失去可宝贵的与你同在的时间之一段。要是你先死的话，那么我将独自孤零地在忆念中度着无可奈何的岁月。如果我有希望，那么我希望我们不死在同一空间，只死在同一时间。

话越说越傻了，我不免很有些 sentimental ⑫，请原谅我。这信是不是我所写给你中的最长的？然而还是有许多曾想起而遗落了的思想。

在你到杭州之前，我无论如何还希望见你一面。愿你快快痊好，我真不能设想，你要忍受这许多痛苦与麻烦。

无限热烈的思念。盼你的信息。

朱朱　廿六夜

你们称第三身"他"为 gay，很使我感到兴味，大约是"佢、渠"音之转。

我所以拙于说话的原因，第一是因为本来懒说话，觉得什么话都没有意思，别人都那样说我可不高兴说。第二是因为脑中的话只有些文句，说出来时要把它们翻成口语就费许多周章，有时简直不可能。第三我并不缺少 sense of humor[13]，也许比别人要丰富得多，但缺少 ready wit[14]，人家给我讲某事的时候，有时猝然不知所答，只能应着唯唯，等到想出话说来时，已经用不着说了，就是关于常识方面的也是如此，陆先生曾问起我最近从飞机上坠下来跌死的滑稽电影明星 Will Rogens 的作风如何，到过上海有什么片子，一下子我只能说他善于描述人情世故，以乡曲似的形式出现银幕上，作品一时记不起名字来，我还不曾看过他的片子。等到想要补充着说他是美国电影中别树一派的幽默家，富于冷隽的趣味，为美国人最爱戴的红星之一，但在中国却颇受冷落，他的作品较近而成功的有 *Handy Andy*（人生观）、*Judge Priest*（普里斯特法官）等等，凡我的"渊博"的头脑中所有的关于这位我并未与谋一面的影星的智识时，这场谈话早已结束了。——此外，我纵声唱歌时声音很高亮，但说话时却低沉得甚至于听不大清楚。姑母说我讲起话来蚊子叫，可是一唱起歌来这股劲儿又不知从那里来的，我读英文也能读得很漂亮，但说绝对不行。大概在说话技术一方面太少训练。每年中估计起来成天不说话的约有一百天，每天说不上十句话的约有二百天。说话最多的日子，大概不至于过三十句。

虽然再想不出什么话来，可是提着笔仍旧恋恋着不肯放下来，休息吧，笔！快一点钟了。此刻你正在梦中吧，知道不知道，或者想得起想不起我在写着写着？你那里雨下得大不大？如果天凉了，仔细受寒。快两点钟哩，你睡得好好儿的吗？我可简直的不想睡。昨夜我从两点钟醒来后，安安静静的想着你，一直到看天发亮，今天又是汽车中颠了三个钟点，然而此刻兴奋得毫不感到疲乏,也许我的瘦是由于过度的兴奋所致,我简直不能把自己的精神松懈片刻,心里不是想这样就是想那样,永远不得安闲,一闲下来便是寂寞得要命。逢到星期日没事做,遂我的心意,非得连看三场电影不可。因此叫我在茶馆里对着一壶茶坐上十五分钟,简直是痛苦。喝茶宁可喝咖啡,茶那样带着苦意的味道,一定要东方文明论者才能鉴赏,要我细细的品,完全品不出什么来,也许觉得白开水倒好吃些。我有好多地方真完全不是中国人,我所嗜好的也全是外国的东西,于今已一年多不磨墨了,在思想上和传统的中国思想完全相反,因为受英国文学的浸润较多,趣味是比较上英国式的,至于国粹的东西无论是京戏胡琴国画国术等一律厌弃,虽然有时曾翻过线装书(那也只限于诗赋之类),但于今绝对不要看这些,非孔孟,厌汉字,真有愿意把中国文化摧枯拉朽地完全推翻的倾向,在艺术方面,音乐戏剧的幼稚不用说,看中国画宁可看西洋画有趣味得多,至于揭几笔墨作兰花竹叶自命神韵的,真欲嗤之以鼻,写字可以与绘画同成为姐妹艺术,我尤其莫名其妙。这些思想或者有些太偏激,但目睹今日之复古运动与开倒车,不能不对于这被诩为五千年的古文化表示反对。让外国人去赞美中国文化,这是不错的,因为中国文化有时确还可以补救他们之敝,但以中国人而嫌这种已腐化了的中国文化还不够普及而需待提倡,就有些夜郎自大得丧心病狂了。我想不说下去了,已经又讲到文化的大问题,而这些话也还是我的老生常谈,卑卑无甚高论。你妈来了没有?妈来了你可以要她疼疼了,可是我两点半还不睡,谁来疼我呢?

① Darling Boy:亲爱的孩子。
② Unpractical:不实际的。
③ literally:不夸张地。
④ nonsense:无意义的事。
⑤ After:然后。
⑥ otherwise hidden and unfelt:除此之外隐蔽而未感知的。
⑦ beam a smile:微笑。
⑧ moderately exaggerated:适度的夸张。
⑨ well then:好啦。
⑩ timid:羞怯。
⑪ complain:抱怨。
⑫ sentimental:感伤。

⑬ sense of humor：幽默感。
⑭ ready wit：快捷的机智。

149
1935 年 8 月 30 日

宋：

　　离放工还有半小时。星期三欠四页，星期四欠一页，今天做了十五页，一起拼命赶完了。只想给你写信，好像要把我的心我的脑子一起倒出掏空才痛快的样子，你厌不厌烦，笑不笑我呢？要是我能把我的灵魂封在信封内寄给你，交给你保管着（你爱顾他也好，冷丢他也好），那么让我这失去灵魂的形骸天天做着机械的工作，也不会感到任何难过了。我深觉得，我们的灵魂比形骸更要累赘烦重，否则它早已飞到天上去了。

　　昨夜做了个梦，可是再也记不起做些什么。要是我今夜坐了汽车来看你，你欢迎不欢迎我呢？横竖我已认识了路，我会悄悄地摸到你睡着的地方的。我希望你正酣睡着不看见我，我会静静地看守着你的睡眠，替你驱除恶梦，到了天将明，你未醒之时，我便轻轻地吻一下你的手，自个儿寂寞地回来。

　　像得了心爱的宝贝一样，这才接到了你的信。我愿意永远作你的孩子，要是你肯做我的母亲的话。今晚我已心安了，我许给我自己一个甜蜜的睡眠。

　　如果你母亲高兴见我，你为什么不留我多住一天呢？我回来之后，陆师母说我为什么这么要紧就回来，因为明天有假放。不过即使你留我，我也不想多住，因为衣服什么都没带来。

　　寻来寻去总寻不见你八月上半月给我的两封信，心里怪那个，你骂不骂我又丢了呢？如果要骂的话，请补写两封来，我一定好好藏着，再不丢了。你有些信写得实在有趣，使我越看越爱。要是你怪我不该爱你，那么使我爱你的实在是你自己，一切我不知道，你应该负全责。要是我为你而情死了，你当然也应该抵命的。

　　五块钱，给陆师母借去了，她也要向我借钱，可见紧缩之一斑。这星期底没得钱用，星期一发薪不知是否仍打折扣。但只要肚皮不饿（只是有

如果没有你，生命对于我将是不可堪的

得饭吃的意思，因为饿此刻就在饿），有得房子住，你待我好，什么都不在乎。我是个乐天者，我不高兴为物质问题发愁。

你想不出此刻我是多少快乐，快乐得想哭。谁比我更幸福呢？比起你来，我也是要幸福得多，因为我的朋友是一个天使，而你的朋友只是一个傻小子。

卅下午

150

好友：

时间过得又快又慢，想想一星期前在你家的光景，似乎像往古的梦一般恍惚，又似乎像昨天一般亲切。

我不知道你预备不预备告诉我什么时候过上海，好让我来车站候你。是不是四号就走，如你前信所说的？那就是后天了，也许连我这封信都赶不上也说不定。

一个人要把自己的所谓"身世"来换取别人的同情，未免太无聊。但有些话对别人说了我要后悔的，对你说了却决不会后悔。因为对着一个最亲切最钟爱的人前而不能把自心的一切尽情倾吐，我总以为是太不痛快的事。矜持与掩饰对别人我也不会，更不用说是对你，虽然我也懒得向人表白我自己（以下说了一些自己看着也生气的话，故剪去）。

二日夜

151

好友：

昨夜我过了一个疯狂的月夜。

似乎躺在床上生病，一个疯医生走了进来（其实他一点不像是个医生，不过说明书——我的梦有说明书的——上这样写着，而且由Peter Lorre——最近一张恐怖影片的主角，但我并不曾去看——扮演），把我连被褥一起卷起来挟在胁下，挟到另一间房间里。我想他以为我快死了，所以把我送到太平间去。后来一阵昏惘中他出去了。有几个人跑进来,一看见我都吓得大叫起来,我很奇怪,照照镜子,我的脸平平常常,没有什么可怕的地方,转过头来一看,才见我的枕上有一个黑鬼的头。后来那个"疯医生"又要来了,我连忙去把门闩上,将身子抵住,他在外面尽力轰着,像牛一样喘着气,门不很牢固,我气力又不支,这情形很尴尬。可是月色非常好,他在外面唱起歌来了,唱的词句是英文,很短,只两三句,大意是:

  月亮很亮,
  我很寂寞,
  我的心在辽远的他乡。

  他唱了一遍,我也和了一遍,一唱一和了好多次。外头常有一些人走过,渔夫水手之类,他见了他们便说,"我有一个伙计,不肯跟我跑,请你们帮忙把他拖出来"。他们听见这话便回答,"你丢了他好了"。我把门微开觑了觑,他便冲了进来,跟我扭作一团,咬我抓我,我嘴里 pooh pooh①地嘶喊着,于是醒了。

  中秋的月不如晚秋的月,中秋的月太热闹,应该是属于天伦团聚的家庭或初恋的恋人们的,再过一两个月的月亮,才是我们的月,游子的月。因为昨天拿到了几块钱,今晚已答应自己去看一本好影片,《满城风雨》,照题目是应该在重阳节映的。

  愿你珍重

朱

---

① pooh pooh:英语象声词,"扑、扑"。

152

清如:

  真的是满城风雨,外面冷得令人发抖,雨不单是从天上落下来,还要从地面上刮起来，全身淋湿在雨中（伞当然是撑着的），风可以把你吹倒，真令人兴奋。回到斗室中，那么温暖！无月的中秋是可爱的。

——昨夜

今天大家嚷冷，有人夹袍戴草帽，有人夏布长衫内罩绒线背心，无奇不有。冷我是欢迎的（你当然也赞成），可是这一下太突然，多多珍重玉体吧。

秋是最可爱的季节，因为她是最清醒的季节，无论春夏冬，都能令人作睡眠的联想，惟秋是清醒的。

我怕一切人，我顶怕你，我可不怕我自己，我高兴的时候，我爱爱他，我不高兴的时候，我虐待虐待他，有时完全把他当做一个不相干的人，他发痴，他被你吃瘪，都不关我事。

昨夜又做梦，你不了解我，我伤心。滑稽总归是滑稽，了解这两字的意义我就不了解，我也从不想了解我，我也不曾了解你。

祝我的爱人好。

吃笔的家伙——今天

153
1935年9月14日

小鬼头儿：

我太不高兴写信给你，此刻不知你在跟谁讲些什么小姐经，而我却不知道是谁逼着我硬要写些什么，写信的对象偏偏一定要是我所最讨厌的人——你。要是写得好，能博你欢喜，叫我几声孩子，那么也许还可窝心窝心，骗骗自己说世上还有个人疼我。要是写得戆一些，便要惹你发神经，把朱先生哩聪明哩佩服哩知己哩劳驾哩这些化装了的侮辱堆在我身上，想想真气不过。如果你是个头号傻瓜，我准是个超等傻瓜。

自己安慰自己这句话实在可怜得很，既然决心不受人怜，又何必对影自怜呢？要是我，宁愿自己把自己虐待的。

当心伤风。

此夕

要是你是个男人，你欢喜哪一种女子呢？要是我是个女子，我要跟很多男人要好，我顶欢喜那种好好先生，因为可以随便欺负他，"好人"是天生下来给人欺负的。

哥儿：

今天天气很好。不叫人兴奋也不叫人颓唐，不叫人思慕爱情也不叫人厌恨爱情，去外面跑，也不会疲劳，住在家里，也不会愁闷。今天写信，目的就是要说这两句话，多说了你又会厌烦我。

借了三本《行为主义的心理学》，希望能读得下去。

愿你乖。

次日下午

154
1935年9月17日

婆婆：

今天有没有进城去呢？我不出去，很寂寞，很无聊。想着要吃月饼，买了一个"蚝黄夜月"，一个"蛋黄莲蓉"，吃到把胃口吃倒为止，现在还剩着一些些儿。无论吃什么东西，总归不快活。我想婆婆，婆婆一定不想我。

现在我倦得想睡，不写了。你说过几时带我到月亮里去，几时去呢？你要是忘记了，我不依。你讲我一个故事听好吗？

祝你老人家万福金安。

珠儿　十五夜

昨夜睡得烂极了，几乎要死。今天下雨。

婆婆上学去，要听先生话，不然打手心。

155
1935 年 9 月 18 日

我对于一切的意见，都脱不了"幼稚"两个字，想起来要脸孔红。

世上最傻不过的人就是母亲（这又是一个意见），要是我做女人生了一个儿子（或女儿），我一定不高兴爱他。

天晴使人不快活，因为又要烦闷。

你如肯做我干女儿，我一定把你掌上珠样看待，肯不肯呢？

今天早上跑出来，看见厂屋顶下半旗，想了一想，才知道今天是九一八。其实这种仪式也不过空感慨一下，毫无用处。

活着无趣味，一点点使自己满足的事都没有，而就此死了，又不能甘心。

想来想去只觉得你比我更可怜。

我每星期中星期日除外，总有两天很兴奋，两天很安静，其余两天，则怨天尤人。出太阳的日子心里常气闷，落雨天有时很难过，刮风则最快活。

我想我唯一要训练自己的，便是"如果世上没有你这样一个人，怎样我也能活下去"的方法，因为不然的话，我只好每天躺在床上流着泪想你，再不用想做事情了。

我很渴想着做一个幸福的梦，一个和你在一块儿亲爱地生活着的梦，然而无论在现实生活中或想像里，都不曾有过这种经验，因此我再没有得到这样一个梦的希望。

四年前的昨天，我送一个朋友回苏州去，四年前的前天，我们在满觉陇，但没有桂花，正如四年后的你一样起了落漠之感。四年前的明天午后，王守伟在都克堂大声疾呼，痛哭陈词①，现在，不知他在活动些什么滑稽顽意儿。四年前，世界上还不曾有你，也可以说，还不曾有我。

---

① 指 1931 年"九一八"事变发生的次日之江大学爱国师生举行的抗日救国集会。

昨夜读莎士比亚,翻到的是 *Titus Andronicus*①,这是莎翁悲剧中最残酷的一本,这故事是《莎氏乐府本事》上所没有的,因此可以讲一讲。

Titus A 是罗马大将,出征 Goth②人,凯旋回来,他有好许多儿子,都在各次的战役中阵亡,生还者仅四人耳。是时也,罗马皇帝新丧,二子 Saturninus 和 Bassianus 争夺皇位,因为 Titus 功高望重,请他决定谁应为皇,他因为 Saturninus 是长子,就宣布他是罗马皇帝,后者感激之余,要求娶他的女儿 Lavinia 为后,可是当 Titus 献上俘虏的时候,Saturninus 一见了被俘的 Goth 王后 Tamora,便着了迷了。Lavinia,Titus 的女儿,原来是皇弟 Bassianus 的恋人,后者看见 Titus 把她许嫁给他的哥哥,便当众宣布她应属于他,而把她夺走了。Titus 大为气愤,想去追夺回来,但他的儿子们都同情于这一对恋人,而拦阻他们父亲的追赶,老头子因为自己的儿子也背叛他,便把一个儿子杀了。

Saturninus 皇位已到手,便翻了脸,说不要 Lavinia 了,并辱骂 Titus,宣布以被俘的 Goth 王后 Tamora 为自己的皇后,后者是一个淫毒险恶的妇人,因为 Titus 曾杀她的长子以祭他的阵亡诸子,怀恨在心,佯劝 Saturninus 宽恕他,表面上言归于好,而暗中计划她仇家之颠覆。

一切的阴谋都由 Tamora 和她的情人 Aaron,一个奸恶的黑人,计划发动着。大婚的次日,Titus 请皇帝和 Bassianus 诸人出猎,Tamora 乘机和她的黑人在林中幽会,被 Bassianus 和 Lavinia 所撞见,把她冷嘲热骂了一阵,而 Aaron 却溜了出去叫 Tamora 的二子来救他们的母亲,Tamora 看见了她的儿子,便说那两人把她诱到这座冷僻无人的荒林里来谋杀她,二子听说便把 Bassianus 杀了,Lavinia 则因为他们早已垂涎她的美色,被二人拖去强奸,那母亲对她的儿子们说:"你们越把她干得痛快我越快活。"

Bassianus 的尸身被扔在一个预先掘好的坑穴中,上面用草覆盖,看不出来。时在黄昏之际,黑人 Aaron 把 Titus 的两个儿子引到林中,二人都跌落坑中,发现了那尸身,非常惊骇。斯时 Saturninus 以及大队人因找寻失踪的 Bassianus 到此，看见了坑中的二人和尸体，便断定他们是杀人的凶手，不管老 Titus 怎样辩白声说，终于判处了他们的死刑。

Lavinia 受了污辱之后，被那两个恶徒割去了两手和舌头，丢弃在荒野里，被她的叔父所遇见，同了回家，大家的悲伤、忿恨、痛哭、怨怒，都不必说，但无由探知下此毒手者的姓名。Aaron 矫诏来说，Titus，或他的兄弟 Marcus，或他的仅余的一子 Lucius，肯斫去了一只手献给皇上，便可救赎他两个儿子的一死，他们三人争着各要斫自己的手，终于 Titus 用计赚了他们，把自己的手斫下来了。这是 Aaron 耍的活儿，他回去告诉了 Tamora，二人快活得笑出眼泪来。

使者捧着二子的头和 Titus 的手还给他们，Titus 明白上了当，便立誓复仇，命他的儿子 Lucius 到 Coth 人那里去借兵。自己则佯狂装疯，同时探悉了戕害 Lavinia 的凶手。Tamora 和 Aaron 奸通的结果，生了一个孩子，是黑种，Aaron 把那孩子挟逃到 Goth 人那里，被 Lucius 所执。

Lucius 率领 Goth 人大举进攻，Saturninus 着了慌，预备议和。Tamora 因为知道 Titus 已气疯，便扮作复仇女神的样子到他那里去，叫他把他的儿子召来，她可以替他杀尽仇人。Titus 假装痴呆答应了，但说她的两个从者（一个的名字是"谋杀"，一个的名字是"奸淫"），实即她的两个恶子，应当留在他家里，她也答应了，他便叫人去召唤 Lucius 来，Tamora 走了之后，他预先伏下的人就把他的二子杀了。

Saturninus，Tamora 和家臣驾临 Titus 的府邸，和 Lucius 议和，在筵席之上，Titus 亲自扮作厨子的样子，伺候进菜。他把他的女儿拖到众人的面前，声说她已被奸人所污，并且被他们弄成残废，因为不忍让她如此蒙羞而生，便亲手把她杀死了，Saturninus 惊骇之余，追问谁是戕害她的人，他便戟指着 Tamora 说，"你现在所吃的，便是害了我女儿的你自己儿子的肉"，就在说话的时候把那妇人也刺死了。Saturninus 一见他杀了他的妻子，便杀死了 Titus，Lucius 一见他的父亲被杀，也把 Saturninus 杀死。在群众的鼓噪中，他当众申述了一切，并且把 Aaron 提出，叫他招认一切的罪恶，无主的罗马，于是便拥戴 Lucius 为皇。

剧中把一片血腥气渲染得很厉害，但无论就文辞或性格的描写而看，这本戏确乎不能说是莎翁的杰作,第一个缺点是太不近人情,第二个缺点是剧中人物缺少独特的性格。但力量与气魄的雄伟仍然显示出莎翁的特色。

我最喜爱的两篇莎翁剧本是《暴风雨》和《仲夏夜之梦》,那里面轻盈飘渺的梦想真是太美丽了。《仲夏夜之梦》的影片最近将于上海上映,由德国舞台巨匠 Rhein Hardt③ 导演,配上 Mendelssohn④ 的音乐,很令人心向往之,可是戏院方面居奇,平时六角的座价要涨至一块五角,这样穷干的日子只好暂时省省了。官方消息,这月内薪水已无希望,ta ta ta⑤。

我待你好。

① Titus Andronicus:《泰脱斯·安特洛尼格斯》,莎士比亚悲剧,也是该剧中主人公的名字。下面出现的许多英文名字都是这部悲剧中的人物,其中 Titus Andronicus:罗马大将;Lavinia:Titus 的女儿;Lucius:Titus 的儿子;Marcus:Titus 的兄弟。Saturninus 和 Bassianus:新丧罗马皇帝的两个儿子。Tamora:被俘的哥特王后;Aaron:Tamora 的情人。
② Goth:哥特,欧洲古国名。
③ Rhein Hardt:赖因哈特,德国著名导演。
④ Mendelssohn:门德尔松,德国十九世纪著名作曲家。
⑤ ta ta ta:象声词,"嗒、嗒、嗒"。

157

昨天,在附近的影戏院里看卓别林,觉得他大是一位诗人。米老鼠的卡通,颇有趣。

今天过得十分冤枉,我以为会得到你的信的,上午还是很高兴。

我想像有那么一天,清如,我们将遇到命定的更远更久长更无希望的离别,甚至于在还不曾见到最后的一面,说一声最后的珍重之前,你就走了,到不曾告诉我知道的一个地方去。你在外面得到新奇和幸福,我则在无变化的环境里维持一个碌碌无奇的地位。那时我相信我已成为一个基督教徒

如果没有你,生命对于我将是不可堪的

（因我不愿做和尚），度着清净的严肃的虔敬的清教徒的独身生活，不求露头角于世上，一切的朋友，也都已疏远了。终于有一天你厌倦归来，在欢迎你的人群里，有一个你几乎已不认识了的苍癯的面貌，眼睛，本来是干枯的，现在则发着欢喜的泪光，带着充满感情的沉默前来握你的手。你起始有些愕然，随即认识了我，我已因过度的欢喜而昏晕了。也许你那时已因人生的不可免而结了婚，有了孩子，但这些全无关系，当我醒来的时候，是有你在我的旁边。我告诉你，这许多年我用生活的虔敬崇拜你，一切的苦难，已因瞬间的愉快而消失了，我已看见你像从梦中醒来。于是我死去，于你眷旧的恋念和一个最后最大的灵魂安静的祝福里。我将从此继续生活着，在你的灵魂里，直至你也死去，那时我已没有再要求生存的理由了。一个可笑罗曼斯的构想吗？

祝福！

朱　廿二下午

158

看完了一本《我与文学》，读了一些 Wordsworth[①]的诗，只是赶着一个一个字念下去，什么意味都茫然，一切寂寞得很。

研究文学这四个字很可笑，一切的文学理论也全是多事，我以为能和文学发生关系的，只有两种人，一种是创作者，一种是欣赏者，无所谓研究。没有生活经验，便没有作品，在大学里念文学史文学批评某国文学什么什么作法之类的人，都是最没有希望的人，如果考据版本校勘错字或者营稗贩业于文坛之流的都足以称为文学者，或作家，那么莎士比亚、高尔基将称为什么呢？

因为你说过你对于风有好感的话，我希望你能熟读雪莱的《西风歌》，那不也是如同"听见我们自己的呼声"一样吗？

　　　　IV

If I were a dead leaf thou mightest bear;

If I were a swift cloud to fly with thee;
A wave to pant beneath thy power, and share
The impulse of thy strength,only less free
Than thou,oh uncontrollable!If even
1 were as in my boyhood, and could be
The comrade of thy wanderings over heaven,
As then, when to outstrip thy skiey speed
Scarce seemed a vision;I would never have striven
As thus with thee in prayer in my sore need,
Oh!Lift me as a wave,a leaf,a cloud!
I fall upon the thorns of life!I bleed!
A heavy weight of hours has chained and bowed
One too like thee: tameless, and swift, and proud.

若使我是片你能吹动的枯叶；
若使我是朵与你同飞的流云；
一丝在你威力下喘息着，分有
你浩然之气的波浪，只赶不上
你的自由，啊，不可拘束的大力！
甚至于若使我还在我的稚年，
能做你在天上漫游的侣伴，
以为能跑得比你在天上的
遨游还快；我决不会这样感到
痛切的需要，向你努力祷告：
吹我起来吧，像一丝浪，一片叶，一朵云！
我坠在人生的荆棘上！我流着血！
时光的重担锁住且压着一个
太像你的人：难训，轻捷，而骄傲！

（略改梁遇春译文）

如果没有你，生命对于我将是不可堪的

因为要找一本书，在藤篮里拿出了那本 *Modern Short Stories*②，这上面留着你可贵的手泽，有你给包上去的包书纸，其实当初我把它借给你时，应该叫你尽量地在它上面乱涂的，那现在翻起来，一定非常有意味。我以为书本子上确应该乱涂，这是一种很好的习惯，将来偶然翻看，足以引起会心的微笑。买一本新书送人，实在远不及把自己看过的旧书，上面留着自己的手迹的，送人来得更为多情。

当初在之江最后两天的恋别，印象太深刻了，至今追忆起来，还是摧人肺腑，眼睁睁看你去了，灵魂上留着一片空虚，人真像死了一样。实在我不能相信我们友谊的历史还只有三年许，似乎我每次见了你五分钟便别了你一百年似的。

如果世上什么人都没有，只有你，多么好。不，我说，世界如果只有平凉村那么大，那多么好。

叹叹气结束了这封信，我愿你好，因为你是无比的好。

Xzptqrsmnnrrs③ 9/24

① Wordsworth：华兹华斯，十九世纪英国诗人。
② Modern Short Stories:《现代短篇小说》。
③ 无意义的字母组合。

159

宋儿：

胡铭仁现在有没有事体？他的英文程度怎样？不是问他的写作能力，只问他了解能力是否还过得去？譬如译《莎氏乐府本事》、《天方夜谭》一类程度的书，是否能准确无误（须要字对字句对句的）。如果你以为他可以的话，请把他的通信处告知我。

我不知道人应不应该穿衣服，我想人那么丑都是因为穿了衣服的缘故，然而也许因为是那样丑，所以才要穿衣服。照现在的情形看，还是穿了衣服好。女人穿了聪明的衣服，可以有很美的肉感，脱了衣服，也许什么肉感都没有。维持风化最好的办法，是不论男女裸体往大街上跑，不到一个月，谁都要倒了胃口。单想想我们那些岸然绅士或讲道学的老先生们的肉体，就够令人毛发悚然，还有那些发育过分的胖太太们，谢谢上帝！保佑不要做怕梦。

明天礼拜 hurrah①！！！！！！！

你说我今天要不要买栗子吃？我今年已用了七十八个钢笔尖，十三瓶墨水。我爱你。

鸭子　廿八

今天日历上的格言说："忠国家，孝父母，尊师长，和夫妇，友兄弟，信朋友，驾亲族，随乡党。"除了没有父母，可以不用孝，没有夫妇（一个人永远不能同时有夫又有妇的），也无须和之外，其余我懒得理会。惟所谓信朋友大概是写信给朋友的意思，所以我要常常写信给你。

① hurrah：欢呼声。

160

Forget—me—not ①

古昔一对男女
走到这桥上，
说："别忘记我！"
他们手中的蓝花，
无意跌进水中，
水边伤心地长起来的，
是蓝色的毋忘我了。

撷了它,

表示相思之情。

远离的人,

记得王维的诗吗?

"红豆生南国,

南国的秋天是这样愁思着了;

红豆子是顶相思的,

多多的采哪!

多多的采哪!"

南国的春天是一样寂寞的,

赠与你,

这一束毋忘我吧!

清如:

　　这样的诗,算不算得诗究竟? 近来颇想作诗,然 rhythm②的贫乏乃是生命中的根本问题,能做一个 poetaster③也只是由于你的感叹,故 verse libre④似更适宜于我。

　　你将要说"几天的假期,莫名其妙地过去了"。是不是? 也许,"人有点疲乏"。

　　昨夜我是来到你的楼下叫你,叫法有点特别,我是这样叫着:"宋!——清!——如如如!"楼上有人说快来了,你也答应我就下来,然而等着叫着,我却无可奈何地醒了,这样的调排人,悲哀得很。

　　忽然记起了许多近来做过的忘却的梦。昨夜也做过无数的梦,其中有一个是"激于正义"的梦,学校逮捕了两个学生,也许是为着"思想"上的问题,总之是非常无理由的。其中一个女同学已嫁人,怀着孕并且在生病,幽在一所古寺里。学校召集全体同学开会,征询全体对于他们的意见,布告上说,"将于此会觇出每个学生思想的邪正,谁对他们说援助的话就是'卢布党',同情于学校的才是稳健党"。所谓"卢布党"也是要逮捕的。我当时很想在开会时甘冒不韪,侃侃发言,但很快又做别个梦了。自己是自由思想者，对于法西斯派的抬头颇不愿意。

你可不可怜我常常做梦？梦里常常有你，但不大看见你，你又老不说话，大概因为一向你在我面前总是那样斯文的缘故。你怕不怕痒？胳肢……肢！

八日上午

① 这首诗英文题目"Forget-me-not"意思是"毋忘我"。
② rhythm：韵律。
③ poetaster：蹩脚诗人。
④ verse libre：自由诗。

161

好人：

心烦得想死，可是不再见你一面而死，又有些不甘心。

昨夜梦见汉高祖，他要我把《史记》译为英文，费了整天工夫，我把《史记菁华录》上的《项羽本纪》译完，最后一段译不出，我便对他说可以不用译。我告诉了他两句诗句，他大为得意，连忙召集群臣，大开宴会，席上把这两句诗念了出来，说是自己做的（"年年老我春光里，片片花飞是异乡"），大家一齐喝彩。我说："陛下，你忘了，这两句诗是我告诉你的。"他恼羞成怒，便把我的手指头都斫去了。他的女儿因为她父亲太残忍，和我商量把他杀死而一同逃走。未央宫前有一条黑水河，河里荡着一只不系之舟，我们预备乘黑夜坐这舟到上海租界里去……

我希望我是个乌龟，不痛快的时候把首尾手脚一齐缩进壳里，一切都不管账。

你很可怜，因为你居然会爱我，其实我比蚂蚁还不如。让我忘记一切一切，只记得世上有一个你吧。我疼你，我爱你，我崇拜你。

子路　十

宋神经：

　　叫你神经是因为你又要说甚么凋谢的花醒了的梦一类话，再讨厌不过了。我也知道你不是诗人，但不是诗人就不该说这种诗话。我说花落了之后更好看了。至于醒来而能把梦记忆清楚，我认为是一种快乐；要是忘记了，根本已无此梦，当然无苦痛可感。你东西吃完了之后，也会感到一阵空虚而流起泪来吗？这当然是滑稽的。一个人不能老是吃东西，因为肚子会胀，美味也会失却它的味道。同样一个人也不能老是做梦，因为老做下去会做厌的，会使心灵不消化。但人不能不做梦，正如不能不吃东西一样，做梦吃东西，同样是使人生丰富的力量。

　　大凡一个标准男人，必有三个或三种不同型的女性做他爱慕的对象。第一个是远胜于他自己的，有时不一定实有其人，如果他的理想太高的话；对于她他将敬而远之，避免一切世俗的来往狎昵。第二个是和他差不多好坏的，他把她作为亲密的朋友。第三个是及不上他的，他把她作为妻子。因为男人娶了一个比他自己好的女人，是会杀害他的自尊的，但女人则恒以有一个好的丈夫为荣。因为男人总是要神气神气的，如果在外面神气不起来，不得不碰社会的钉子，在大亨前面低声下气，回家来还要被老婆吃瘪，摆不起臭架子，人生对于他不是有点太惨了吗？

　　昨夜失眠，因为是礼拜六之故。看杂志上的几篇写一个乡村医生的小说，觉得很满意，一篇写一个污七八糟的贫民家庭里的女孩子，父亲只会喝酒，母亲只会养小孩，那女儿为了服侍她的幼弟而死；一篇写一个被儿媳嫌恶的八十矍铄老妪，因服了过多的药而昏睡过去，被认为已死，然而重新活了转来；都很有柴霍夫风格的幽默与同情。另一篇写一个害肺病的过时的红歌剧女伶，流落在下等哑剧团中，受人姗笑的故事，十分伤感。

　　今天淡淡的太阳，刮风。

　　如果你说已经写得够了，那么我就不再写。

　　你是好人，我抱抱你。

朱　十二

163

宋：

　　总之你不好

　　我爱你

　　我不快活，灰心，厌世，想钻到坟墓里抱死人睡觉。

　　想吃点什么，心里饿得慌。

　　几时我们一块儿青草地上放羊去。

　　你不待我好，我知道的。

　　明天又是星期了。上星期日整天看影戏，索性连中饭夜饭完全不吃，其实自己知道那天没有一张片子值得看的，因此目的并不在看戏，除了杀时间之外，完全是为的虐待自己，我完全不要看《泰山情侣》，但偏偏去看了，如果那真也能像《爱斯基摩》一样给我意外的惊喜，那我一定要大大地失望了，幸而好，真是一张荒谬不通讲不到电影艺术的东西，耐心着看完了出来，很满意，因为我抵庄①着看坏片子，不虚此行了。一般人大概都与我有同病，因此这片打破了卖座记录，从来不看电影的人也要看它一看，因为他们不曾看过电影，因此这一张在他们所看过的电影中间自然是顶好的一张了。

朱朱

① 抵庄：沪浙方言，就算、只当。

164

宋家姊姊：

　　真的，不瞒你说，你的信很使我肚皮饿。

　　发奉

《国际关系论》一部
　　定价三元八角五折实洋一元九角
尊客台照
平淡得乏味,你总不肯跟我吵吵架儿。连烦恼都没有寻处,简直活不了。祝你不安静。

小巫　十五

165

宋：

　　怨到说不出来,我一点不想痛哭,只想到什么高山顶上大笑一场,这样眼看着自己一天一天死下去真没意思。

　　我不懂为什么我是这样不可爱,否则做一个 narcissus[①],也可以顾影自怜一下,可是我对自己只有唾弃和憎恶。

　　□

　　你应该允许我爱你,因为否则我将更无聊,但你绝对不能爱我,实在我很希望你虐待我,让我能有一些伤心的机会,你瞧我无聊到无心可伤。

[①] narcissus：水仙花。

166

好友：

　　要是我在忧虑些什么,或是悲伤些什么,我一定不会像现在这样无聊。一点心事都没有,这使人生更为空虚。今天天闷热得有些可恨,我希望它再冷起来。上海连一个可以发发呆的地方都没有。房间里显然不是发呆的适当的地方,发呆的时候我喜欢看水,可是我不喜欢看黄浦江。心里只想跑出去,可是无处可去,而且完全没有跑出去的理由,然而好像非跑出去不可,因此我写这信,以寄信作为跑出去的理由。

一年以前，情形比现在还好一些。我很奇怪人们能那样安心于生活，有的人其实情形比我更糟，然而他们能若无其事地一天一天活下去。他们能安心于无灵魂的工作，无娱乐的生活，安心于他们又难看又蠢愚庸俗的老婆，她们的肚皮是老是隆起着的，安心于他们那一群猪一样的小孩，它们恰正是诗人所歌咏的纯洁天真的反面，齷齪的身体里包着一颗生下来就卑劣的心，教育的结果使他们变得更笨更坏。他们能安心地每天看报，从华北局势看起一直看到天蟾舞台的广告，闲时听着无线电弹词播音为消遣，能每夜足足睡九小时，能欠五个月房租而不以为意，除自己外不爱任何人，也没有任何人爱他们，身体会一年年发胖起来，尽管市面的不景气。

朱儿　六夜

167

挚爱的朋友：

　　我已写坏了好几张纸了，越是想写，越是不知写什么话好。让我们不要胡思乱想，好好地活着吧。在我的心目中，你永远是那样可爱的，这已然是一个牢不可拔的成见了。无论怎样远隔着，我的心永远跟你在一起，如果没有你，生命对于我将是不可堪的。

　　我知道寂寞是深植在我们的根性里，然而如果我的生命已因你而蒙到了祝福的话，我希望你也不要想像你是寂寞的，因为我热望在你的心中占到一个最宝贵的位置。我不愿意有一天我们彼此都只化成了一个记忆，因为记忆无论如何美妙，总是已经过去已经疏远了的。你也许会不相信，我常常想像你是多么美好多么可爱，但实际见了你面的时候，你更比我的想像美好得多可爱得多。你不能说我这是说谎，因为如果不然的话，我满可以仅仅想忆你自足，而不必那样渴望着要看见你了。

　　我很欢喜，"不记得凝望些什么，一天继续着一天"两句话，说得太寂寞了。但我知道我所凝望着的只是你。

　　祝好。

朱　十日夜

168

1935 年

十天没有信了,虽然并不怎样盼。不知你现在如何,眼睛上的东西总退了吧。

你们镇上一家本家最近遭盗劫是不是?我有点害怕。

住在监狱里的悲哀,还不及新从监狱里释放出来的悲哀,那全然是一种冷漠荒凉之感,像独个人在秋风中等死一样。

要是医生对你说,你还有几天工夫好活,生活在那几天里应该有些刺激。

这两天早上因为鼻腔出血,他们在面盆里看见了血,以为我吐血了,叫我留心身体早些睡,说得我很无可奈何。如果每天听见这种话,一星期之后我一定会真的害了肺病。

心没处安放,寂寞得难堪。

十二

169

……(原信缺失)语云,秀色可餐,这是一句东方文明的话。东方人看见一个美人,就用眼睛和灵感去餐她的秀色。而且他们不单是餐人的秀色,还要餐山水的秀色,餐花草的秀色,餐文章诗词图画的秀色!他们餐着这种无实感的东西,就像我们的祖先在祭祀时只吞些酒食的蒸汽一样。我是连茶香酒味都不能领略的人,人家如款我以秀色,我将敬谢不敏,有时我对你说的我要吃了你,那是从头到脚连衣服鞋袜一起在内整个儿的把你吞下肚里去的意思,是非常野蛮的馋欲,你会不会吓得哭起来了呢?

我知道你未必肯到我家里来玩玩,不过我很希望几时有便你能来一次。我近来对我的家很有好感。自从初小毕业之后,我因走读方便之故就寄住在姑妈家里,从高小到中学几年,大半时间都在姑妈家。我不大喜欢她家,因为她家在城内,房子不很大,因人多很有些挤,而且进出的人很热闹,我老是躲在楼上。高小一毕业,我便变成孤儿了,因此一生中最幸福的时间,便是在自己家内过的最初几个年头。我家在店门前的街道很不漂亮,那全然是乡下人的市集,补救这缺点的幸亏门前临着一条小河(通向南湖和运河),常常可以望那些乡下人上城下乡的船只,当采桑时我们每喜成天在河边数着一天多少只桑叶船摇过。也有渔船,是往南湖捉鱼虾蟹类去的,一只只黑羽的捉鱼的水老鸦齐整整地分列在两旁,有时有成群鸭子放过。也有往南湖去的游船,船内有卖弄风情的船娘。进香时节,则很大的香船有时也停在我们的河埠前。也有当当敲着小锣的寄信载客的脚划船,每天早晨,便有人在街上喊着"王店开船"。也有载着货色的大舢板船,载着大批的油、席子、炭等等的东西。一到朔望烧香或迎神赛会的节期,则门前拥挤得不堪,店堂内挤满了人。乡下老婆婆和娘娘们都头上插着花打扮着出来,谈媳妇讲家常,有时也要到我家来喝杯茶。往年是常有瓜果之类从乡下送来的。但我的家里终年是很静的,因为前门有一爿店,后门住着人家,居在中心,把门关起来,可以听不到一点点市廛的声音。我家全部面积,房屋和庭院各占一半,因此空气真是非常好,有一个爽朗的庭心,和两个较大的园,几个小天井,前后门都有小河通着南湖,就是走到南湖边上也只有一箭之遥。想起来,曾有过怎样的记忆呵。前院中的大柿树每年产额最高记录曾在一千只以上,因为太高采不着给鸟雀吃了的也不知多少,看着红起来了时,便忙着采烘,可是我已五六年不曾吃到自己园中的柿子了。有几株柑树,所产的柑子虽酸却鲜美,枇杷就太酸不能吃。桂花树下,石榴树下,我们都曾替死了的蟋蟀蜻蜓叫哥哥们做着坟。后园的门是长关的,那里是后门租户人家的世界,有时种些南瓜大豆青菜玉蜀黍之类。后园的井中曾死过人,禁用了多年,但近来有时也汲用着,不过乘着高兴而已,因为水是有店役给我们在河里挑起来的。有时在想像中觉得我的家简直有如在童话中一般可爱,虽然实际一到家,也只有颓丧之感,唤不起一点兴奋来。

我姑母家就不然,喧噪代替了冷静,城市人的轻浮代替了乡下人的诚朴,天天不断着牌声。谈起姑妈家的情形,也很是一幕有趣的包罗万象的家庭的悲喜剧。姑夫是早死了,我不曾见过面,他家是历世书香,祖上做过官府,姑夫的老太爷(我曾见过面)当年也是社会闻人,在维新和革命后地方上也尽过些力,就是嘉兴有黄包车他也是最初发起的一个。他有一个相貌像老佛似的大太太,前几年八十多岁死了,和一个从天津娶来的姨太太(现还在着),倒是很勤苦的一个。大太太生了七个孩子,四、六早殇,姨太太无出。我姑夫居长,也是个短命的,他的两女一儿,我的大表姐嫁在一家富商人家,很发福,但也很辛苦,养了六个男女孩子。表哥因当年偷跑出来在陈英士手下当学生军,便和军队发生了关系,后来学了军医。曾有一时在家闲着作名士,那时他天天发牢骚,带着我上茶馆跑夜路,那种生活想起来也很有趣。后来在冯玉祥吴佩孚军中,辗转两湖西北中原各地,此刻也有了上校衔头,在汉口娶的妻是基督徒,生了儿子叫雅谷。第二个表姐也三十六七岁了,没有嫁人,姑母很着急,但我看来不嫁人也没什么关系,此刻就嫁出去也不见会嫁得着如意郎君,左右替人当当家管管孩子,有什么意思?她自己恨的是早年失学,不能自己谋生,但实在人很能干。姑夫的第二个兄弟也不长寿,他的寡妇是一位很随随便便的太太,生活十分清贫,但有些自得其乐。儿子存着二个,大的跟叔父在四川,从不寄一个钱回来给母亲,小的在家乡米店里当伙计,吃苦耐劳,克勤克俭,把每月五六块钱工资换米来养娘,大家都称赞他。三老爷在四川做了半世穷官,殇殁他乡,生后萧条。老五是个全福之人,也在四川,当电报局长,颇有积蓄,夫妻健在,儿女无缺,儿子在北大读书,是很阔的大少爷。老七是个落魄汉,不事生产,在家乡别居着,因为文才尚可,写得一笔秀丽的字,替人写写状子,报馆里做做访员。常常衣不蔽体,履穿踵决,有时到家里去敲敲竹杠,寻寻相骂,鸦片瘾很深,牢监也坐过,女儿已卖了。我猜想在中国这种家庭也不少。

今天你还没有信来,别的没有什么,我不知你究竟人好不好?很是挂心,使我不能安定。祝福你!无限的依恋。

廿

170

清如:

读了来信,我不快活,我气(不是气你),我知道我向你作了一个不应该的提议,你恕我吧。你的信给我的印象是存在于我们中间的绝大的鸿沟,谁要跨越一步谁就该杀,我如早明白这事实,我一定不要跟你做朋友。一切规矩礼法都是为一般人制定的,但为什么不能给特殊的人以较大的自由呢?说一句话走一步路都要怕嫌疑的世界,对于我是不能一日居的。谢谢你的提示,以后我把你是一个女孩子(诗礼人家的小姐,不是街头流浪的野孩子)这事实永远放在心上,感情用事的话也不敢随便向你说了。

一切是不痛快得令人不想活下去,想起来似乎我到你家里来也是多事,谁知道你家里的人不把特殊的眼光看我?

何处才能和你一同呼吸一点较自由的空气呢?要是我能忘了你,我一定忘了你,友谊如果一定要立界限,这种友谊是不卫生的。我灰心。

有便,也许仍然让我来杭州看你吧,男孩子是不怕什么的,只要你不怕我的话。我问你,你是不是因为我是个"男的"而有些怕我呢?祝福你吧!

照不到阳光见不到一张亲切的脸的你的绝望的朋友

171

宋:

今天看了一张影戏,故事很有趣。主演者是一个英国的才子,小说家,戏曲家,舞台剧人,音乐家,而今又是电影明星的 Noel Coward,他扮一个风流自赏的出版家,许多女人都为他颠倒,但是他把她们全不放在心上,高兴时便爱爱,不高兴时便给她们一个不理睬。女主角是一个年轻纯洁的女诗人,她弃了她原先的爱人而爱他,但他遇见了一个女音乐家之后,便把她冷淡了,她的眼泪和哀求只得到轻蔑的回答。他坐了飞机去追求他的新爱人,那个被弃的女郎咒他从飞机上跌下来跌死,死后没一个人哀悼他。这咒语果然实现,飞机出了事,乘客全部在海里送命。他的死讯传出以后,大家听见了都笑笑,没一个人哀悼他。然而一天晚上,他的同事在他的办公室内发现了他,神色异乎寻常。原来这是他的鬼,因为人死了之后,如果没人为他洒一点泪,鬼魂便将永远彷徨,得不到安静,因此他要回来找寻他的旧爱人,乞求她的饶恕。这个鬼于是在各地不停地出现着,最后被他访到了她的居处，她正在看护她的自己毁弃了前途，贫病交迫的原先的爱人，后者一看见他的情敌进来，便向他连放了数枪，而自己自杀了，可是那鬼仍站着不动，他知道要求她饶恕是不可能了，只好接受永久的谴罚，而祷告上帝使这一对爱人能再得到平和和幸福。这样祷告之后，那个自杀者便醒了转来，身上的枪痕也没有了。女郎感动之下，他便得到了饶恕，而灵魂安息了。

当出版家的同事发现出版家的座位上遗留着一把海草（溺水鬼的标记），惊惶地向后者追问的时候，那鬼便威吓他出去，在夜色昏暗中只见两个人的影子，狂风吹开了窗，鬼奔出去。海景，波涛汹涌，一具溺毙的尸身在水中荡着荡着，海面上有一圈白光，空中有一个声音，说"可怜的马莱，你死了，没有一个朋友，谁也不为你伤心，这是你轻薄的报应，你的灵魂将永远得不到安宁，你所需要的是别人的一点眼泪……"。很有趣。

星期五

到知味观吃了一碗片儿川，味道很亲切，因为是在西爽斋吃惯了的。杭州面比苏州面好吃。

星期日

家里去没有意思，不要去好了。

你哭我可不哭，丽娟（一个小女孩）说我，这人老是笑。

我爱你，好不好？你叫我心疼。

第格多

172

澄儿：

我很气，因为昨天看《玫瑰红如此》的电影，我认为这是近年来稀有的一本精湛之作，但今天报纸上却说是金维多去年导演的三部作品中较逊色的一部，我不知道是我错还是他们错。《我们每天的面包》sorry 我没有看，但《新婚之夜》我是看过的，那不过是一本较一般美国电影较优美的作品，却万及不上《玫瑰红如此》。《玫瑰红如此》里面演员的演技固然也不错，但最好的是描写的细腻和空气的渲染，摄影的美尤令人神往，至于情绪的浓郁□勃，就像喝了一杯葡萄汁一样，较之出气的啤酒是不可同日而语的。但他们说是"较为逊色"，也许我不懂电影。昨天又接着到光陆去看《阿伯杜尔那"天杀的"》，光陆一向和国泰是最富于绅士气的影院，那里看客中国人只占一小部分，最近自从大大削价以后，连婆婆妈妈都进去看了，看见银幕上映出一个白白胖胖的小孩，台下便哄然笑起来，外国绅士太太们一定要头痛，不过总之很令人觉得有趣。一个 typical① 的 Chinese man 带了几位女眷过来，她们让他坐在中间，叫他讲给她们听，我因为怕烦，连忙赶到更前排的空位上去坐了。其实这片子不很容易看，我担心那位先生讲不上来，因为这是张很"技术的"影片，不够趣味。（以上译名都是我的杜译，《玫瑰红如此》即《铁蹄情泪》；《我们每天的面包》即《生活》，在苏联得奖列名《渔光曲》之前的；《新婚之夜》即《洞房花烛夜》；《阿伯杜尔那天杀的》即《土宫秘密》，土是土耳其。）

昨天没有吃夜饭，以糖代替，今晨也没有吃早粥，也以糖代替。

星期六晚上在陈尧圣家吃夜饭，因为他请吴大姐和她的 fiancé② 客，我去作陪客。唯一的感想是菜蔬坏极了，我只喝了一杯酒，因为酒买得很少。这位老姐不但就要作妻子，并且就要去作现成的母亲了，我真不懂独立自由的生活有什么不好，不过大多数的女人心理都不和我一样。席终客去之后，老胖和赵梓芳问我"你究竟和吴大姐有没有甚么关系"？我不知道这问题有什么意思，谁都知道我曾和她做过朋友，如果她高兴，那么现在也仍然是朋友，但是陈太太可不肯相信，她说"如果没有关系，那么你怎么会请她来呢？你又怎么会来呢？而且一个年纪这么大，一个年纪这么小，难道三十岁的女人嫁给廿四岁的男人吗"？我只笑笑，女人的逻辑都是那么滑稽的。

今天晚上再给你写信，Good-bye for a while③！

伊凡诺微支叔父　六日

① typical：典型的。
② fiancé：（源于法文 fiancée）未婚夫。
③ Good-bye for a while：暂时再见。

173

昨夜我被警察捉了，因为我的手背上刺着以下二字，据说那是某流氓秘密党的暗记，因此要被处极刑（他们说这极刑两字是用英文 S??????S——meat，字典上并无此字，但相当于 capital punishment[①]），我告诉他们这两字是我弟弟的名字 Victor Tsu[②]，但是糟糕，干吗不刺自己的名字呢？于是坐监牢，请律师，等待着上断头台。关于断头台我曾读过法国大革命史，因此有许多联想。又最近读过《文学季刊》上杜斯退益夫斯基的小说，死刑最残酷的地方不是在受刑之时，而在牵赴刑场至就刑的中间一段时期，那时罪犯经历所有恐怖的苦难。想着这一段描写，我有些惴惴了，然而也有些期望着头和身体分离的一刹那间那清凉的快感。于是……

谢天谢地，我又找到了四分邮票。

我希望做战争的梦，杀人的梦，那种不容易在现实生活中遇到的紧张。

P.S.《英宫艳史》里那位……夫人伸长了美丽的玉颈上断头台，说，"多么好的天气！"很动人。"Jew Süss[③]中的 Conrad Veidt 也上断头台，那是被详细地描写了的，一颗头盛在笼子里落泪，逼得人不能透气。《云台春锁》里 Fredric March 上过绞刑，两脚悬在半空中。老弟，我们到东安市场看杀头去！"

① capital punishment：极刑。
② Victor Tsu：维克多·朱，维克多是英文中常见的名字。
③ Jew Süss：德国影片，《一个犹太人的故事》。

174

清如：

你"叽咕"得甚是有趣，算我能了解你吧。

思想有时使我苦痛。我自己常常知道自己错，但如别人以为我错时，我却永远不认错，有许多话我也说不来。近来常痛恨过去，我一点不以为消逝的总是美，反之我常愿意每一分钟重新做人过。一个人年纪大了起来，过去的记忆加重地负担起来，叫人活着不松快，最好是活到今天便把昨天的事情完全忘却。我们过去的交情不算尽如理想那样美，至少在我这方面说过许多蠢话，希望你能完全忘记了，我也允许你不向自己说过的话负责。

一个人能活得越轻越好，能在世上一无牵挂，永远像云一样飘着，不想过去，只想望未来，那样才是有意思。在感情这一方面，似乎我比你更能放任一些，实在我并不惧怕它会拘缚了我。有时我恨一切人，有时我觉得谁都可爱，比如在此刻，我很希望拥抱世间每一个人。

175

宋：

薪水大概是后天发，今晚寄出了给你的信，邮花还剩最后的一个，身边还余四角大洋，买了三角大洋糖回来，留着一角钱明天用。买糖的时候有了一个感想，因此回来又写信。糖店里那个小弟弟因为我是老主顾，一见我便笑嘻嘻招呼，这使我很难为情，觉得我比他更小。叫他板了脸孔才好。有时我为了怕他的笑嘻嘻，特意赶到较远的店里去买。——这个便是我的感想。

偶然抬起头来看见月亮，觉得她并不比那一盏大的白的灯更可爱一些，大概她老了，又住在上海，很寂寞，甚至于没有糖吃。

宋，我待你好。

八日夜

176

来词结句最胜迟，君一二年当成名家矣。鲰生心力已竭，无能奉和。张荃来书诘予，谓君近来既不作诗词，乃何所致力，愿得闻之。殊咄咄逼人，令人出汗，世事增人倦怠耳，会当酣睡一千年。

177

青子：

我觉得我已好久不曾给你写信了。在我看来，昨天和十年之前，全然是一样的事，因为它们一样属于过去。

我不知道如果我们一旦失了接触时，我们会不会和旁人一样疏远冷漠起来，不知道有时你会不会再想到我，也许那时我的印象全然是可笑的也说不定。你以不以为我很有点自私，如果我想永远占有你的友情？因为我不愿意失去你，因为我不愿意失去我自己。说不定也许真有一天我会不欢喜你，当我迷失了自己的时候，那时我希望你肯用一点努力把我拉回来，如果我不曾离开你太远。因为离开了你，我不会有幸福和平安的，你的心里才是我唯一的灵魂的家。这要求确实是过分，你肯不肯允许我？你知道"我不喜欢你"这一件事对于你实际上是毫无损害的，因为你本不曾要我欢喜你，但对于我却有重大的关系，它的意义是一切的绝望苦恼和永久的彷徨。我知道即使我不欢喜你，我不能使我不爱你，因为欢喜不欢喜是心绪的转移，而真的爱永久是生着根的，因此要是我不欢喜你了，我的灵魂将失去了和谐。

你的信在这时候到。I am veree veree happee[①]。

贼来你叫不叫起来？你叫起来很好听。很奇怪昨夜我坐在椅子上瞎想（昨夜有人来，去了之后，觉得一个黄昏已经扰去了，索性出去看末一场的《亨利第八》，回来已过十一点钟，又坐了两个钟头才睡），我想像你还是睡在那个小房间里，忽然一个贼进来，于是你叫了起来……

四绝句的第一首第一句"凌云志气竟千秋"似乎有些不称，不要管它；"化得流萤千万只"，"只"字还是改普通一点的"点"字吧，你知道郑天然爱用"只"字，但我不喜欢。你的意思是不是说万斛愁都化为照在陌横头的流萤？第二首较好。第三首略俚俗一点，但实际上"今日黄泥复白骨，当年同是上坟人"两句还是这四首中最真切感人的句子，我想可以加圈的。"廿载尘缘孰附身"好像不通，我也不甚懂，最好改过，"孰为亲"也不行。第四首可以不要，"夜月不知人事改"二句蹈袭太甚。拟咏怀诗毫无意义。阮嗣宗的诗骚忧沉郁，我极喜欢，你能多读读他也好，在不快活的时候。

我希望我在现在就死，趁你还做得出诗的时候，我要你做诗吊我，当然你不许请别人改的。

我非常之欢喜你，愿你好！

红儿　星期三

① 该句意思是"我非常非常快乐"，其中"非常"（veree）和"快乐"（happee）两词都故意用了不规范的拼法。

178

二哥：

星期日，今天我比平日早起半点钟，开开窗，先让外面的冷风洗我那留着泪痕的脸，默默地回味着甜蜜而感伤的梦境，感觉到真正的幸福。

因为昨夜我曾梦着你，梦得那么清楚而分明，虽然仍不免很有些傻气。我是到杭州来了，他们（我不知道他们是谁，但总之是他们）为着欢迎我，特为我开映卓别林的影片，你同着张荃也来了。我很想坐在你的身旁，但是座位都已占据满了，于是他们把我葬在坟墓里，连着坟墓把我扛到你的跟前。我可以隔着坟墓和你说话，但是看不见你，眼前只是一片黑，鼻子里充满了土气息泥滋味，以及自己尸体腐烂的臭味。"我要闷死了！"我痛苦地嚷着，但终于被我挣扎着从坟墓中伸出头来，虽然身体仍然被重压着动弹不得。这是一个颇有象征意味的开头。后来我们并肩漫步着，我知道这个下午我要离你而去了，心头充满惜别的情调，但我知道这是个宝贵而幸福的瞬间，和你走在一起，更没有别人在旁边，我们好像说了许多话，又好像一句话也不说。我侧过头来凝望你的脸孔，这是第一回我在梦里看得你那样仔细，你并不发胖，但显然不像从前那样荏弱相，肌肤也似乎结实得多了。你的脸是那么明净那么慈爱，像秋之晴空那样地，像春之白云那样地，一个可以羽翼我的母亲，看得我哭了，我眼中并没有泪，但

如果没有你，生命对于我将是不可堪的

觉得我的全身，全灵魂，都充溢着眼泪，我希望世界赶快在这一个瞬间毁灭，或是像太阳照着雪人一样让我全身的机构一下子碎为粉末，播散在太空中，每一粒粉末中都含有对你的眷恋。我真不知道盈溢在我胸中的，是幸福、欢乐、苦痛、惆怅，或是什么。这些真是我梦中的感觉，并不是此刻为要把信写得动人而随便胡诌起来的。这是三部曲中的第二部，是一首浪漫主义的抒情诗。后来你到厨房里弄饭菜去了，我因为一刻也不愿离开你，也跟着你去，你瞧我一弄都弄不来，但我尽力帮你的忙，我们一同炒肉丝饭，锅下的火很旺，火焰冲了起来，把我右手中指上烫起了泡，我说："你看，我手指都烫坏了。"但我很骄傲很满足，你微笑着安慰我。跑出去吃饭，我弟弟们面前都是一碗满满的肉丝炒饭，我却只有一碗白饭，我待要叽咕，你悄悄地对我说，"不要吵，你就吃白饭好了"，我也就很快活地吃白饭了。这一段梦略有写实主义的情调。醒来之后，像是一个蒙了祝福的灵魂，恐怕起身之后会把这梦忘记，因此不住地记忆着每一个琐细的枝节，就像怕考问而温书一样。渐渐记忆有些模糊起来，人也倦了起来，闭上眼睛，好像身子在云端里，要飘起来了的样子，但终于不曾飘了起来。

我不要作你的哥哥，我愿意作你的弟弟。

十二晨

179

好人：

为什么你喜欢叫我朱先生我总不懂，简直使我很悲哀。

我知道你成绩并不坏，如果从来不曾用过功，更见得你的天才，因此不用再自谦了，如果你们门门功课拿1[①]，我也不见得会更爱你一些。

我要寄一些外国花纸头给你。

No.1 "Scenes Galantes" of the Romantic Period[②]（十九世纪法国名画四帧）

No.2 *Sleeping Beauty*[③]（色粉素描）

No.3 猎人与枭（水彩）

No.4　舞蹈素描六帧

No.5　画人谑画九帧　附说明

很精美的印刷物，收到后告知我一声。

我想你得不得了，怎么办？几时才许我看见你？我明知你并不欺负我，但总觉得似乎你欺负我一样。地球明年要和某行星相碰，我们所处这一带很有陆沉的危险，要是不能多见你几次面，岂不令我饮恨而长终？

又怨又气又恨又伤心，你的来信也不能使我略快活一点，很想发神经病打地上滚。

我确信你是个女人，但我害怕你不大能做得来女人，正如你做起男人来也要失败一样。

不骗你，从那天为了你做了一次阿木林后，一直抱悲观到现在，时间重得拖都拖不动。

房间里是狗窝一样糟，窗外是单调的房屋和半片灰黑的天，耳朵里是怪难听的无线电播音和隔壁不断的放自来水的声音。一个黄昏从八点到十一点之间，那间洗脸室浴室兼厕所是永远没有空的，心烦的时候听着那种水声简直要发疯。其实如果有眼睛而不能见你，那么还是让它瞎了吧，有耳朵而不能听见你的声音，那么还是让它聋了吧，多少也安静一点。只要让心不要死去，因为它还能想你。（下略）

① 之江大学当时评分办法以1为最好成绩。
② "Scenes Galantes" of the Romantic Period：浪漫主义时期，男士向女士求爱的情景。
③ *Sleeping Beauty*：睡美人。

清如：

我想沉默，我想把自己弄得非常寂寞。

愿你好，几时上学？

谱小曲一首，不知入不入调。

读道连格雷的《画像》,我想我一点不喜欢那本书,我们的兴味不一定相同。

一个乞丐向我说,小开老板,谢谢侬,交关发财!

朱生

给我的洋片儿简直是侮辱,谁要看这种女人面孔,虽然我并不讨厌看女人。

181

因为心里好像很高兴,所以就有点安定不下,所以就有点烦躁,所以觉得很气闷,所以心里不高兴。听见别人唧唧唧的谈话声,怪心烦的,没法子,写信。你不应该怪我老找你麻烦,因为是没法子,虽说是不久荒唐了两天回来,但星期日不准出去,总有点怨。特此声明,请你不要……

其实我很快活,我很快活,la la la。

我觉得我如作得出诗,一定会胖起来。从前多有趣,自命谪仙人的那种神气,现在只好自命为猪猡了,而且是瘦得不中吃的猪猡。呒啥话头,也无怪你不爱我。

你不要待朱朱好,他不好。

十九下午

明天我答应你不再写信。

182

我近来很容易倦。夜里看书看到十一点钟,简直没法再看下去,勉强再挨了半点钟,才无可奈何地睡下。嘿,昨夜出了一件事。正在熟睡之际,忽然有很大的 POP① !! 一声,把我惊醒,吓得在床上跳了三跳,疑心是被头里放着一个气球,因为翻了个身把它压破了;当然不会是炸弹吧?也许是▢▢▢▢(不甚雅驯,故抽去)?也许是……可是这些假设都不合事实与逻辑,因此我亮了电灯披了衣裳起来察看,门角落里床底下都看到,可是找不出什么问题来,一直找到天亮,才发现……你猜是什么?要不要我告诉你?原来是……原来是我的心碎了,当然是因为你虐待了我之故。

不要胡说!

因为要赶着完成那部"巨著",被驱得团团转,这种工作你做上一天(假定你做得来的话),一定要发神经病。还要改函授学校课卷。一位常熟的仁兄,英文字写得很像你,写的什么我懂都不懂,真是宝货。

我希望世界毁灭。明天星期,hurrah②!这个星期过去得真慢。

所有的人都像臭虫,宇宙是一个大的臭皮囊。

五九

① POP:英语象声词,表示"扑"的一声。
② hurrah:英语感叹词,表示欢呼。

183

好朋友:

昨夜过了多梦的一夜,下午两点钟从街上回来,吃了两只汕头蜜桔,两包 sweetkiss milk nut chocolate①,看了一回 *Shanghai Sunday Times*②,便脱衣服睡在被中看 Maupassant③(新近买了一本 Maupassant 短篇小说全集,一块金洋,mex.\$3.00,共二百二十二篇,每篇约值铜元四枚)。夜饭一个人吃了,继续看小说,看倦了熄灯,于是开始做梦。梦大概和小说有点关系,遇到了一个从前在之江很 social④的女同学,我说,"Madame⑤,我们都老了,你却比从前更 charming⑥",又遇见一个眼镜西装的姓周的同学(醒来之后却觉得像是郁郁星),牙齿尽变黄色,因为吃香烟之故,他一边说话一边把一支支香烟送进嘴里嚼。这么的几个梦之后,醒来忽然很 sentimental⑦,哭了起来,觉得很寂寞很悲哀,因为我想要梦见你却梦不见。我决定你是离弃我了,我说我将凭借什么而生存呢?一切的 missing⑧,和渺小、卑抑、屈辱之感压迫着我,伤心地又睡着了。这回梦见墙上挂着的那些照片一张张落了下来,又是满床都是各式各样的虫子。在困扰中往后便作了一些只有感觉而没有印象的梦，我知道我在梦魇了，像要闷死了的样子，拼命把头往上挪，终于挣扎着醒来，可是过了一会又来了，这回拼命地把按在胸前的手移开，似乎是在移别人的手，又醒过来了，这样继续了一些时候，才真的完全清醒过来，觉得很平静，在天亮顷的时候，得到一些真的休息。

我更看不起今年的耶诞节，较之历年的耶诞节，现在还要说什么 Glory to heaven, peace and good will on earth⑨，岂不无聊，什么青年会之类，又要分送糖果给苦小孩子了，所有的基督徒们都要变得很慈善，一切都是可耻而虚伪。

虽然中国总归没有希望，但如此时突然宣布停止反共，和苏维埃联邦共和国缔结攻守同盟，政府明白表示反日，那时当然不但日本要红脸孔，欧美也要暴跳起来，自然中国要受到更大的联合阵线的威胁。但无论如何将是一件大快人心的事。这样伸伸缩缩地苟安着才叫人闷死。

① sweetkiss milk nut chocolate：甜吻牌牛奶果仁巧克力。
② *Shanghai Sunday Times*：《上海星期日时报》。
③ Maupassant：莫泊桑，法国小说家。
④ social：善于交际的。
⑤ Madame：法文，太太。
⑥ charming：迷人。
⑦ sentimental：感伤。
⑧ missing：失落。
⑨ Glory to heaven, peace and good will on earth：光荣归于上天，和平和善行降于尘世。

184
1935 年 10 月

清如：

今天我一天没有吃饭，早晨吃了一碗粥，中午吃了一碗面，晚上吃了一包饼干。早上就游魂似的飘到外面去了，在大光明做了一顿礼拜，出来后知味观里吃了汤面。马路上吊儿郎当一下子，下午了，看了一张中国片子，应云卫的《时势英雄》，有意义的问题剧。技术上也很满意，尤其一个意外的惊人发现是尚冠武的演技，这个无藉藉名的演员，在这片子中显示出是现在中国电影界中第一个 character player[①]，他的演技大体上已臻于炉火纯青的境界，不似一向那么好人总是这么一个型，坏人总是那么一个型的。他和《桃花扇》中的胡萍该是今年国产电影中最可称道的收获。

跨出了金城戏院的门，对过的丽都在演 *Becky Sharp*，这一张 new technicolour[②]的彩色长片是已经看过了的，而且看得似乎并非十分满意，但因为不愿意回家，便又糊里糊涂地去买了票。第二回看的时候比第一回看的好像好得多，第一回看的时候因注意其故事的发展，有许多"技术的"地方都不曾看到，对话也有许多地方不曾听清爽，为着外景的缺乏，色彩的过饱，曾很感到有些沉闷，但今天看时就有趣得多了。故事是根据 Thackerey[③]的名著 *Vanity Fair*[④]的，虽然未必怎样尽忠于原著，但原来的讽刺冷酷的精神，是很被保存的。确实这是一本入木三分的辛辣的 sophisticated[⑤]的悲喜剧，过于纯洁天真的人或者不喜欢，但对于世故懂得多的人，是不能不颔首的。女主角 Miriam Hopkins 的优越的演技在第一回看的时候已不禁赞美，这回使印象上更益深刻一些。至于这种新的清丽的色彩，无论如何是不能不对之表示满意的，虽然要是它将来果真取黑白片而代之，如现在有声驱除了无声一样，也将是一种损失。因为黑白片自有它应当存在的价值。

回来到了窠里，很悲哀。人生顶无味就是有一个家，当然这里的亭子间算不得我的家，但为什么我天天要回到这里来呢？顶没有趣味的是跟他们一块儿吃饭，唉，我真愿意一个人独自儿吃饭，什么时候吃，吃些什么都随自己便，吃到末一碗饭（我一个人吃起饭来可以吃三碗，跟人家一起吃只能吃两碗）便把饭倒在菜里拌着吃，连饭连菜连汤一起吃光，多么有意思。你不知道跟这些老爷太太公子小姐们吃饭是多么荣幸得不舒服，照例新鲜烧起来的较好的菜都摆在少爷小姐面前，即使不这样摆，他们会自己搬掉过去的。这且由他，更坏的每吃一顿饭，兄妹俩总得吵架儿，有时用脚踢，有时打起来，至少有三次之多，如果母亲骂了一句，便大哭起来离席而去，照例是跑到厨房间里告诉姨娘说姆妈骂我。于是就得拿了饭挟了菜在厨房里赌着气，一个人吃饭了。他们把孩子太惯纵了，当然管束得太严，把小孩弄得服服帖帖毫无活气也是不对，但也不应当把他们养得非常骄傲。那个五岁的女孩儿是太懂事了，他父亲常说大起来给她做电影明星。

再说，愿你好。

朱生豪

① character player：个性演员。
② new technicolour：新彩色影片。
③ Thackerey：萨克雷，英国十九世纪小说家。
④ Vanity Fair：《名利场》，萨克雷的主要代表作之一。
⑤ sophisticated：深奥的。

185

清如：

昨天我看了一本一个美国新闻记者论苏联的书，其中多说苏联的坏话，虽然"也许"是一种反宣传，但我相信他所说的并非全是诳话。因为我们自己也能想像得到，在那里个人的言论和行动的自由，即使不是完全被剥夺，多少是被轻视了的，在革命时期中，相当残酷的事也不免要发生，况且社会主义的"道德"原来和人道主义的妇人之仁并不一致。在那里的人民生活，当然是很刻苦的，尤其比较起物质文明的美国来。因此在一个过惯安适生活，极端尊重个人自由的美国人眼中，不免要出怨言，这无宁是当然的事。事实上理想的乌托邦总不能实现于世上，无论任何一种新制度都决不能使人人满意，即使全世界都实行了社会主义以后，也决不会世界从此美满了，仍然会有一种新的主义要来代替它的，或者是一种改进，或者是一种破坏。个人平时对于赞美苏联的人，除了趋趋时髦的人之外，其真心的崇拜它者，都觉得他们是心地十分纯洁，而不免有些幼稚和夸大狂。但对于非难苏联，诋毁它的人，却感到他们的无耻。

不是有意要跟你冲突，但你论科学的话实不能使我心服，所谓迷信和科学，截然是不能走拢的两件事，如果人迷信了科学，那么他所迷信的科学便不成其为科学。科学只是真理的探求者，并不是真理的自身。至于科学方法，并非一定是绝对合理的方法，但确是比较合理的方法。请中医看病比之求仙方吃香炉灰是要合理一些，请西医看也要比请中医看合理一些。至于定律，是就不同的事物中找出共通的现象来，比如说，甲叶不等于乙叶，但其为叶则一，其根本构造并无不同。你不等于我，但我们有很多相等的地方，我们都是中国人，因此如说到中国人，我们都兼指在内。我们都是人类，因此如说到人类，我们以及斯大林大仲马茶花女和十七世纪的一个罗马僧侣都兼指在内。我们都是动物，因此如说到动物时，我们和小花猫苍蝇变形虫都兼指在内。以及等等。这全然是合理的区分，至少比之把墨水和宋清如归为一类，沙漠巧格力糖和朱朱归为一类要合理得多，因为前者是科学的。一加一等于二是一种常识，也许它并不便是真理，但如果我们把一这符号代替·，把二代替··，把三代替···，那么说·+·=··总比·+·=···合理一些，因为你总找不出这第三点的来源。你可以说，宋清如是一个人，朱生豪是一个人，宋清如加朱生豪等于四个人，这种玄学的说法，因为，a. 宋，b. 朱所认识的宋，c. 朱，d. 宋所认识的朱。但如果 a 非即等于 b，c 非即等于 d，那么原来就不能并作一个人说，应当说 a+b+c+d= 四个人，不应当说 a+c= 四个人，因为 a 中并不兼含 a 和 b，宋清如的人格中并不兼有朱生豪所认识的宋清如的人格，如果他所认识的是对的，那么那只是她原来人格中的一部分，根本不是另一个人，如果他所认识的是错误的，那么那只是一个虚妄的幻像，并无实际的存在。当然我们应用 1+1=2 的方程式时，也需要相当的注意，一瓶红墨水加一瓶蓝墨水并不等于二瓶红墨水或二瓶蓝墨水，但谁也不能反对说那不等于二瓶墨水。

二个以上个性的相处，有各种不同的现象，也有以相同的个性而融洽的，也有以不同的个性而融洽的；也有以相同的个性而冲突的，也有以不同的个性而冲突的；这要看各个性的强弱和适应性而定，不能一口断定。而且就是冲突，也有各方面，有的是在思想方面冲突而行动方面一致，有的是在感情方面冲突而思想方面一致，有的……冲突可以滋长敌意，但有时反而激进爱情，融合可以使生活美满，但过分的调和又能使人疲倦。一切都是说不尽的。

要是我们住在一起，会不会发生冲突我不知道，实在我是不善于和人冲突的人，但我可以断定的是，到第二天你一定要见我头痛，同时我也要感到这生活不很惬意。不过我们如果同居一天，大概不至于有什么问题。

最近消息，汪精卫死。

本来想这星期日游天平山去，因又想去看业余剧人演果戈里名剧《巡按》而暂时作罢，预备下星期去。此地虽然时时有话剧演，但不三不四的居多，而且中国人自编的剧本总不高明。上次业余剧人演的《娜拉》据说很成功，不过我因为那剧本太熟了，而且戏剧效果也不甚高，而且我也没有时间，因此不曾去。

昨天去看欧洲名优 Bergner 主演的影片 *Escape me Never*[①]，一个"流浪小母亲"的故事，这位看上去有点孩子气的 great actress[②] 已经在《凯赛琳女皇》里领教过，她的演技不用说是非常好的，故事也不坏，但全片不能给人一个统一的好印象，比之《凯赛琳女皇》略有逊色。今天《晨报》苏凤的批评说"她在荡气回肠中催老了上海的秋色"，"秋天是更老了呢，满院子听见深深的叹息"，很诗意的笔调。昨天还是第一天演，我去看的是第二场，我坐在第六七排的地方，我的一排里连我只两个人，好片子大概不大有人看的，这几乎是个真理。

未完

十一月一日　朱

---

① *Escape me Never*:《永不离开我》，影片名。
② great actress：了不起的演员。

186

每天写半封信，总是写不下去，心里只有不安定，玩又没处玩，坐又坐不下，天，又是一下子便夜了。照例地街上溜达了一趟回来，吃了两包巧克力，等开夜饭，于是拼命读 Shakespeare①，读到一点钟，睡下去，一宿无话，夜里即使做梦，只像闭了眼睛看影戏，理都不理会。明天早晨照例爬不起来，八点十分起床，穿衣洗面费十五分钟，吃粥五分钟，有时看半分钟报，于是到 office 去。早晨是太匆促了，可是吃过中饭，时间又太多，十二点半到一点半，这一个钟点除了看看报纸之外，别的简直无事可做，闲得慌。等到四点半出来，庆幸离星期又近了一天，然而摆在眼前的是无聊，尤其是天那么暗得快，使人感到日暮途穷。跑在外面是冷清清，住在家里又那个。

此间十一月份薪水自大职员以至于茶房每人各发大洋十元。不过这对我并无十分影响，因此不向你愁穷。昨天把二块钱买了一双套鞋，这使我有些肉痛，因为用钱买必需品，我总是不十分愿意。不过现在还有十一块钱在袋袋里，因此仍然很阔，比起别人来。

待好。

① Shakespeare：莎士比亚。

187

今天你不曾望我吧？大概我的信总不至于不收到。

昨晚我到苏州，今天玩灵岩天平山，从早晨六点半出发，傍晚五点多回来，两山的顶上都去了。灵岩已去过，即不曾去过也无甚味道，天平比较好玩些，因为路难走，穿着皮鞋鼓勇上去，不敢相信还会走得下来。然而仍然走上去。在上海居二年余，平常一点点路都要贪便坐电车，很担心脚力不济，然而一试验之后，大为安慰，回来后一点不吃力。在苏州搭八点钟车回上海，此刻十一点半，完全不疲倦，觉得非给你写信不可。前天起微微有些牙痛，今天一跑已经跑好了。暂时有些回复了像在之江时的那种心境，在慢车中读李金发的诗集《为幸福而歌》，觉得不是全无味道，回来的车子比去时的特别快车似乎快得多。

评《为幸福而歌》：李金发的诗，最大的毛病在乎不精练，缺少 unity①，只是一堆印象的随便的无组织的集合，再加以不可解，其实是不通的成分，使人不耐卒读，但真如细心读下去，也能发现一些确乎可爱的诗句，他有好的句子，有时有好的 stanza②，但绝难写出一首完整的好诗。

每当静寂的时候，我便欲抱头恸哭或低吟，但我忘却了美丽的歌儿，恸哭又觉羞怯，

领羊的好人儿，切勿无礼于我，引我到山头去，讧珠全湿我群裙。……

——讴歌

这是模仿 Song of Songs③ 的。
……

——"你还记得否，说仅爱我一点？"——"时候不同了"，——"我们是人间不幸者"，——"也可以说啊"。声音更小了，喁喁地……惟夜色能懂之。

——墙角里

像 Verlaine④ 的某首诗。

眼帘渐觉朦胧，怕不是炊烟散漫？吁，送点萧瑟之声来，游子失了归路！

——柏林 Tiergartan⑤

生命之河流上，缺点顾盼的时光，况拉手疾走，足音在远处筑然。

——Paroles⑥

如今重来，我们几不相识了，你虽老了一点，但闲懒的动作与疾徐的唱，我们是惯听的，再见！我将在远远处望望你，携手是不必了。

——海潮

呵孩子！何以有此痛哭，你觉得在怀抱里孤寂吗？

——多少疾苦的呻吟

你低唱里有断续的句：呵你是秘鲁的美人，生长在 Titiyamtata am Titikakasec（注：这几个外国字读起来甚有味）……那边一大树，树上一苹果，我非常愿意要……我们一齐去吧，那面牛乳与茶是美味，拥被同睡在指环里（注："指环"不解）……不肖的媛媛儿阖眼睡吧，我既长大了你何以年轻，妈妈将留心你的饥渴……犬儿在月下吠了，呵倦怠的游行者，何不于日落之前赶到我家里……

——呵你是秘鲁的美人

记取我们简单的故事：你臂儿偶露着，我说这是雕塑的珍品，你羞赧着遮住了，给我一个斜视，我答你一个抱歉的微笑。空间静寂了好久，若不是我们两个，故事必不如此简单。

——记取我们简单的故事

……秋是我们的忠臣，他尽力保存我们之印象，与生命中应消失之最美满的一刻，他不嫌你衰老，同款步在落日里，他可给你一千句回答，如你怀想远地亲热之分离；……

——秋老

大神喊道：你如此年轻而疲乏之游行者，到何处去飘泊？没有一个山川的美丽，如兄妹般等候着你，没有一个生人，回复你亲密的点头，即流泉亦失望地向你逃遁。

——明星出现之歌

愿我们一天重见（千万莫叙离衷）。仍旧交付我浅绿的平浦，忠实的溪流，低唱重逢之曲。杨柳与槐无裾裾地随风喜跃，月儿将怪我性

如果没有你，生命对于我将是不可堪的

好漂流,复逃归故土了。可是我有话对他说:你只要交付我浅绿的平浦,忠实的溪流,低唱重逢之曲。

————偶然的 Home-sick [7]

爱情不过是一滴水,亦是回声的反响,水是易干的,回声随处消散;当夕阳西下天际,带着哀伤之色,牧童的羊群,颠沛着足在远处徐来,长林仅现微黑,夜儿带恐吓之气息来了,我求你同叹息此日不长在。

————我想到你

我宽宥你过于皇上的大赦,当你娇嗔过分等等时,我宽宥你像重复追问之人的不明白。

————我对你的态度

我待你好如同我的待你好一样。我希望不久来看你,我愿意被你杀死。

朱朱 十日夜

① unity:整体性。
② stanza:小节。
③ Song of Songs:雅歌。
④ Verlaine:魏尔伦,十九世纪法国象征派诗人。
⑤ Tiergartan:德文,动物园。
⑥ Paroles:诺言。
⑦ Home-sick:乡愁。

188

因为某种令人感到无限厌恶的事,忍不住讥笑与侮辱,我负气出亡,逃到一个荒漠的地方。那似乎是亚洲之外的别一洲,地土非常荒瘠,连土人野兽也都已绝迹,只有一批不容于国内的叛徒在此啸聚着,度着艰苦的生涯,据传闻他们都是非常剽悍凶恶,陌生人一到他们的手里都有丧生的危险。我一到那里，首先便遇到了两个风尘憔悴的白种人，初时以为他们便是传说中的凶徒，但后来知道也是两个不幸的旅行者，于是便共同计议着躲避我们可怕的敌人的方法。这群啸聚者时时派人到地面巡逻，我们一听见细微的脚步声，便赶紧缩在山洞隐蔽的所在。后来他们把一袋食物故意放置在我们的地方，忍不住饥饿的引诱，才一探出首来，便被他们抓去监禁了。之后我探知他们并不是如传闻那样穷凶极恶的人，原都是有血性的侠少年，因不满国内的政治，或公开地叛变，失败逋亡于此，所以严防外来的人，也无非害怕是政府遣来的侦探，要将他们缉捕的缘故。然而我却憎恶起我那两个同伴来，他们正在用卑劣的方法设法通知他们国内的政府，详细告知此地的一切形势，将有不利于他们的俘获者的企图。一知道了这，我便不顾卖友的嫌疑，把一切去告诉了党徒的首领。这两人知道事发之后，一个已吓得半死，一个在被呼唤着拿去捆绑的时候，却紧紧地抱住我的腿，像要生噬我的样子，那首领拔出枪来，把他击死了。后来我也成为他们中的一个，过了好些年头，一方面努力于植物学上的探求。这样地到了垂暮之年，这一群人也逐渐地零落起来了，而生活的困苦则年甚一年。我又思念起故乡来，久已忘诸脑后的你的可爱的影子，也突然在我心中复活起来，使我感到无限的牵萦。最后决定一个人芒鞋负担，飘然潜归，只遗留给那些朋友们一件贵重的物事，是我新近搜探的发现。那是几根小小的草秆，其中各有几个如臭虫一样的小虫，这些虫的腹中各有一粒谷子，把它们埋在地中，它们死了之后，谷子便会在沙地上生长起来，和稻麦无异。自己飘然回到故国之后，认识的人是一个都没了，而且深信你也已经死去，但终于在一个角落里访到了你，你是那么老得使人完全认不出来，倘使不是因为你的姿态在我心中留下太深刻的印象的话。耳朵完全是聋了，只眼睛却像少年人一样明亮，人家说你这些年来完全不曾说过一句话，也许简直连说话都已忘记了。我知道你一定怪我当初的杳无音信的出亡，我永远想不出，别人也不能告诉我，你这些年来的生活的情形，你自己则除了你的形态之外不能使人相信还是个活人，除了眼灼灼地注视之外，你全然不动情感地看着我归来，我也不知道你还认不认识我。但我既然已回到你的身边，我已满足了，我发现你的美好并不曾随着外形的消枯而失去，我找得出一切过去梦似的记忆，我重又感到了青春的血在流，当我像小孩一样在你沉默的怀中打滚的时候，我想像你是在抚我爱我，所以不如此者，只因为你已完全忘记了这些动作之故。总之我又沉醉在爱天恋地之中，虽在旁人的眼中那是如何可笑。最后有一天我们死在一块儿。

除了我，我的朋友，谁还能做这种滑稽的梦？

三日

不要相信任何巫卜的话，我愿意把那算命的打一个大嘴巴。

189

威灵吞公爵勋鉴：

鄙人今日曾写信一封寄奉阁下，写后未发，搁在抽屉里，出来后忘记带出。此刻虽欲写信，奈无话说，因无话说，遂不说。务祈恕罪为荷。谅阁下宅心宽厚，必不我责也，此则鄙人之所深为盼祷者矣。近来天时既冷，气候又寒，务望保重，且希珍摄，免致为寒气所凌，则幸甚矣。夫人生于世，不可不卫生，岂不然哉？岂不然哉？敬请大安。

鄙人约翰斯密司顿首
主耶稣纪元一千九百三十五年十二月十一日

190

弟弟：

你写得出信写不出信我都不管，如果我在想要读你的信时而读不到你的信，我便会怪你。不过你也可以不必管我的怪不怪你。我怪你有我怪你的自由，你写不出信有你写不出信的自由。写信的目的是在自己不在别人，因此我并不要你向我尽写信的"义务"，虽则你如不给信我，我仍然要抱怨你的。而这抱怨，你可一笑置之。

曲子填得很像样，不过第二阕似有一二处不合律，如"一天飞絮"句，"冻禽无声"句。

似乎我曾告诉你过我的诞辰，否则你不会说"忘了"，不过我也忘了我告诉过你的是那一个日子，因为我的诞辰是随便的。闻诸古老传说，我生于亥年丑月戌日午时，以生肖论是猪牛狗马，一个很光荣的集团！据说那个日子是文昌日，因此家里一直就预备让我读书而不学生意。是为宣统三年十二月十五日，因为我不愿意把自己的生日放在废朝的岁暮，做一个亡清的遗婴，因此就把它改作民国元年二月二日，实际上这二个日子在一九一二年的日历上是同一个日子。不过我并不一定把这一天作为固定的生日，去年我在九月三十过生日，因为我觉得秋天比较好一些，那天天晴，又是星期日，我请吴大姐吃饭，她请我上大光明。之后她生了我气（是我的不好），后来大家虽仍客客气气，并不绝交，不过没有见过面。

你的生日大概在暮春或初夏之间是不是？我想你应该是属牛的，因为如果你属老虎，那将比我弟弟还要年轻几个月，有些说不过去，照理你应该比我还大些，不过这个我想还是怪我生得太早罢。作诗一首拟鲁迅翁：

  我所思兮在之江，
  欲往从之身无洋，
  低头写信泪汪汪。
  爱人赠我一包糖，
  何以报之兮瓜子大王，
  从此翻脸不理我，
  不知何故兮吊儿郎当！

今天申报上标题《今日之教育家》的社评做得很好，他说今日学校之行政者不应因循怕事，徒为传达上司命令的机关，应当与学生步调一致，以争国家主权的完整，谈安心读书，此非其时，第一该先有可以安心读书的环境。我说这回的学生运动如果仍然被硬压软骗的方法消灭了去，未免可惜，虽则事实上即使一时消灭了将来仍会起来的，但至少总要获得一些除欺骗以外更实在的结果。

如果没有你，生命对于我将是不可堪的

我顶讨厌满口英文的洋行小鬼，如果果然能说得漂亮优美，像英国的上流人一样那倒也可以原谅，无奈不过是比洋泾浜稍为高明一点的几句普通话，有时连音都读不准确。我一连听见了几个 tree，原来他说的是 three。我也不懂为什么取外国名字要取 Peter，John 一类的字，真要取外国名字，也该取得高雅些，古典式的或异教风的，至少也要拣略为生僻一些，为着好奇的缘故，这才是奴洋而不奴于洋。

女人最大的光荣在穿好的衣服，这是指一般而言。

我昨夜做梦，做的是你和 Sancho Panza（吉诃德先生的著名的从者）投义勇军的故事，你打扮得很漂亮，脂粉涂得很美，穿着一件绿袍子。你有些不大愿意入伍，想写好信请邮务局长盖印证明有病暂时请假，后来我说不要，我也从了军大家一起上前线吧。那个 Sancho Panza 这蠢小子，原是我的仆人，他在一个有芦席棚的院子内和许多人一起喝茶谈天，忽然有人来说你们这些人中应当推出二十个年富力强的人作为代表而加入义勇军，可怜 Sancho 也在二十人之列，他本是个乐天和平的家伙，吓得屁滚尿流。

今天早上天已亮人已醒的时候，在枕上昏昏然做起梦来，梦见在一节火车里，有一个少年因受家庭压迫而逃出来，忽然跳上好几个持手枪的人来，勒令停车，逼这少年跟他们同回家去。正在这时候，娘姨端进面水来，我并不曾睡着，随随便便看了看表，已经八点半了，连忙起来，梦便不复做下去，可是很关心那少年不知是否终于屈服。这确实是个梦，并不是幻想，而且火车里的群众，少年的面貌，持枪者的衣服，起身的时候都还记得。

贵同乡徐融藻很客气向我贺年，你如高兴见了他为我谢谢。

虽然写不出什么来了，总还想写些什么似的，算了。我待你好。

叽里咕噜　十二月卅日

二姐：

为了拘泥文字的缘故，他们会把"for the simple reason that……"

翻作"为了单纯的理由就是……地",for= 为了……地(因为这是 adverbial phrase①故用"地"字表明),simple= 单纯的(凡 adjective② 必须加"的"字),reason= 理由,that 则用"就是"表明,the 却没有译出,其实应当再加上"这个"两字。简直叫人读了气死。"只是为了……的理由"岂不又明白又正确。最可笑的就是"地"字的胡用,譬如 queenly 作副词时,便会译作(应当说"被"译作)"女王地",女王怎么"地"法呢?microscopically 便是"显微镜地"。for some mysterious reason 便是"为了某种不可思议的理由地"。总之。

时间已很晏,不唠叨了,你不知道在什么地方,我不高兴再到梦里来找你了。总之你撇得我冷清清的好苦。

祝福你。

WATATA③　卅夜

夜里很冷,你冷不冷?

天真冷,我想你衣服一定穿得很少,有没有冻坏呢?

---

① adverbial phrase：副词词组。
② adjective：形容词。
③ WATATA：无实际意义,系"哇他他"的拟音。

第四部分

说不出来的苦闷空虚,
灵魂饿得厉害

宋：

你的字写得真不好看，用横行写比较看上去齐整些。

这里连雪的梦都不曾做过，落在半空中便化为雨了，我们也不盼雪，根本没甚意思，还是有太阳可以走动走动活泼一些。一九三六年是在这阴惨的日子里开始了的，昨天的过去，不曾给我牵情的系恋。本来抵庄一个人在外边流浪一天的，看了一场早场电影《三剑客》，很扫兴，糖也不买，回来咕嘟着嘴躺在床上昏昏沉沉地看《醒世姻缘》泼妇骂街了。

天初冷时很怕冷，冷惯了些时却根本不觉得什么，每天傍晚或夜间，不论风雨，总得光着头在外边吹了一遍冷风回来。

有闲钱，自己印几本诗集送送人，也是无可无不可的玩意儿，只要不像狗屁一样臭，总还不是一件作孽的事。只是不要印得多，也不要拉什么臭名人做臭序捧场，印刷纸张装订要精雅玲珑，分送分送亲近的朋友，也尚不失为风雅。可是不出诗集最好，因为这种东西实在只是自己写给自己看的。

我只想变做个鬼来看你，我看得见你，你看不见我。总有一天我会想你想得发痴了的。

我不要有新的希望，也不要有新的快乐，我只有一个希望，这希望就是你，我只有一个快乐，这快乐就是你。祝愿魔鬼不要使我们的梦太过匆忙地结束，凭着 Lucifer①的名字，Amen②！

Julius Caesar③

① Lucifer：魔鬼、撒旦。
② Amen：阿门。
③ Julius Caesar：裘力斯·恺撒，古罗马著名将领和君王，也是莎士比亚的一个历史剧及其主人公的名字。

说不出来的苦闷空虚，灵魂饿得厉害

193

宋：

　　如果这星期内领不到钱，我索性到你考好的时候到之江来，你如高兴便多耽搁一天，我们一起玩一天，然后我陪你一起上火车回去，也许我到嘉兴转一转，索性请几天假，你看好不好？

　　今晚我给你写许多话。

194

小妹妹：

　　你那里下雪，我这里可是大晴天。如果你肯来上海，那么我就不来杭州了，我最怕到杭州来的理由是要拜访老师。而且到十五六里，我的钱又要用得差不多了。

　　我不准你比我大，至少要让我大你一岁或三个月。要是你真比我大，那么我从今后每年长两岁，总会追及你。明天起我就自认廿五岁，到秋天我再变成廿六岁。其实我愿意我的年纪从遇见你以后才正式算起，一九三三年的秋天是我一岁的开始，生日待考，自从我们离别以后，我把每个月算作一年（如果照古老话一日三秋，那是太过分些），如是到现在约已有三十个月，因此我现在已满三十一岁。凡未认识你以前的事，我都愿意把它们编入古代史里去。

　　你在古时候一定是很笨很不可爱的，这我很能相信，因为否则我将伤心不能和你早些认识。我在古时候有时聪明有时笨，在第十世纪以前我很聪明，十世纪以后笨了起来，十七八世纪以后又比较聪明些，到了现代又变笨了。

　　我从来不曾爱过一个人像爱你那样的，这是命定的缘法，我相信我并不是不曾见过女孩子。你真爱不爱我呢？你不爱我，我要伤心的，我每天凄凄惶惶的想你。我讨厌和别人在一起，因为如果我不能和你在一起，我宁愿和自己在一起。

暂时搁笔，你笑我傻也随你。愿魔鬼保佑我们，因为他比上帝可爱一些。

伊凡叔父　六日午

195

宝贝：

"朱先生"是不是一种表示亲密的称呼？

你一点没有诚意，你希望我来，你请我不要来，你不耐烦"应酬"我，我要打你手心。

我待你好。

多多　九

世界书局出版的滑头古书，真令人不敢领教。今天我把附在古诗源后一个妄人所选的古情诗翻看了一下，那种信口雌黄真教人代他难为情，尤其是前面那一篇洋洋数千言谈"性欲与爱情"的序文，不但肉麻，连骨头五脏六腑都会麻起来。这位先生据说是把尸位素餐的素餐解作"吃菜饭"的人，然而居然会大说起四书五经起来。当今之世，呒啥话头。

196

清如：

一辆黄包车载了我回来，敲开了门，向陆师母招呼了一声，便飞奔上楼，放下伞，摔下套鞋，脱下贼腔的帽子，披上青布罩衫，觉得比较像一个人些，肚子里也开始觉得有些饿了，出去吃了六个馒头，回来出了一回神，倒头便睡，心酸而哭。睡到七点钟起来，马马虎虎吃了碗饭，想昏天黑地地睡下去，觉得心事未了的样子，便写信。

想着自己的一副贼腔，真又好气又好笑，你真没有理由要和我要好。你气色很好，我很快活，我总觉得你很美很美。你和我前夜梦中所见的很像，我看了看你的照片（照相馆里拍的那张），心里有点气，人工的修饰把气韵都丧失了，简直不像你。下回如赴照相馆拍照，我劝你拍一张侧面像试试，全侧面的。

此行使我充满了幸福感，你不要想像我又起了惆怅，即使是惆怅，也是人生稀有的福分，我将永远割舍不了你。近着你会使我惝恍，因此我愿常远远地忆你。如果我们能获得长寿，等我们年老的时候，我愿和你卜邻而居，共度衰倦之暮年，此生之愿足矣！

回家安好且快乐？不要多想起我！祝福

朱　十六夜

197

要是有人叫我不许和你写信，那我一定要急得自杀，然而一方面觉得非写不可，一方面又真是没有可写的话，如之何如之何！

好容易诌出了一个故事：

从前有一个少年，他爱了一个女子，一共爱了三年六个月，她还不知道她自己被爱着。那一天他闷不住了，红红脸孔对她说"我爱你"，刚说了个"我"字，莫名其妙地心中想起，"国家快要亡了！"吓了一跳，爱字上半个字只说了一半，便不再说下去，红红脸孔转身而去。后来她嫁了人，他仍旧一声不响地爱着她，国家仍是快要亡了的样子，他很悲伤，不知道如何是好。

因为华北已失去而不准人写风花雪月的诗，写惯新月体现代体的新诗的，一定要转过来学冯玉祥体，总不大妥当。马赛歌是一支好曲子，但说法国革命成功是它的功劳却太夸张了吧。你看这一段话和上面这故事有什么关系？

我廿二上午动身回家，廿六晚上回到上海，因此你在二十至廿四之间如有信写给我，请寄到我家里，我会盼着你的。

玻璃窗上有很美的冰花，今天我正式穿皮袍子，去年新做的，一直搁在箱子里不穿。

我待你好，爱你得一塌糊涂。

白痴　十八午

好友：

今天又是星期日，因为他们要多过一天年假，因此把今天一天作工补偿，其实四天工作，对我已经是够"享乐"的了。

我最讨厌说傻话，最讨厌作蠢事，当我说傻话作蠢事的时候，我便讨厌我自己，然而我老是说傻话，老是作蠢事。因此你如讨厌我，我不会嫌怪你，你如不讨厌我，我则感激你。

我总觉得我缺少男子气概，但又并不像女人，因此只好说自己不像个人。我希望有一天你会把我痛骂一顿而跟我绝了交。告诉我，你追悔不追悔认识我的无聊？

KIPLING①死，他该是代表维多利亚朝精神的最后一个作家了。你有没有在英文的读本上读到过他的作品？

到家里去唯一的希望是多睏些觉，此外也想不出甚么消磨时间的方法，我不会有什么事情忙，也不会去拜甚么客，无聊是总归无聊的。还是那晚上一个人踽踽地从火车上下来，冒雪上山，连路都辨不清，好容易发现了一部黄包车，一跌一滑地在雪中拖着，足足拖了半天工夫才拖到。我向你形容不出我那时的奇怪的愉快，我也忘记了这次来是为看你，简直想在雪中作一次整夜的旅行，那才有聊！无论如何，我总觉得这次来看你较之以前各次使我快乐得多，最大的原因是因为这次是偷逃出来的缘故。回来之后，他们问我回家去有什么要紧事，我只回答一个神秘的微笑，心里有说不出的满足，仿佛一个孩子干了一件有趣的 mischief②一样。你看，所以你如要怪我这次不该来，我会大大地懊恼的。

我相信你仍旧喜欢我的，是不是？

我　十九

① KIPLING：吉卜林（1865—1936），英国作家。
② mischief：恶作剧。

说不出来的苦闷空虚，灵魂饿得厉害

199

宋：

干么你要问我会不会追悔这次的无聊？你告诉我要怎样才算不无聊。如果你能想到我每天过着这种无聊的生活，如果你能想到我多么想望着逃避，即使是至短的暂时也好，你就不会这样说了。我知道这对你是无聊，我也知道每次你来看我或允许我来看你，都只是因为你顾念我，不忍令我不快的缘故，但你如明白你对于我的意义远甚于我对于你的意义，那么你就不会以你的观点来评衡我的观点了，虽然这也许是我们唯一不同之处。

我不愿说我的"瘦了"是因为思念你的那种可笑的蠢话，但你知道我没有可以变胖的理由，除了接读你的来信之外，没有什么可以真使我高兴的事，也许换一下环境会对我有益，但我并不相信，世界到处都是一样，既瞻望不见向前的路，也没有可以归向的地方，我总想不出我们活着是为什么。但下回你看见我时，我允许你不给你以"更瘦了"的印象，倘使你肯不因为"无聊"而不愿让我见你的话。

关于结婚的意见你知道我是完全和你同意的，想来你也不会对我有什么误会。过了三十四十以后，也许我会随随便便地结一次婚，但那时我一定把自己认为已经完全死去，而且那时我们也一定不复是朋友了。我不希望有那一天，因为我还想照着我的理想活下去。无论如何，我现在还算是过着幸福的日子，因为我还享有着你的友情，我不敢往以后想，也不愿我们的关系会发生任何种的变化，结婚是一件太不自然的事，至少我相信我是不能使你幸福的。

如果你说你明白我，完全了解我，我将十分感激你，比之你我没有更亲爱的人可以诉说这一切。

话说得完，但意思是诉说不尽的，虔诚的祝福！

朱　十九夜

清如：

要是你和我结了婚，或者你做了我的母亲，我相信我每天要挨你的骂。这并不是说你是那样凶，实在人家见了我不由不生气，我自己也每天生自己的气。

其实你并不曾骂过我，但每回你的信来了的时候，我总害怕这回你要骂我了。其实你仁慈得像菩萨一样，然而我总有点怕你。这理由我想我可以解释。大凡在一个凶恶的后母手下的孩子，他对他的暴君的感情初时是畏惧中杂着憎恨，等到被打过的次数加多以后，就没有畏惧而只有敌意的憎恨和反抗了，越打他，他越不怕。但在慈母手下的孩子，则她的一颦眉一板脸就会使他心慌。

顶令人气闷的是等放假，尤其是放假前的第二天，到处是那样无聊。又盼不到信。

我有一本外国算命书，今年我的流年：岁首有重大消息，须作一次大冒险，但结果意外美满(news of A1 importance early in 1936, a big chance will have to be taken, but reward will surpass all expectation)。如果你告诉我你的生年月日（阴历的我能推算作阳历），我也可以告诉你今年的流年。

无聊，不要骂我！

朱　十九

曾允许你今天不写信，故写昨天的日期。

我真想死了干净，做傻子太没趣。

放开喉咙喊一阵，倒是很痛快。

你如肯把我的信全部丢了，我一定很感谢你，免得丑话长留，已经写出的信再要向人讨还，那种是不男子气的举动，我不会的。你的信我也不会藏之名山，等我们友谊破裂的时候，我会把它们一起毁掉，要是我们到死都是好朋友，那么我将在临死前叫他们当我面把它们烧了。

人生渺茫得很，不知几时走完这段寂寞的路。一颗血淋淋的心强装着笑脸。

我们彼此走各人的路，总有一天会越走越离越远的吧？就是将来彼此成了陌生人也是可能的事，你说是不是？

我真是像卓别灵（林）所描写的那类人物，那个寂寞的影子使我非常悒郁。

到家安好？愿你有一切的快乐的幸福。虔诚地为你祷祝。

我是你的
可有可无的朋友

202

宝贝：

说得那样可怜。自己要别人忘记你，别人信刚写得略微迟一点就那么急，真有意思！我不会恼你的，即使你的话说痛了我的心也仍是欢喜你的。也许你望着月亮的时候，我正在想着我的宝贝笑哩，或者是正神往于那天的同游也说不定。

回答我，不准含糊：究竟您愿我待你好还是不愿我待你好？只回答我愿与不愿，不准说其余的话。如不回答，只算你默认愿意。

明儿你上北方去，大概我已经死了，否则总不会不知道，也许我连做人的一半资格都没有，所以你说没有半个人知道。我想我一定要更多的写信给你呢，也许那时心情好一些，能说一些略为有意思一点的话，你也有更多的物事好告诉我吧？别离是只使我更爱你的，想到我的好人一个子跑得那么远，无论如何，要不爱她是不行的。

日子过得非常恶劣，只想你是我的安慰，昨夜我梦见你的。

朱

203

姊：

我懊恼极了，怨、恼、苦、气、恨、愁、悲、惨、闷、伤心……为什么？不为什么。

昨天夜半房间里闹水灾，隔壁人家自来水管爆破，水从墙缝里钻了进来，几乎人都淹死（此夸张语也），房间里弄得一塌糊涂，今天那边修好了之后，戽出了几提桶水，你想我怨不怨？

信又盼了个空，罩衫臂上又撕破了一块，一切的一切，怨之不尽。昨夜局方开结束会议，大家都有减薪希望，但看今天有没有甚么通知，如果太不情了，我辞职书底稿也已经打好：

"总理先生大鉴：上海居大苦恼，拟回家乡吃黄米饭，请准辞职！"

拿他两个月津贴，回家白相①半年再说。

明天下午或后天早上动身回家过年去还未定，要是到家后仍接不到你信，以后永远不待你好，死了之后变恶鬼永远跟你缠绕，拜四十九天梁皇忏给我也没用。

但现在我仍待你好。

弟弟　廿一

① 白相：上海方言，"玩儿"。

204

姊：

你给我一些 advice。判决书已下，二月份起薪水大洋五十，心理上已实在没有再留恋这蹩脚饭碗的可能（我决不嫌不够用，尽管四十块钱一月都可以生活得不致过于局促，但这种腌臢气受不住，好像不解你雇还是皇恩浩荡似的。初进来时有七十多块一月，每况愈下，要是涎着脸不走，明

说不出来的苦闷空虚，灵魂饿得厉害

年一定拿四十块钱一月），其实我也真想回家休息一年半载，可是我又有有家归不得的苦，姑母她们不能常住在我家里，弟弟在外边，我不好守着弟媳妇在一起，真是走投无路，怨尽怨绝。

无论如何，明年下半年一定得别寻主顾，我不愿在家乡做事，如果到杭州去，物是人非，也太令人不快活，我想竭力在苏州方面想想法看，就是四十一月也愿就，只要不再编那种骗杀人的字典。

明天下午准回家去，渴盼你的信，我寂寞得什么似的。

愿你快乐。

老弟弟　廿一夜

205

好友：

我不知道今天是年初五还是一二八①。唯一想得出可以说的话便是今天天气很好。

无论说什么话，总觉得很可笑，无非是一些可耻而无味的废话，然而也只有借这个方法，才能打破时间空间拦在我们中间的阻隔，要是想得出一个更好的方法，可以使我们永远在一起，又永远不在一起，那就好了，因为如果单是永远在一起，便尝不到相思的美味了。

我愿把我的灵魂浸入你的灵魂里。你在我脑中的印象一天比一天美好。我说不出话来。

朱

① 1936年1月28日是农历正月初五。

206

澄哥儿：

今天天气很好，心里有点松快，可是又闷得快要闷死的样子，要是身边有钱，一定在家里坐不住。你不知道那个 Flaubert 多少可恶，净是些古怪的生字，叫人不耐烦看下去。唉，我昨夜做的梦真有趣，尸首从床板上跳起来，身上还淋着脓，哎，啧啧，我一看不对，连忙奔下楼。昨天不是我说我多么爱你吗？这种话你不用听就是，因为我怎么能自己知道我爱不爱你呢？天晓得你是多么好！我要是从来不曾读过英文就好了，那种死人工作恨一百年都恨不尽。今天才初八，还要等你至少一星期，真心焦！唉，我透了一口长长的气。你说我写些什么好呢？我什么话都没有，你只痴痴地张大了眼睛（我说的是你的照相），一句话也不响。要是谁带点糖来给我吃吃就好了。如果我亲你的嘴，你打不打我耳光？我真不高兴，真怨。你房间里冷不冷？情形真是一年坏一年……不说了。我在梦里筑了一座宫堡，那地方的风景真是好极了，你肯不肯赏光常来玩玩？我特为你布置了一间房间，所有房间中最好的一间，又温暖又凉爽又精巧又优雅。窗外望出去的山水竹树花草，朝晨的太阳，晚来的星月，以及飞鸟羊群，都是像在一个神奇的梦境里。你这间房间我每天盼咐一个美秀的小婢打扫收拾，但别人不许进去一步，即使你永远不来也将永远为你保存着。我真不知道要怎样才好，早早死了就好了，做人真没有趣味。谢谢撒旦的父亲，日子快些过去才好！你已经三十岁，是个老太婆了，实在日子过得真快，我还亲眼看你从娘肚子里一二三开步走地跑出来呢，那时我还是个毛头小伙子，如今老了，不中用了，国家大事被后生小子弄得一团糟，也只好叹口气罢了。总而言之，还是让我以这垂朽的残生爱着你直到死去吧！你是世上最可爱的老太婆。

傻老头子

207
1936 年 2 月 3 日

好友：

在编辑室的火炉旁熏了这么半天，热得身上发痒。回到自己房间里，并不冷，可是有些发抖的样子。心里又气闷又寂寞，躺在床上淌了些泪，但不能哭个痛快。

家里等着我寄钱去补充兄弟的学费，可是薪水又发不出，存款现在恐

说不出来的苦闷空虚，灵魂饿得厉害

怕不好抽，只好让他们自己去设法了。郑天然叫我代买两部佛典，一调查价钱要十块左右，实在没法子买给他。自己要买书也没钱，*War and Peace*①已经读完，此后的黄昏如何消磨又大成问题。写信又写不出新鲜的话儿，左右不过是我待你好你待我好的傻瓜话儿。除了咬啮着自己的心以外，简直是一条活路都没有。读了你的信，"也许不成功来上海"，这"也许"两个字是多加上去的。我知道最后的希望，最后的安慰也消失了。

人死了，更无所谓幸不幸福，因为有感觉才能感到幸福或苦痛。如果死后而尚有感觉的话，那么死者抛舍了生者和生者失去了死者一定是同样不幸的。但人死后一切归于虚空，因此你如以他们得到永恒的宁静为幸福，这幸福显然他们自己是无法感觉到的。我并不是个生的讴歌者，但世上如尚有可恋的人或事物在，那么这生无论怎样痛苦也是可恋的。因此即使山海隔在我们中间，即使我们将绝无聚首的可能，但使我们一天活着，则希望总未断绝，我肯用地老天荒的忍耐期待着和你一秒钟的见面。

你记不记得我"怜君玉骨如雪洁，奈此烟宵零露溥"两句诗？这正和你说的"我不知道她们静静地躺在泥里是如何沉味"是同样的意思。这种话当然只是一种空想，现代的科学观已使人消失了对于死的怖惧，但同时也夺去了人们的安慰。在从前一个人死时可以相信将来会和他的所爱者在天上重聚，因此死即是永生，抱着这样的思想，他可以含笑而死。但在现在，人对于死是一点希望都没有的，痛苦的一生的代价，只是一切的幻灭而已，死顶多只是一种免罪，天堂的幸福不过是一种妄想，而失去的人是永远失去了的。

我第一次看见死是我的三岁的妹妹，其实不能说是看见，因为她死时是在半夜里，而且是那么突然的，大家以为她的病没有什么可怕的征象，乳母陪着她睡在隔房，母亲正陪着我们睡好了。忽然她异样地哭了起来，母亲过去看时，她手足发着痉挛，一会儿就死了。我们躲在被头里不敢做声，现在也记不起来那时的感觉是怎样的，后来她怎样穿着好抱下去放进棺材里直至抬了出去，我们都被禁止着不许看。此后我也看见过几次亲戚邻居的死，但永不相信我的母亲也会死的。即使每次医生的摇头说没有希望了，我也总以为他们说的是诳话，因为这是无论如何不可能有的事。虽则亲眼看见她一天坏一天，但总以为她会好过来，而且好像很有把握似的。其实她早已神智丧失，常常不认识人了。问卦的结果，说是如能挨过廿九三十（阴历的十一月里），便无妨碍，那时当然大家是随便什么鬼话都肯相信的，廿九过去无事，大家捏了一把汗等待着三十那天，整个白天悠长地守完了，吃夜饭时大家分班看守着，我们正在楼下举筷的时候，楼上喊了起来，奔上去看时，她已经昏了过去，大家慌成一片，灌药掐人中点香望空磕头求天，我跪在床前握住她的手着急地喊着，她醒过来张眼望了我一望，头便歪了过去，断气了。满房间里的人都纵声哭了起来，我们都号啕着在楼板上打滚，被人拖了出去，好几天内都是哭得昏天黑地的。放进棺材之后，棺中内层的板一块块盖了上去，只露着一个面孔的时候，我们看见她脸上隐隐现出汗珠，还哭喊着希望她真的会活过来，如果那时她突然张眼坐了起来，我们也将以为自然而不希奇的事，但终于一切都像噩梦一般过去了。此后死神便和我家结了缘，但总不能比这次的打击更大。这次把我的生命史完全划分了两半，如今想起来，好像我是从来不曾有过母亲有过童年似的，一切回忆起来都是那样辽远而渺茫。如果母亲此刻能从"无"的世界里回到"有"的世界里来，如果她看见我，也将不复能认识我，我们永远不能再联系在一起，因为过去的我已经跟她一同死去了。再过十年之后，我的年纪将比她更大，如果死后而真有另一世界存在，如果在另一世界中的人们仍旧会年长起来，变老起来，那么我死后将和她彼此不能认识；如果人在年轻时死去在那一世界中可以保持永久的青春的话，那么她将不敢再称我为她的儿子。等到残酷的手一把人们分开，无论怎样的希望梦想，即使是最虔诚的宗教信仰，也是毫无用处了。愚蠢而自以为智慧的人以为既然生离死别是不可避免的事，不如把一切的感情看得淡些。他们不知道人生是赖感情维系着的，没有亲爱的人，活着也等于死一样。如果我在当时知道我母亲会死的话，在她活着的时候，我本来爱她十分也得爱她一百分一千分。因为我们和我们所爱的人终有一天会分手，因此在我们尚在一起的时候就得尽可能地相爱着，我们的爱虽不能延长至于永劫，但还可以扩大至

说不出来的苦闷空虚，灵魂饿得厉害 203

于无穷。

苏曼殊这人比我更糊涂些，以才具论也不见得比郑天然更高明，我只记得他的脸孔好像有点像郑天然。

我相信你的读书成绩一定很不坏，一共拿了两只三就说是从未有过的不好（体操的吃四反而表示你的用功，因为读书用功的人大抵体育成绩不大好，虽则体育成绩不好的人未必一定读书用功，因此这自然不能说是你用功的绝对的证据——我不要让你用逻辑来驳我）。一个人不要太客气，正如不要太神气一样。难得拿到一两个三的人，还要说自己书读得不好仿佛该打手心一样，那么人家拿惯四拿惯五甚至常拿六的人该打什么好呢？你们女学生或者以为拿到三有些难为情，我们男学生倘使能每样功课都是三，就可心满意足，回去向爹娘夸耀了。

我读书的时候，拿到的一比二多，三比四多，这表示我读书不是读得极好，就是极糟糕，所以他们不给我四者，因为是不好意思给我四的缘故，叫我自己给自己批起分数来，一定不给一就给四或五，没有二也没有三的。

其实这些记号有什么意思呢？读书读得最好的人往往是最无办法的人。一个连大学都没有资格称的敝学院②的所谓高材生，究竟值得几个大呢？想起来我在之江里的时候真神气得很，假是从来不请的，但课是常常缺的（第一年当然不这样，因为需要给他们一个好印象），没有一班功课不旷课至八九次以上，但从来不曾不给学分过。体育军训因为不高兴上，因此就不去上。星期一的纪念周，后来这一两学期简直从来不到。什么鸟名人的演说，听也不要去听。我和信之江自有历史以来都不曾有过一个像我一样不守规则而仍然被认为好学生的人。到最后一学期，我预备不毕业，论文也不高兴做，别人替我着起急来，说论文非做不可，好，做就做，两个礼拜内就做好了，第一个交卷。糊涂的学校当局到最后结果甚至我的名次第三都已排好了的时候，才发现我有不能毕业的理由。我只笑笑说毕不毕业于我没有关系，你们到现在才知道，我是老早就知道的（钟先生很担心我会消极，但我却在得意我的淘气，你瞧得个第三有什么意味，连钱芬雅都比不上）。

他们说，你非毕业不可，于是硬要我去见校医（我从来不上医务室的，不比你老资格），写了一张鬼证明书呈报到教育部去说有病不能上体操和军训课，教育部核准，但军训学科仍然要上的，好，上就上，我本来军训有一年的学分，把那年术科的学分算作次年的学科，毫无问题，你瞧便当不便当？全然是一个笑话。文凭拿到手，也不知掼到什么地方去了。

今后是再没有神气的机会了！

我觉得你很爱我，你说是不是（不晓得！）？人家说我追求你得很厉害，你以为怎样？我说你很好很可爱，你同意不同意？你说我是不是个好人？

这回又看不见你，我很伤心，我以为我向你说了这么多可怜话，你一定会可怜我，来看我的，哪里知道你怕可怜我会伤害我的自尊心，因此仍然不来，这当然仍表示你是非常之待我好。但以后如果我说我要到杭州来的时候，你可不要说"你来不来我都不管了"，这种话是对情人说的，但不是对朋友说的。你应当说："你来，一定来，不要使我失望。"你不懂的事情太多，因此我得教教你。唉！要是你知道我想念得你多么苦！

三日夜

宋清如先生鉴：此信信封上写宋清如女士，因为恐怕它会比你先到校，也许落在别人手里，免得被人知道是我给你的起见。

① War and Peace：《战争与和平》，俄国托尔斯泰著名小说。
② 之江大学当时在教育部通过立案的正式名字是"之江文理学院"。

208

清如：

昨天匆匆别后，心里也满足也抱憾，没奈何的是说不出一句话来，连本来想好的也飞掉了。

你一定想不到我仍然是那样落拓，昨晚回来，付了黄包车钱，身边所剩的一张两角大洋票，便是所有的财产。本来有三十几块钱在，被家里逼着寄三十块去还债，余下的自己花了。回去饭已没有，故在路上小饭馆里吃了一碗面，至今想着有些恶心，令我眷念起西爽斋来。

愿你好好读书。

朱朱　九日晨

209

宝贝：

我不想教训你，大家彼此原谅原谅吧。只有长进的人才配教训不长进的人，你说是不是？我希望你永远不长进，因为你长进了一定不再待我好了。

我压根儿看不起诗，尤其看不起旧诗，尤其看不起做感事一类的诗。做得不好固然臭，做得好也不过和唐朝人的感事一样，一点也看不出感的是一九三六年的事。旧瓶子总是装不下新酒的（有一位先生看见这一句话就要生气，因为这句出于《圣经》，原来是说盛酒的"革囊"，并不是"瓶子"，瓶子是后学者的传讹，其实我看瓶子也可以通得，何必如此顶真，你说是不是？），要是杜甫活在今日，一定也不会写那种七字八句的感事诗。律诗绝句这一类货色，顶多是一种玩意儿，吟吟风月，还可以卖弄一些小聪明，真要把国家大事之类弄进去，总脱不了滥调，新鲜的思想是无论如何装不进这么一个狭窄的圈套里的，你说是不是？

以宝贝的大作而言，颈腰联都对得很完整，末句是很不合律的，你说是不是？而且……而且很不好。无题一首戏作我希望你把它算作不曾作，因为出韵还不打紧，如把"人"字和"心"字相押之类，但"天"字可和"头"字叶韵，那太自由了，你说是不是？

天是如此之冷，我今年开春以后，手上冻出冻疮来，现在在出脓，你瞧作孽不作孽？

我抱抱你。

二毛子　星期三

210

姊姊：

不要厌世好不好？有什么委屈告诉我。如果想要哭就哭好了，如果哭不出来，也就不用想。自杀没趣味，我宁愿被你杀死快乐得多。

我希望天下雨，当然这并不是希望你去不成宜兴，我愿意你享受着好晴天。在这里，让一年到头淋着雨吧，因为更适于我的心境，好天气是更令人心烦的。

师母越来越肉麻了，老是管着儿子女儿叫宝贝心肝肉肉。

我真想你得哭出来，愿你好，快乐！

Poor Tom① 廿五

① Poor Tom：可怜的汤姆，狄更斯《圣诞颂歌》中的儿童名。

211
1936 年 3 月

好姊姊：

今天中午回来，妹妹带着随随便便的神气对我说，"你房间里有一封信"，一跳跳到楼上，信并没有，虽然知道受了骗，可是也许被风吹在地上，也许被放在书底下枕头底下抽屉里，仍然作万一之想地空寻了一番，好像你并不是昨天才有信给我的。

说不出来的闷，空虚，灵魂饿得厉害。鬼知道这种罪几时才能受满。

我们廿九、三十两天不作工，廿九是星期例假，三十补革命纪念日假（或者说廿九是革命纪念日，三十补星期例假均可），虽承公司方面的好意，实在也并不十分欢迎，一切事情天晓得！

我把我的灵魂封在这封信里，你去旅行的时候，请把它随身带在口袋里，挈带它同去玩玩，但不许把它失落在路上。

幸亏世上还有一个你。我弱得厉害,你不要鄙夷我。

所有的祝福!

饿鬼　写于没有东西吃的夜里　廿六

212

1936年3月

好人:

怎么是好?我一定活不过这个春天,精神上害着不可治疗的病。

连写信也写不来,思想贫弱到简直没有,心总是焦躁而不能安静。

你是那么远,我完全感不到你的存在。多么惨的人间。

廿七

213

清如老姊:

松江有一个教员位置,有人已向我说过,大概有六七分把握,不过如这学期就要去上任,想起来有些心慌,而且我也不甚喜欢松江,又小又寂寞。

郑天然寄了三本《世界名曲文库》给我,门外汉买给门外汉,甚为抱歉。《俄罗斯歌曲集》和《Falla[①]歌曲集》还可以念着日本字哼哼,那本Schubert[②]就只好看着发呆。顾敩俅已敦促了几次纪念刊的稿子,而且特别指定要白话诗,"能此者甚少,非借重不可",实在难于应命,你替我代做好不好?小弟此身自问已和一切艺术绝缘,想起来寂寞得很。

你几时走?

我不知道恋爱是否原来就是一件丑恶的东西,还是人把它弄丑恶了的,但无论如何这两字总不给人好感。我希望人家不要以为我和你发生了恋爱,而且我写给你的信也并不是情书。——可笑的蠢话!

想要谈谈时局战争一类的话,可是谈不来,不谈了。

如果天真能倒下来，就好了，省得我明天还要跟你写信。你觉得我讨不讨厌？

我待你好，我待你好，我待你好，我待你好。

卅

① Falla：法雅，西班牙作曲家。
② Schubert：舒伯特，奥地利作曲家。

214

宋：

说过的傻话请不要放在心上。

今天我很快活，因为清晨走在路上，看见一个中国巡捕，脸孔圆圆的，一头走路一头眼睛眯着打瞌铳，样子甚可爱。

昨天借了六本弗洛伊特的《精神分析引论》，一口气看完了。今天毕竟又去把 Jane Eyre① 买了转来，一块钱。

我很安静，不淘气了。我猜想你明天会有信来，我有点害怕，不知你要说些什么话，我真不好。

虔诚的忆念和祝福。

不好的孩子　七日晚

一首蹩脚的诗请你指正。

① Jane Eyre：《简·爱》，英国女作家夏洛蒂·勃朗特的著名小说。

215

你要不厌倦生活，法子很多，或是找些危险事情做做，或是……我不

说不出来的苦闷空虚，灵魂饿得厉害

告诉你了,听你去厌倦吧,我自个儿也是厌倦的。

等你做了大官之后,我便和你绝交。照你的说法,好像做了大官是理该看轻人的。但是我相信你做了大官的时候,我一定已经得到了诺贝尔文学奖金了——为了我编的一本《英汉五十七用辞典》。

你有各种使人讨厌的理由,然而我一点也不讨厌你,因此这是很奇怪的。我敢确定地说今天我仍跟昨天一样喜爱你,我可以担保明天也是一样,我希望后天大致也不会变更,至于大后天则是太辽远了,谁能说第三次世界大战在什么时候爆发呢?

我的信总写不好,第一缺少热情,第二毫无意味,尤其要令你皱眉头的,我还居然想要——怎么说呢?——●●●,虽然●●●●●●,对于●●●●仍有些●●●●。

朱生豪

216

亲爱的朋友:

卓别麟并不曾给人们以新的惊异,《摩登时代》使我们那些"浅薄的高明者"眩目的地方只是在于它采取了一个"摩登"的题材,事实上是已不新异了的对于机械文明的"讽刺"。卓别麟本人颇有一些诗人的素质,但我们的批评家们要尊他是一个思想家时,却未免揄扬过当了。

《摩登时代》中触及了工厂的科学管理、失业、穷困、法律与监狱等等东西,也轻轻地借用一个共产党暴动的场面画了一幅谐画,但在本质上和以前的作品并无不同。如他自己谦恭而老实地所说的,《摩登时代》是"专为娱乐而摄制的",这中间并没有什么"思想"的成分,而且他也绝不会变成一个社会主义者的同路人,而且我们也不希望他这样,因为我们的却利[①]如果要革命,那他必得抛掉他的可笑的帽子和手杖,改正他那蹒跚的步态,这样无异于说,我们将不再欣赏到我们所熟悉的那个流氓绅士,而那正是我们所要欣赏的。卓别麟的贡献只是描写了我们这世间一些有良心而怯弱可怜被人欺负的人的面容和他们的悲哀。他自然是一个人道主义者,但我们不管他这个,我们受他的感动只是因为他那种可以称为艺术的pathetic[②]的笔触。

但我们的批评家们却因为他在最后所说的两句话"Let's buck up, we'll get along"[③]而以为他具有"前进的意识",思想上有了进步了。如果这两句话并非不过是两句机械的时髦话,如我们中国的"尾巴主义者"一样(中国的电影制作者们往往欢喜在结局加上一条光明的尾巴,如参加义勇军之类),那么也不过是两句聊自慰藉的话,谁都觉得它们是多少无力。艺术家和商人市侩(在近代这两种人并无冲突)的卓别麟是一个成功者,但银幕上的卓别麟则永远被注定着失败的命运,即使是艺术家的卓别麟自己也不能把那种命运改变过来的。

在《摩登时代》中,卓别麟的表演和从前并无不同,但仍一样使人发笑,而观众也就满足了,因为对他我们没有过事苛求的必要。虽然在诗趣的盈溢和充分的sentimentalism上他的《城市之光》更能引人入胜。至于他的反对有声片只是表示与众不同而已,实际上《城市之光》和《摩登时代》都是最理想或最近理想的有声片,虽则不用对白。然而如果事实上不能全废对白,而仍然要用少数简单的字幕写出来的话,我不认为采用字幕是较聪明的办法。

卓别麟并不曾给人们以新的惊异,但我们也并不希望他给人以新的惊异。《摩登时代》不曾使我们失望(虽然也许他所得的评价比它所应得的更高一些),至少我们在看这片子里对于生理上心理上都有益卫生的事。

如此如此,你看我批评的话漂亮不漂亮?

后天我可以把我已看完的《萧伯纳传》寄给你,这是本很有趣的书,本书的著者赫里思和萧伯纳同样是一对无可救药的宝贝,我比他们中间无论哪一个都伟大得多(这是句萧伯纳式的话)。

大多数的女人都不大欢喜吃甜的东西,这是我对于大多数女人不能欢喜的一个理由,我第一次对吴大姐感到不满就是当她给我吃了一碗不甜的绿豆粥的时候。有许多女人甚至于有绝对不吃甜食的恶习惯,这足以损害她们天性中可爱之处。

我希望你尽可能地多读书,这所谓书是包括除中国古书以外的任何科学的哲学的社会科学的政治经济的绘画音乐的宗教的……书。

  一个人有时要固执起来是很可怜的,有人赞成大路开路先锋一类的歌(那当然证明他绝对没有音乐修养),如果你对他细细说明这两个歌在音乐上毫无价值,他会倔强地说,"但是它们有很好的内容",但我总看不出它们的内容有比毛毛雨更好的地方。

① 却利:即查理·卓别麟。
② pathetic:悲惨的。
③ Let's buck up, we'll get along:让我们振作起来,我们将向前进。

217

清如:

  天一晴,就暖,一阴一雨,就冷。今天又下雨了。然而晴雨终引不起我任何感兴,随便怎么总是一样的。但你的每一封信,给我的喜悦,却也可说是一线阳光的照耀,也可说是一阵甘霖的滋润。即使是深知如你也没法想像你的一句轻轻的话,对于我有何等感激奋发的力量。

  人真是感到辛苦得很,巴不得有一个月休息才好。如不是你安慰着我,我真不乐此身,老是这样活下去在这种寂寞的地方,真不是可以开玩笑的。何况心里的冤屈诉说不尽,我简直不愿想起从前的一切。除了你之外我愿意忘记一切,一切都只是梦而已,只让我相信你是真实,我爱你是无限的。

  不要对自己失望,你有很好的天禀,作品的内容是会随生活经验而丰富起来的,至于读书乃是一种助力和修养,我永远期望你比我有出息一些。

  想起你在杭州的时候大概不会多了,我为之江恋你。

  愿你永远快乐!

朱朱 十日傍晚

218

好友：

　　我懒得很，坐在椅子里，简直懒得立起身来脱衣裳睡觉，看了几页小说，闭了眼睛出了一下神，又想写信，又有点不大高兴。今天有了钱，也吃到了你的糖，糖因为是你给我吃的，当然格外有味，可是你知道，一个人无论怎样幸福怎样快乐，如果他的喜乐只有自己一人知道，更没有一个可以告诉的人，总是非常寂寞的。如果我有一个母亲或知心的姐妹在一起，我会骄傲而满足地对她说："妈，你瞧，我有一样好东西，一包糖，'她'给我的。"她一定会衷心地参与我的喜乐，虽然在别人看来，一点也不值得大惊小怪的。

　　编辑所里充满了萧条气象，往年公司方面裁员，今年有好几个人自动辞职，人数越减越少，较之我初进去时已少了一大半，实在我也觉得辞了职很爽快，恋着这种饭碗，显得自己的可怜渺小。可是自己实在什么都不会干，向人请托谋事又简直是要了我的命，住在家里当然不是路数。我相信我将来会饿死。

　　听两个孩子呼名对骂，很有味道，打着学堂里念书的调子彼此唱和，哥哥骂妹妹是泼婆大王，妹妹骂哥哥小赤佬，以及等等。

　　明天再说。你是天使，我是幸福的王子。

朱　十一

219

宋：

　　你猜我要写些什么？鬼知道！要是我能写些漂亮的迷人的话，你一定会非常欢喜我的。

　　我不知道我将要写些什么，当我在不曾写些什么之前；我不知道我正在写些什么，当我正在写些什么之时；我将不知道我已写了些什么，当我业已写些什么之后。然而我正要写了，我正在写了，我已经在写了，虽然我不知道我将要写些什么，正在写些什么，已写了些什么。——学

Gertrude Stein[①]的文体。

我猜想我的中文程度跟我的英文程度一样蹩脚,我的英文程度跟我的日文程度一样高明,我的日文程度跟我的阿比西尼亚文程度一样了不得。

你这人似乎太少嗜好,对任何事都没有什么了不得的兴味,我难得听见你发表过五十个字以上的意见。

明天到韬光去好不好?

不要害怕毕业,嬉皮涎脸地对付人生虽不是正当的办法,但比之愁眉苦眼要好一些。

肯不肯做我的私人秘书兼管扫地抹桌子?三块大洋一月。

阿米巴　七日

① Gertrude Stein：葛特鲁德·斯坦因(1874—1946),美国作家。

220
1936 年

宋：

回校了没有?你好?

昨天上午九点钟起身,写了两封信,出去吃了两个叉烧包,街上溜达一趟,回来吃中饭。吃过中饭,去看小姑娘 Jane Withers[①]的影戏,跟她一比,Shirley Temple[②]真不值一个大,她有的是天生的成熟得可惊的演技(我还记得在 *Ginger*[③]里她跟她的老祖父扮演 Romeo and Juliet[④]哩),尤其是那股泼辣淋漓的作风,怪叫人心爱。吃冰淇淋一杯、糖芋芳一碗、汤团五个、梨儿四只,热的、冷的、生的、熟的、甜的、咸的都有。夜饭后在房间里唱"哈哈伊哪"的夏威夷歌,非常动听,唱日本歌词的俄国歌,唱瞎七搭八的德国歌,唱 *Rose Marie*[⑤],唱"有人说人生是寻欢作乐",唱"板桥道情",唱"贵妃醉酒",唱没有歌词的自撰曲,唱赞美诗,唱摇篮歌等等。睡了之后,梦魇起来,我想是仰睡的结果,我每逢梦魇,总是心里知道梦魇了,竭力想把上半身抬了起来,但总抬不起。忽然房门开开,进来了一个人,我想喊他,但说不出话,只是"唔啊唔啊"地向他发问,意思是说,"侬是啥人?"他向我看看,大概以为我吃醉了酒,把桌子上皮夹里的钞票拿了去,把一管像是手枪的东西对着我。我理都不理他,因为就是要举手手也举不起来,而且知道那并不真是手枪,心里但希望梦魇快快醒来,好阻止他逃走,但总归醒不转来。他开了房门出去了,一会儿才挣扎着醒转,想要喊捉贼,仔细一想,才明白那贼也是在梦里看见的。于是安心再睡,又做了一些记不起来的梦。

还不知道他们预备在什么时候搬走。

我待你好。

朱　十二

① Jane Withers:简·维特尔斯,演员名。
② Shirley Temple:秀兰·邓波尔,当时好莱坞的著名童星。
③ Ginger:英文原意为"生姜"或"活力",此处为简·维特尔斯主演的电影名。
④ Romeo and Juliet:罗密欧与朱丽叶。
⑤ Rose Marie:珍妮·麦唐纳主演的歌唱片中的主题歌,当时很流行。

221

而已,斯已矣!

本星期六的薪水发下来,支付用途之外,净余大洋一元,如之何?他妈妈的要人家保险,一保了险,岂不连电影都没得看了。

222

好人:

我不要翻日历,因为它会骗我只不过是三数天,但我明明觉得有好几个月了,你不曾有信来。

无锡有没有去?你有没有热坏?

明天起又要改到早上七点半上工了,全无人道可言,这种天气,只有早上是比较可以睡睡的时间。

我们英文部越来越不像样了,昔我来矣,主任之下连我算在内有四位大编辑,和六七位校对先生,现在除主任之外,算是编辑的只有我一个,校对剩了三个,可怜之至。

前天看电影《仲夏夜之梦》,不很满意。

你今天仍旧待我好的,是不是?我真爱你,不要说我说谎,但并不怎么样,因为这是一句没有意思的话。但我不因为没有意思而不爱你,因为如果爱你没意思,不爱你更没意思。

虫　卅

223

阿姊:

我以为我今年(指阴历新年以后)特别用钱,仔细一算,却也并不怎样超过规限:

二月份起—

收入		支出	
正式工资	$127.00	膳宿	$60.00
额外工资	$ 65.00	寄家	$60.00
欠薪发还	$ 30.00	借去	$30.00
		不可免的用途	$ 7.00
	共 $222.00	浪费	$50.00
		共 $207.00	
		净余　$15.00	

学 Micanber 的语调：Indispensable expenses,10% of the income；extravagance,90%；result, happiness. Indispensable expenses,90%；extravagance,10%；result, misery.①

昨天我待自己很好，请吃了一顿满意的夜饭，虽然只费去四角四分钱。并且看了迷人精 Marlene Dietrich 的戏，Marlene 虽然到现在未失去光芒，但她最红的时代的作品我不曾看过，近年来她的东西我倒是每部看的，《恋歌》在 Mamoulian 的导演下是富有诗味的，但不是她本色的作风。《凯塞琳女皇》和 Bergner 的那一部比起来，自然是大为逊色，虽然并不是她的错处。《女人是魔鬼》中她充分发挥了自己，但导演 Von Sternberg 先生又失败了一次，只不是全然的失败。这部《欲望》，可算是她近来最漂亮的一本轻喜剧了。Borzage 先生过去导演的成功作品，我都未曾寓目，近来的平庸作品却常看见，这也是他较好的一本了。在举世奉 Shirley Temple 为偶像的今日，对于有真实本事的演员如 Bcrgner、Garbo、IIepburn、Dietrich 等人，更不能不有甚深的敬仰。②

我想世间最讨厌的东西，应该是头发梳得光光的，西装穿着笔挺的，满口 Hello、yes，③举止轻佻的洋行小鬼了。比起他们来，我们家乡一般商店中的掌柜要风雅得多了。就是上海滩上凸起大肚皮，头顶精秃秃俨然大亨神气的商人，也更有趣可爱一些，至少后者的大肚皮是富于幽默的。

我盼望你今天会有信来。我爱你这样多（"这样多"是 so much 的直译）。愿你快活。

哺乳类脊椎动物之一

---

① 该段英文大意是：如果收入的 10% 用于必要开支，90% 用于浪费，其结果是快乐；如果 90% 用于必要开支，10% 用于浪费，其结果则是苦恼。
② 本信中的英文都是当时著名演员和导演的名字。依次为玛琳·黛德丽、鲁宾·玛莫利安、伯格纳、冯·斯登堡、伯扎克、秀兰·邓波儿、伯格纳、嘉宝、赫本、黛德丽。
③ Hello、yes："哈罗"（喂）、"也斯"（是），英语口语中最常用最简单的词语。

说不出来的苦闷空虚，灵魂饿得厉害

224
1936 年

好人：

前晚兄弟来，和他玩了一晚一天，昨天回去时很吃力，因此写不成信。

你很寂寞，如何是好？我又想不出说什么话。

曾经梦和你纳凉夜话（据说我们已结婚了好多年），只恨醒来得太早。我希望我们变作一对幽魂，每夜在林中水边徘徊，因为夜里总是比白天静得多可爱得多。

我想你活不满六十岁，但也不至十分短寿（因为现在已经很老了，是不是？）。我希望你不要比我先死，但如果我比你先死我也要恨的，最好我们活同样年纪。我很愿我们都活三百岁，无论做人怎样无聊，怎样麻烦，有你在一起总值得活。

这信暂时以此塞责，等我想想过后再写。

我待你好。

鲸鱼　十七

225

宋：

以后我接到你信后第一件事便是改正你的错字，要是你做起先生来老是写别字可很有些那个。

可是我想了半天，才想出"颟顸"两个字，你是写作"瞒肝"的。

你有些话我永远不同意，有时是因为太看重了你自己的 ego[①]的缘故，例如你自以为凶（我觉得许多人说你凶不过是逗逗你，他们不会真的慑伏于你的威势之下的），其实我永远不相信会有人怕你（除了我，因为我是世上最胆怯的人）。

随你平凡不平凡，庸劣不庸劣，颟顸不颟顸，我都不管，至少你并不讨厌，至少在我的眼中。你知道你并不真的希望我不要把"她"放在心上。

关于你说你对我有着相当的好感，我不想 grudge②，因为如果"绝对"等于一百，那么一至九十九都可说是"相当"。也许我尽可以想像你对于我有九十九点九九的好感。我觉得我们的友谊并不淡淡，但也不浓得化不开，正是恰到好处，合于你的"中庸之道"。你的自以为无情是由于把"情"的界说下得过高的缘故，所以恰恰等于我的所谓多情。要是我失望，当然我不会满足，然而我满足，因此我不失望。至于说要我用火红的钳子炙你的心，使你燃烧起来，那是一个刽子手的事（如果有这样残酷的刽子手，我一定要和他拼命），我怎么能下这毒手呢？再说"然烧"的"然"虽是古文，在白话文里还是用"燃"的好。

"妒"是一种原始的感情，在近代文明世界中有渐渐没落的倾向。它是存在于天性中的，但修养、人生经验、内省与丰富的幽默感可以逐渐把它根除。吃醋的人大多是最不幽默，不懂幽默的人，包括男子与女子。自来所谓女子较男子善妒是因为历史和社会背景所造成，因为所接触的世界较狭小，心理也自然会变得较狭小。因此这完全不是男的或女的的问题。值得称为"摩登"的姑娘们，当然要比前一世纪的闺阁小姐们懂事得多，但真懂事的人，无论男女至今都还是绝对的少数，因而吃醋的现象仍然是多的。至于诗人大抵是一种野蛮人，因此妒心也格外强烈一些，如果徐志摩是女子，他也会说 nothing or all③，你把他这句话当作男子方面的例证，是不十分可使人心服的，根本在徐志摩以前就有好多女子说过这句话了。我希望你论事不要把男女的壁垒立得太森严，因为人类用男女方法分类根本不是很妥当的。

关于"爱和妒是分不开的"一句话，我的意见是——所谓爱就程度上可以归为三种：

1. Primeval love, or animal love, or love of passion, or poetic love；

2. Sophisticated love, or "modern" love；

3. Intellectual love, or philosophical love④。

此外还有一种并不存在的爱，即 Spiritual love, or "Platonic" love, or love of the religious kind⑤，那实在是第一种爱的假面具，可以用心

理分析方法攻破的。

妒和第一种爱是成正比例的，爱愈甚则妒愈深，但这种爱与妒能稍加节制，不使流于病态，便成为人间正常的男与女之间的恋爱，完全无可非议。

第一种爱和第三种爱是对立的，但第二种爱则是一种矛盾的错综的现象，在基础上极不稳固，它往往非常富于矫揉造作的意味，表面上装出"懂事"的样子而内心的弱点未能克服，同时缺乏第一种爱的真诚与强烈。此类爱和妒的关系是：表面上无妒，内心则不能断定。

第三种的爱是高级的爱，它和一般所谓"精神恋爱"不同，因为精神恋爱并不超越 sex⑥ 的界限以上，和一个人于现实生活中不能获得满足而借梦想以自慰一样，精神恋爱并不较肉体恋爱更纯洁。但这种"哲学的爱"是情绪经过理智洗练后的结果，它无宁是冷静而非热烈的，它是 non-sexual⑦ 的，妒在它里面根本不能获得地位。

胡言乱语而已。

我待你好。

也也

① ego：自尊心。
② grudge：嫉妒。
③ nothing or all：要么全无，要么全部。
④ 这一段英文的大意是：
　1. 原始的爱，或者动物性的爱，或者激情的爱，或者诗意的爱；
　2. 深于世故的爱，或者"现代的"爱；
　3. 理智的爱，或者哲理性的爱。
⑤ 这一句英文意思是：精神的爱，或者"柏拉图式"的爱，或者宗教的爱。
⑥ sex：性。
⑦ non-sexual：无性的。

226

我从来不曾看得起你过，因为要是我看得起人家，一定也希望人家看得起我，一个人被人看得起了，就不能再做叫人看不起的事，宋先生你说是不是？

对于舞台剧《大雷雨》的批评，最满意的是灯光效果，那样漂亮的舞台设计的确少见，月夜幽会一幕最受人称赏，得力于该剧电影的启示不少，使我略为失望的是盼不到一轮月亮的上升，实在因为电影给我的印象太深了，因此觉得相形之下，不免见绌，台词不甚鲜明是大缺点，演技很稳，演员的服饰和背景很调和，有几个姿势很具画意。观众的确是在进步的，三五年之前，这种剧本一定不会有这样好的生意。

我希望天冷，天暖了蠢蠢思动，房间里坐不下去。

我不欢喜你。

冬瓜

227
1936 年

好友：

我的确不快乐，我怎么能快乐呢？你又不陪我玩。五一劳动节是星期五，很有人在作旅行的准备。我是死了心把一个春天葬送在上海，租界也不踏出一步，公园里也不去躲上半小时，让欲老的春光去向别人卖弄风情吧。昨夜做梦兄弟到上海来，我向他提议坐双层公共汽车到虹口公园去，但好像终于没有勇气实行的样子。

假如你要做国文教员的话，以后你得对于文字格外小心一些，比如"一个人顶幸福的人，一定是在忘记世界忘记自己的时候"，怎么叫做"一个人顶幸福的人"呢？桐庐的"卢"字是应当写作"庐"的。

方帽子照相我相信你一定会送给我，如果我一定要向你要的话。

其实有时我的确觉得自己还不全然是个死人，比如前两天就好像有满心想要淘气的样子。

近来经济是意外的宽裕，今天我一定要请自己吃一顿饭。

真的我不知道我还会不会看见你，我对于将来太少希望。

我待你好，永远。

小物件　星期日

228

清如：

你说话很可怪，好像以为我是无所不怪似的，你不来看我我也要怪你，你来看我我也要怪你。如果我真是这样，那么你这人岂不难做得很。

毕业论文这时就要担心起来，很像个好学生。这题目容易不过，二十天便可以完成：

第一天：看较详尽的文学史，获得轮廓（如已知道，则这一天可以白相）。
三十分钟

第二天：搜集主要的参考书（不须过多，遇疑惑有问题时才再去找别的书），包括：

1. 关于此题之重要论著
2. 各家传记
3. 文集　　　　　　　　　　　　　　　　　一点半钟

第三、四、五天：略览各书。　　　　　　　　每天四小时

第六天：拟制详细大纲，大概分四部分：　　　一点钟

1. 叙论（历史的背景，二派产生以前及当时的文坛状况，二派之主要标榜等）　　　　　　　　　　　　　　　　三千字
2. 分论（各论二派之渊源流变，代表作家作品及其影响等）六千字
3. 合论（比较二派之得失短长异同之处）　　四千字
4. 批评（用现代的眼光评论二派之主张及其在文学史上之意义等）　　　　　　　　　　　　　　　　　　二千字

第七天：休息，远足至龙井品茗。

第八至十四天：按大纲写论文（每日工作三小时，约写二千五百字）。

第十五天：复阅补漏。　　　　　　　　　　　五小时

第十六至十八天：托人誊清，自己休息，以每日写五千字计，三日完工。二份可请二人写。甲抄上半篇时乙抄下半篇。

第十九天：作最后之审阅，交卷。

第二十天：西爽斋请客表示庆祝。

这样还是认真的办法，叫我弄起来，那么省去了打草稿的时间，一路看书，一路定大纲，一路写下去，一星期也够了。

如果我想吃你，你肯不肯给我吃呢？

愿蚊子不要咬你，咬我。

一日

一接到你的信，我便精神百倍，什么都有了兴致。我不知道为什么你会是这样好的。

229

宋：

风雨如晦，天地失色，我心寂寞，盖欲哭焉。今天虽然盼得你的信，可是读了等于不读，反而更觉肚子饿，连信封才七十字耳，吝啬哉！

不知你玩得算不算畅快？鲰生无福，未能追随芳躅，惟有望墨水壶而长叹而已。

本来我也可以今天乘天凉回家去一次，但一则因为提不起兴致，二则因为钱已差不多用完，薪水要下星期一才有，因此不去，下星期已说定要去，大概不得不去，并非真想去。狗窝一样的亭子间，虽然我对它毫无爱情，只有憎恶，但在这世上似乎是我唯一不感到陌生的地方。

如果你要为我祝福，祝我每夜做一个好梦吧，让每一个梦里有一个你。如果现实的缺憾可以借做梦来弥补一下，也许我可以不致厌世。

愿你好。

X　四日

230

姊姊：

今天早上弄堂里叫卖青梅，喊着："妹子要哦妹子？亲妹子，好妹子，好大格亲妹子要哦？"

真的我这么许久不见你了，不知道几时才能托上帝的福再见你一次，今天是风雨凄凄，思想起来好不伤心人也。

舍弟很客气地来信请我端午节到家里去做客人，但要我衣裳穿得楚楚一点，因为他的太太不大看得惯寒酸（或者好听一点说落拓不拘细节）的样子。实在，我对于故乡的姑娘儿们是只有叹气的，尤其是暴发户气息的小商人阶级的女儿。嘉兴是太充满商人味儿的城市，你走遍四城门也找不到一个高贵清华的少女，当然更绝对产生不出宋清如那样隽秀的才人。

我要多么待你好，每两分钟你在我心里一次，祝福你。

弟弟　星期日

231

阿姊：

你走了；我很寂寞，今夜不知你在什么地方，梦魂不识路，何以慰相思？①

人静之后，夜的空气甜柔得有些可爱，无奈知心人远，徒增惆怅耳。旅途倦乏，此刻你一定已睡得好好儿的了。如果天可怜见，让我今夜梦里见你吧。

愿煦风和日永远卫护着可爱的你，愿你带着满心的春笑回来。

爱丽儿　廿八

昨天看了本影戏（有什么办法呢！）打倒了胃口，今天不想出去了。你玩得高兴不高兴？

① 此处系引用沈约《别范安成》诗最后两句："梦中不识路，何以慰相思"。信中误将"梦中"写为"梦魂"，此句在信36中也曾引用。

232

宝贝：

"虐待"的虐字不应写作"虗"。

似乎我唯一的本领便是冷眼看人，不过并没有自视甚高的意思，因为被我笑骂得最厉害的，便是我自己。如果你要我教训你指示你向上，我想我也许也会的，但那些教训决不会是由衷的，因为当我说着时自己心里已经在讥笑它们了。

我希望说你是"迷羊"的人并不是我，因为我一点不喜欢这两个字。

生活永远是无聊，像爸爸一样无聊，你叹气我闷得气都叹不出来。

有时我骗我自己说我不爱你，但我知道这不是真的。

再说。

名字写在水上的人　三日

233

好人：

录呈一"粲"，不是录呈一"桀"。

新咏数章，很像胡适之白话文学史中的王梵志体。不是好诗，但也过得去。"蘯"字写作荡或盪，你老爱这样写。

"你的那篇文章"，如果你不对我说，我一定绝对不想看它，你既然对我说了，我便想看它；你如不许我看，我便非看不可。

上次来信中"因为我不喜欢听消极的话，允许我以后不把颓丧的话说给我好不好？"这句句子应当进文章病院。

一个月以前的明天的此时，我们冒着雨在马路上。幸福的日子是如此稀少！

寄给你全宇宙的爱和自太古至永劫的思念。

Lucifer　四日

234

老姊：

来信只有"▭▭▭若有▭▭▭没有写别字的先生，那来写别字的学生"一句话算是可爱的诡辩，此外似乎很有些缺少sportsmanship[①]的样子。

▭▭

你自己对于自己的批评我是向来不要听的，你说你笨，你坏，你不好，你无情，你凶，都是太恭维了你自己，因为我最佩服这类人，而你则尚不够资格。至于说我给你装饰，那么不知道几时我曾给你涂过脂粉画过眉毛？

你知不知道一句古老的话，太阳底下没有新的事物？我不用再告诉你宇宙是一个大的鸟笼了，你是年青得可怕！

我不许你不许我这样不许我那样。

▭▭

Lucifer
中华民国 5×5 年 5 月 5×5 日 5 时 5×5 分

P.S. 我的自名为"Lucifer"不过是僭窃名号，聊以自娱而已，但比起你来，确乎我更有做魔鬼的资格，而只好委屈你做天使了。

① sportsmanship：运动员精神。

235

爱人：

写一封信在你不过是绞去十分之一点的脑汁，用去两滴眼泪那么多的墨水，一张白白的信纸，一个和你走起路来的姿势一样方方正正的信封，费了五分钟那么宝贵的时间，贴上五分大洋吾党总理的邮票，可是却免得我食不甘味，寝不安席，无心工作，厌世悲观，一会儿恨你，一会儿体谅你，一会儿发誓不再爱你，一会儿发誓无论你怎样待我不好，我总死心眼儿爱你，一会儿在想像里把你打了一顿，一会儿在想像里让你把我打了一顿，十足地神经错乱，肉麻而且可笑。你瞧，你何必一定要我发傻劲呢？就是你要证明你自己的不好，也有别的方法，何必不写信？因此，一、二、三，快写吧。

236

去年有一个时候我专门跟我案头的格言日历捣蛋：

四月廿九：醇酒与妇人是痛苦之原因。——玛歇尔（痛苦是醇酒与妇人之原因。）

五月三日：总不使吾之嗜欲戕贼吾之躯命。——曾国藩（设人以不享乐而长命，生命不啻为长期之系狱。）

六日：空言要少，实行要多。——韩瑞芝（多出空言，可出风头，实行让诸笨人。）

七日：人不能绝灭爱情，亦不可恋爱情。——培根（人根本无爱情，因人根本是个人主义者故。）（人做了许多次数傻子以后所获得的代价是一种经验，这种经验便是明白自己是个傻子。）

八日：破衣破袜破巾，不足以为耻，德行一破，其耻曷当。——胡氏家训（破衣破袜破巾，人见之而讪笑，是以为耻，德行一破，人视若无睹，斯不足以为耻。）

十日：仰不愧于天，俯不怍于人。——孟子（仰不愧于天，因鬼十一日：先天下之忧而忧，后天下之乐而乐。——范仲淹（先天下之乐而乐，后天下之忧而忧，庶几乎受用。）

　　十四日：十二时中，莫欺自己。——葛邲（人以自骗骗人为生活之根据。）

　　十六日：兄须爱其弟，弟须敬其兄。——方正学（倘兄不足敬，弟不足爱，则如之何？）

　　十七日：父兮生我，母兮鞠我，抚我育我……昊天罔极。——《诗经》（我不欲父母生我，父母奚为生我？）

　　廿八日：浊富宁可清贫。——姚崇（贫而不能清，则如之何？）

　　六月一日：生死穷达，不易其操。——苏轼（不易其操者，有死无生，有穷无达。）

　　四日：勿谓今日不学有来日，勿谓今年不学有来年。——朱子（今日不学有来日，今年不学有来年。）

　　五日：做人以居心宽厚，气度和平为主——蔡英（居二十世纪之文明都市，殆无有居心宽厚气度和平者矣。）

你要不要著一本书驳斥我？

寄上屠格涅夫《猎人日记》一本，及杂志两本，希望你谢谢我。

臭灰鸭蛋

237

好友：

　　心里很空虚，没处走走，毫无办法，只好写信。我知道要是我少写些信，少说些我爱你，你一定会比较欢喜我些。如今我是抵庄着不被你欢喜的了。

　　你的确是一个谦谦君子。如果你不好，我一定比不好更不好，一定是废货、贱料、下作坯、垃圾堆里的东西，无怪你不愿爱我。

　　你论文做好了我给你誊清好不好？

想不出话说，我希望立刻就死，免得你说我将来会不欢喜你。

顶蠢顶丑顶无聊顶不好的家伙

一块钱是陆家叫我还给你的，我想还是寄还给你了吧。

238

我爱宋清如，风流天下闻；红颜不爱酒，秀颊易生氛。
冷雨孤山路，凄风苏小坟；香车安可即，徒此挹清芬。

我爱宋清如，诗名天下闻；无心谈恋爱，埋首写论文。
夜怕贼来又，晓嫌信到频；怜余魂梦阻，旦暮仰孤芬。

我爱宋清如，温柔我独云；三生应存约，一笑忆前盟。
莫道缘逢偶，信知梦有痕；寸心怀凤好，常艺瓣香芬。

右打油诗三首

239

澄子：

昨夜想写信写不成功，其实总写不出什么道理来。今晚又很懒，但不写信又似心事不了，仔细一想，我昨天还寄给你过一封信，却似乎已有两三天不写了的样子。

第二次世界大战业已开始，你高不高兴？中国又要有问题了。全国运动会太无聊。明天过去，又是星期。

还是讲梦吧：某晚我到你家里，你似乎有些神智失常，我们同出去散步シマス[①]，到一只破庙里，你看见庙里的柱对，便要把头撞上去，我说这庙里一定有邪鬼，连忙把你抱了出来。回来的时候，经过一条河，河里放下几块三角板来，以备乘坐；尖头向前，后部分为两个窄窄的座位，隔在两座位中间的是舵轮滑车等物，可以开驶。我们坐了上去，我一点不懂

说不出来的苦闷空虚，灵魂饿得厉害

得怎样开驶，几回险乎两人都翻下水去，你把我大骂。

陆先生说邵先生和钟先生都名士气，我觉得邵先生即使算得是名士也是臭名士，其行径纯乎"海派"，要从他身上找到一点情操是不可能的。钟先生太是个迂儒，但不失为真道学，不过有点学者的狷傲气，人是很真诚不虚伪，二人不可同日语。至如夏先生则比我们天真得多，这种人一辈子不会懂世故。

寂寞得很，看不见你，我想哭。不写了，祝福你。

爱丽儿　四日夜

① シマス：日文中动词的词干，无意义。

240

宝贝：

为着不要使你气馁，我说你一定可以做一个受爱戴的教师。不过想起来很惨是不是？有没有别的出路可想呢？我看一切职业都很无聊，做拆白党最有意思。不过你做不来，母亲也不许。

戴方帽子的照相如果照得很贼腔，请给我一张，最好签个大名在上面。如果照得很神气，则不要给我，因为我见了要害怕。

我想你离开之江的时候，一定还要写一首伟大的诗篇，是不是？也许它会使你不朽，"架上荼蘼"那半首蝶恋花为什么不涂去呢？小孩子的东西。

我们会永远要好的，是不是？

十五

241

宋：

你在不在发愁？

我在发愁,希望天下雨。不是我喜欢雨天,晴天我总希望下雨,雨天我总希望天晴。

今天又比昨天老了一天。

我爱你得很。

朱生　十五

你寄一张戴方帽子的照相给——不是给我,给姓朱的。我待你好。

五点半

242

好友:

我心里非常之肉麻(我的意思是说悲哀),为什么永远不能产生出一种安定感,可以死心塌地地承受生活所给予的一切。我不是不满足,我也不想享受什么,我只想逃避,可是一切门都对我禁闭着。向上进不可能,向下堕落也不可能,有时我真渴想堕落。

要是明天你仍没有信来,我一定不吃饭。有的人三两个月给一封信我,我觉得他们怪亲切,待我这样好,这么不麻烦,可是等起你的信来老像要等脱半条命似的。

一个人要是做了基督徒,大概百分之九十五将来要落地狱,这地狱便是他们自以为是天堂的地方。

理想的世界是一切人都没有灵魂。

你真不替我争气,毕业成绩还比不上丁幼贞,绩然连2都拿不到。

我要待你好——别肉麻!

野狼　十八

243

宋:

昨夜我写了一封痴痴颠颠的信,幸亏不寄出,否则你又要骂我。

说不出来的苦闷空虚,灵魂饿得厉害

我知道你很爱我，如果你骗你自己说不爱我，我也无法禁止你。

照相即使你硬要送给我，我也不要了，因为你已送过了别人。你瞧我好像也会喝醋的样子。

关于朋友我向来主张"不交主义"，除非人家要来交我，我决不去交人家。男朋友我也不要，何况女朋友，何况是含有特殊意义的女朋友。除非你忍心要我在不识相的姑娘们前出乖露丑，像一个呆大女婿那样地，你总不好意思劝我交女朋友吧？

你说的光明坦白四个字我也不很懂，心中存着光明坦白四个字，已经有些不十分光明坦白，时时刻刻记得这四个字而去交起朋友来，往往会变得充满了做作。友情不是可以用人工方法培植起来的，毫无理由地和一个不相识者交起朋友来，随便你怎样光明坦白也是 awkward[1]的。你老是说些不通的话，真是可爱得很。

你因为客气而不骂我，不知这算不算得光明坦白？如果朋友有失而不骂，也未免不够交情。只有好朋友的骂才能使人心悦诚服，即使被骂者脸红耳赤，也不致怀恨在心，你为什么不骂我呢？还是我没有被你骂的资格？——我简直要声势汹汹地质问你。

你原来就是笨的，现在并不比从前更笨，可是笨得可爱。

这次你写了一段很好的文字："日日在怅惘中看着天明，再由白天捱到夜晚。这种不快意的心情，说悲哀似乎太重，说惆怅又嫌太轻，要说这是愁，那我更不知是愁些什么来。"令人咏叹不尽。

不要不待我好，在这世上我最欢喜你。

朱　十九

[1] awkward：笨拙的。

244

宋：

两句宋词很可可（比我的好），不过"闲来只管饱和眼"一句不懂，眼大概是"眠"字之讹吧?这句和"为爱才华着意怜"两句都不协律,把"为爱"句搬到"娇痴"句下,"闲来"句太俚不要,下半阕另撰一句,如何?

我近来——这两天——工作效率很高,日间十足做五小时半工作,晚上做夜工三小时,每小时可以制造两块钱的商品。

昨天去把《罪与罚》电影 repeat[①]了一遍,印象很好。

愿你不要惆怅,因为我不善于安慰你。

如果你不喜欢我说"我待你好"一类的肉麻话,这回我就不说。

朱　甘

① repeat:重看。

245

清如:

从前我觉得我比你寂寞,现在我觉得你比我更寂寞得多。我很为我们自己忧虑。

今天下午我试译了两页莎士比亚,还算顺利,不过恐怕终于不过是 poor stuff[①]而已。当然预备全部用散文译出,否则将要了我的命。

你天津的事情有没有成功?我觉得教书不甚合你的个性。但也许世上还没有发明出一种为我们所乐就的职业。

不知道我有没有告诉过你?我的大表姐有四个儿子,二个女儿,第四个的男孩子是个心地忠厚,但在兄弟行中是最不聪明的一个,今年也怕有十三四岁了。一次被他的最小的妹妹欺负到哭起来,也没有人帮他。我因为是他的"老朋友",便挈着他到近郊走走安慰安慰他。他一路拭眼泪,一路向我说做人的无趣,谁都不待他好,他说他不高兴读书(因为总是留级),学商也没有趣味,顶好是穿了短衣,赤了脚,做个看牛孩子,整天在田野里游荡,"多么写意"!这些话要是给他母亲听见了,准要说他没出息,一顿骂,但我觉得一点都不错。

说不出来的苦闷空虚,灵魂饿得厉害

我想不出再要向你说些什么话，我也想不出你有些什么话好对我说，但你无论向我说什么无聊的话，我都一样乐意听的，而且你也不要以为我不肯听你话，因为在世上你是我唯一肯听话的人，不是我现在不再每天给你写信了？因为你不喜欢太多的信。虽然我巴不得一天到晚写信给你，即使是单是握着笔，望着白纸，一个字写不出，这么从天亮呆坐到天黑也好，因为这样我可以不想到别的一切，只想着你，只有在想着你的时候我才会感到幸福不曾离弃我。我希望有一天我们将永远在一起，不再分离，即使是在很老很老的时候也好，甚或在死后也好，如果人死后灵魂尚存在的话，不知道这是不是奢望。

一切的祝福！

我欢喜你给我取一个名字，你曾许过我。

你的兄弟　廿一

① poor stuff：劣质品。

第五部分

你崇不崇拜民族英雄？

36年夏

好好：

你有一点不好的地方，那就是爱用那种不好看的女人信笺。

你不大孝顺你的母亲，我说你应当待她好些，如果怕唠叨，那么我教你一个法子，逢到你不要她开口而她要开口的时候，只要跑上去kiss她，这样便可以封闭住她的嘴。

你崇拜不崇拜民族英雄？舍弟说我将成为一个民族英雄，如果把Shakespeare译成功以后。因为某国人曾经说中国是无文化的国家，连老莎的译本都没有。我这两天大起劲，*Tempest*①的第一幕已经译好，虽然尚有应待斟酌的地方。做这项工作，译出来还是次要的工作，主要的工作便是把僻奥的糊涂的弄不清楚的地方查考出来。因为进行得还算顺利，很抱乐观的样子。如果中途无挫折，也许两年之内可以告一段落。虽然不怎样正确精美，总也可以像个样子。你如没事做，替我把每本戏译毕了之后抄一份副本好不好？那是我预备给自己保存的，因此写得越难看越好。

你如不就要回乡下去，我很想再来看你一次，不过最好什么日子由你吩咐。

我告诉你，太阳底下没有旧的事物，凡物越旧则越新，何以故？所谓新者，含有不同、特异的意味，越旧的事物，所经过的变化越多，它和原来的形式之间的差异也越大，一件昨天刚做好的新的白长衫，在今天仍和昨天那样子差不多，但去年做的那件，到现在已发黄了，因此它已完全变成另外的一件，因此它比昨天做的那件新得多。你在一九三六年穿着一九三五年式的服装，没有人会注意你，但如穿上了十七世纪的衣裳，便大家都要以为新奇了。

我非常爱你。

淡如　廿五

① *Tempest*：《暴风雨》，莎士比亚剧本。

247

宋宋：

今夜的成绩比较满意，抄写了三四千字。起了风，砰砰嘣嘣地听见玻璃窗碎了好几扇。

要努力就决定个努力的方向，如果一无可努力之事，那么拼着懒过去，也用不着寒心，归里包堆总是一样。

据说中国已经复兴了，我总觉得很疑惑，而且好像就是这几个月里头复兴起来的，不知道是人家骗我们呢，我们自己骗自己呢，还是真的已经复兴了？

我待你好，我嗅嗅你的鼻头（爱司基摩人的礼节）。

牛魔王　廿六

248

宋：

我想用一个肉天下之大麻的称呼称呼你，让你腻到呕出来，怎样？

你老是说不通的话，我不知道你把我的思想和精神怎样抱法？其实我是根本没有思想也没有精神的。

你的诗写得一天比一天没希望，如果真要做诗人，非得多发发呆，弄到身体只重五十磅为止不可。我承认你现在还是相当呆的，因此还能哼几句，像我因为很聪明，所以就写不起来了。

我很满足人生，你说你怕看见我也不能使我伤心。

昨天吃了很多冰淇淋。

> 此间需要小编辑一位，须中英文皆能过得去而相当聪明者，月薪至多五十，至少五十，你们班里如有走投无路的此项人才，可来一试。

不要哭，我仍旧欢喜你的，心肝！

廿七

249

好友：

今天宋清如仍旧不给信我，我很怨，但是不想骂她，因为没有骂她的理由，而且我也不是女人。宋清如好像是女人，你是不是女人我有些莫名其妙。

今天中饭气得吃了三碗，肚子胀得很，放了工还要去狠狠吃东西，谁教宋清如不给信我？

我告诉你我爱宋清如，随你说我肉麻，说我无聊，说我臭，说我是猪猡驴子猢狲夜叉小鬼都不相干。

这两天有一张非看不可的电影，因此虽然有种种不方便，昨天终于偷偷地去看了，LONDON FILMS①出品，RENE CLAIRE②，法国的宗匠、导演，剧旨是"没落的旧浪漫主义对于新兴的俗恶的现实主义的嘲笑"，这句话抽象不抽象？片名是《鬼往西方》。故事是一个美国商人买了一座鬼祟的苏格兰古堡，整个儿拆卸下来载回美国重新盖造，把那古堡里的鬼也带了去了。纽约的好奇群众热烈地欢迎这个鬼，新闻记者争着摄影，而商人因此得到publicity③。搬来的古堡落成以后，里面装着摩登的设备，一切的不三不四使这鬼头痛……我没有讲完这故事，后半部鬼出现的最精彩的部分也是嘲笑最犀利的部分完全给检查会剪去了，以至看下去很有支离之感。可笑的是片中的鬼本来是真的鬼，说明书中说那是剧中主人公的假扮，原是避免不通的检查诸公的注意，因为要是说那是真的鬼，就变做"宣传迷信"，不能开映了，于是大家都上了当，以为那个鬼是假扮的。报上的影评也是这样说，这种人真没有资格上电影院。

高尔基死。

这封信不要给宋清如看。

十九

① LONDON FILMS：伦敦影片公司。
② RENE CLAIRE：应为 René Clair，雷内·克莱尔，法国著名导演。

你崇不崇拜民族英雄？

③ publicity：名声，知名度。

250

好友：

湖州地方也不错，如果天津不成功，当然很可去得。月薪五十其实已不算小了，在上海也许不够用，在内地很可以每月积蓄些，又不要你供给家用。只要事情不十分忙，环境相当好，钱你很可以不必计较。

郑天然下星期一来。

我已把 *Tempest* 译好一半，全剧共约四万字，你有没有这耐心抄？这篇在全集中也算是较短的。一共三十七篇，以平均每篇五万字计，共一百八十五万言，你算算要抄多少时候？

我待你好

朱

近来夜里很好睡，虽然有时很夜深，臭虫很奇怪变少了，也许因为人倦不觉得。蚊子比较多，但这里的蚊子有沉默的特性，不向你唱歌，还比较不使人心烦，叮就让它叮去，没有工夫理它们。

卅一

251

清如：

你知不知道你是个了不得的人？今天我精神疲乏得很，想不要工作了，不工作又无法度日，影戏又没有什么好看，想去重看《野性的呼声》，因为对它我有非常好的印象（不管它把原著改窜到若何程度，单就影片本身说，清新、乐观，没有其他一切文艺电影的堆砌的伟大，又没有一点恶俗的气味，旷野中的生活是描写得够优美的，对白也非常之好，况且还有 Loretta Young①的津津欲滴的美貌），可是抬不起脚来。睡又不肯睡，因为一睡下去，再起来人便真要像生病的样子，夜里一定得失眠，而且莫想再做什么事。于是发了个狠，铺开纸头，揭开墨水瓶的盖，翻开书，工作；可是自己的心又在反叛自己的意志，想出种种的理由来躲避，诸如头痛啦，眼皮重啦，腰酸啦，没有东西吃啦；幸亏我的意志还算聪明，想出一个法子来哄慰我的心，于是开开抽屉，取出你的尊容来，供在桌子上我的面前，果然精神大振，头也不痛啦，眼皮也不重啦，腰也不酸啦，至于没有东西吃也没有什么关系。现在已把 Tempest 第三幕翻好，还剩三分之一的样子，希望在四五天内完全弄好。

总之世上比你再可爱的人是没有了，我永远感谢不尽你待我的种种好处。我希望有一天……不说了。

无数的爱。

朱　二日晚间

不知你有没有回乡下去。

① Loretta Young：洛丽泰·杨，美国电影女演员。

252

亲爱的朋友：

热得很，你有没有被蒸酥了？

怪倦的，可是我想必须要写了这封信。

Tempest 已完工，明天叫他们替钉一钉，便可以寄给你看，但不知你能不能对我的译笔满意。

郑天然给我的两本抄本，我因为自己没用处，昨夜没有事，便把你所有寄给我看的新诗（除了我认为太不好的少数之外）都抄了上去，计得：

| 1932 年（十月起） | 9 首 |
| 1933 年 | 38 首 |

1934 年	32 首
1935 年	8 首
1936 年（迄七月）	2 首

竭着一个黄昏一个上午半个下午的时间把它们抄完，好似从头到尾温习了一遍甘美的旧梦。我觉得你确实有诗人的素质，你的头脑跟你的心都是那么美丽可爱。因为不讲究细琢细磨的缘故，你的诗有时显得生硬，显得意象的调炼未臻融和之境，而给人一种不很成熟的感觉，但这无害于你的抒情的优美。不经意而来的好句子，尽可以使低能的苦吟者瞠然失色；你的顶好的几首小诗可以列于我平生读过的最好的诗篇之中。我对于你真只有无限的爱慕，希望你真不要从此萧索下去才好。我曾在抄后又用红墨水把你的各篇诗加以评点，好的诗一圈，很好的诗两圈，非常好的诗三圈；句子有毛病或用得不适当的加竖，佳句加细点，特别出色的佳句加密圈，你要不要看看？

说不完的我爱你。愿你好。
　　　　　　　永远是你的
　　　　　　　　　　星期日夜

253
36 年秋，8 月

好人：

今晚我把《仲夏夜之梦》的第一幕译好，明天可以先寄给你。我所定的计划是分四部分动手：第一，喜剧杰作；第二，悲剧杰作；第三，英国史剧全部；第四，次要作品。《仲夏夜之梦》是初期喜剧的代表作，故列为开首第一篇。

今天已把所抄的你的二本诗寄出，希望你见了不要生气。

今天下雨，很有了秋意。湖州有没有什么可以玩玩的地方，人家陪不陪你出去走走？除国文外，你还教些什么功课？

《仲夏夜之梦》比《暴风雨》容易译，我不曾打草稿，"葛搭"（这两个字我记不起怎么写）的地方也比较少，但不知你会不会骂我译得太不像样。

虽则你还没开学，我却在盼望快些放寒假（或者新年），好等你回家的时候来看你。民德是不是教会学校？大概是的，我想。我顶不欢喜教会里的女人。

我记住你的阴历生日是六月十八，阳历生日是七月三十一①，错不错？

你肯不肯给我一个吻？

愿你秋风得意，多收几个得意的好门生，可别教她们做诗，免得把她们弄成了傻子。

魔鬼保佑我们！

一个臭男人　十七夜

① 宋清如的阳历生日为7月13日。

254
1936年9月17日

没有什么可吃的东西，刚才吃了半听果酱。

你呆是有点呆，多情也总算很多情，可是……不说了。

日记本子还是丢在火里好，有什么意思，又不肯给我看。

我每天早晨伤风五分钟。

阴历新年我有四五天放，除了照例回家去一趟之外，一定来湖州看看你，愿你不要☐☐☐☐。

255
1936年9月27日

我有些急，你有没有生病？

你崇不崇拜民族英雄？

菩萨保佑你！

爱你的

256

9月29日

妞妞：

你如不待我好的时候，我会耍许多花样，比如说拿红墨水写血书，滴几点水在纸上当眼泪，以及拿着救命圈跳黄浦，或宣传要自杀之类，你看好不好？

凡是我问你的问题，在我未问之前我早知道你怎样回答了。为什么你不说"你来也不好，不来也不好"呢？我以为这问题的起点在我而终点在你，所以非得请教你的意见不可。

拿到了五块钱，就上街去，买了一本《死魂灵》、一本《狱中记》、一本《田园交响乐》，都是新近出的好书，看过后就寄给你，目下还余两块多三块不到，大约到这星期日完结。不过我已写信问家里要钱去了，前两个月曾寄过一百数十块钱回去，因此他们不会骂我的。下个月的薪水大概只有拿一半的希望，听着似乎有点惨，其实对我并无影响，因为第一可以不必寄钱回家去，第二可以名正言顺地暂欠几块钱房租，这样一来，看影戏仍不生问题，因此人生是可乐观的，而中国也不会没有希望。

想到爱国这个问题，我说爱国是一个情感的问题。国民对于国爱不爱全可以随便，不能勉强的，但因为个人是整个国家的一分子，因此必然地他对于他的国家有一种义务，一个好国民即是能尽这种义务的人，而不一定要爱国。因为情感会驱使人们盲目，如果他的国家是一个强国，那么他会变成一个自私的帝国主义者，以征服者自命；假如他的国家是一个落后的国家，那么他会妄自尊大，抬出不值一文钱的"国粹"来自吹自捧，而压抑了进步势力的抬头。如果人人知道他的国家的不可爱，而努力使她变得可爱起来，那么这国家才有希望。中国并不缺少爱国的人，一听到闸北要有战争了，人人变成了"民族主义者"，然而他们的民族主义只能把他们赶到法租界去而已。

我待你好。

你的靠不住的

257

昨夜读 Hamlet，读到很倦了，一看表已快一点钟，吃了一惊，连忙睡了，可是还刚读完三幕。睡了下去，却又睡不着，想把你拖起来到山下散步。今天很倦。

Hamlet 是一本深沉的剧本，充满了机智和冥想，但又是极有戏剧效果，适宜于上演的。莎士比亚的所以伟大，一个理由是因为他富有舞台上的经验，因此他的剧本没一本是沉闷而只能在书斋里阅读。譬如拿歌德的 Faust[①]来说吧，尽管它是怎样伟大，终不免是一部使现代人起瞌睡之思的作品，诗的成分太多而戏剧的成分缺乏，但在莎氏的作品中，则这两个成分是同样的丰富，无论以诗人而论或戏剧家而论，他都是绝往无继。

我最初读的莎氏作品，不记得是 Hamlet 还是 Julius Caeser[②]，Julius Caeser 是在 Mr.Fisher[③] 的班上读的，他一上了班，便说，Mr.A[④]，你读 Antony，Mr.B，你读 Brutus，Miss C，你读 Caeser 的老婆的 lines[⑤]，于是大家站起来瞎读了一阵，也不懂读的是什么，这位先生的三脚猫智识真浅薄得可以，他和他的学生们都一样没有资格读 Shakespear。

读戏曲，比之读小说有趣得多，因为短篇小说太短，兴味也比较淡薄一些，长篇小说太长，读者的兴味有时要中断，但戏剧，比如说五幕的一本，那就不嫌太长，不嫌太短。因为是戏剧的缘故，故事的布置必然是更加紧密，个性的刻划必然是更加显明，剧作者必然希望观众的注意的集中不懈。因此，所谓"戏剧的"一语，必然含有"强烈的""反平铺直叙的"意味。如果能看到一本好的戏剧的良好的演出，那自然是更为有味的事，可惜在中国不能多作这样的奢望。上次在金城看演果戈里的《巡按》，确很能使人相当满意（而且出人意外地居然很卖座，但我想这是因为原剧通俗的缘故），也许有一天正式的话剧会成为中国人的嗜好吧？但总还不是在现在。卖野人头的京剧（正统的京剧我想已跟昆曲同样没落了，而且也是应该没落的）太不堪了。在上海是样样都要卖野人头的，以明星登台为号召的无聊的文明戏，也算是话剧，非驴非马的把京戏和"新戏"杂糅一下便算是"乐剧"，嘴里念着英文，身上穿着中国戏台上的古装，一面打躬作揖，便算是演给外国人看的中国戏。当然这些都算是高等的，下此不必说了。

以舞台剧和电影比较，那么显然前者的趣味是较为 classical⑥ 的，我想现代电影有压倒舞台剧之势，这多半是与现代人的精神生活有关，就我所感觉到的，去看舞台剧的一个很不写意的地方，就是时间太长，除非演独幕剧。如果是一本正式的五幕剧，总要演到三个半至四个钟头的工夫，连幕间的间歇在内，这种长度在习惯于悠闲生活的人原不觉得什么，但在过现代生活的人看来就很觉气闷。至于如中国式的戏院，大概每晚七点钟开锣，总要弄到过十二点钟才散场。要是轰动一点的戏的话，那么也许四点半钟池子里已有了人，时间的浪费真是太可怕，再加之以喧阗的锣鼓，服装的眩目的色彩，疯狂的跌打，刺耳的唱声，再加之以无训练的观众，叫好拍手以及一切，一个健康的人进去准会变成神经衰弱者出来。

写于几天以前

用三天工夫读完了一本厚厚的小说，Arnold Bennett⑦ 作的 *Imperial Palace*⑧——一个大旅馆的名字。A.Benett 是一个有名的英国作家，死于三四年之前。但这本小说的作风趣味我觉得都很美国化。所描写的是以一个旅馆为中心，叙述企业家、富翁、雇员，资本社会的诸态，规模很是宏大。在中国以都市商业为题材而得到相当成功的，也许只有一本《子夜》吧？但比起来不免觉得规模太小。文章写得很漂亮干净，不过读到终篇，总觉得作者的思想很流于庸俗。他所剖析的是近代资本主义社会中个人的内面和外面生活之关系（或冲突），以这个为题目的似乎近来看见得很多，因此不令人感到新异。其中颇多入微的心理分析，这或者是作者技术最主要的地方。书中的主人翁是一个事业家，理智的人，但作者把他写得非常人情，主要的女性有两个，一个是所谓摩登女子（在中国不会有的那种摩登女子），个人主义的极端的代表，写得似乎过于夸张一些，但代表了富于想像厌弃平凡过度兴奋的现代女性之一个典型，在恋爱上幻灭之后，便潦草地嫁了人。另一个是有手段有才能的职业女性，但终于也伏在丈夫的怀里。似乎 Bennett 先生对于女性没有更高的希望，除了作为男人的 asset[9]之外（他把女人分为两种，一种是男人的资产 asset，一种是男人的负担 liability[10]，而把大部分女子归入后一种），对于这点或者未必能令人同意，但也只好置诸不论了。

中译《田园交响曲》《狱中记》《死魂灵》读后感

《田园交响曲》关于以一个盲人为题目，及后因眼睛开了而感到幻灭，这似乎不是第一本。确实的我曾读过几篇类此的故事，因此这书不曾引起我多的感想。诚然这是一篇好诗。

《狱中记》有动人的力，可惜不是全译。

《死魂灵》纯然是漫画式的作品，似乎缺少一般所谓 novel[11]的性质，但文章是够有味的。

上海的出版界寂寞得可怜，事实上你跑到四马路去，也只有载着女人照片的画报可买。《译文》的停刊很令人痛心，关于文学的刊物别说内容空虚，就是内容空虚的也只有寥寥的几本。

① Faust：《浮士德》，歌德著名诗剧。
② Julius Caeser：《裘力斯·恺撒》，莎士比亚历史剧，主人公是古罗马共和国的政治和军事领袖。下面的 Antony、Brutus、Caeser 及其老婆都是剧中人物。
③ Mr. Fisher：费歇先生，是朱生豪上中学时的一位外籍英语教师。
④ Mr.A：和下面的 Mr.B、Miss C 意谓 A 先生、B 先生、C 小姐等，都泛指朱生豪在上中学时班上的同学。
⑤ lines：台词。
⑥ classical：经典的。
⑦ Arnold Bennett：阿诺德·本涅特（1867—1931），英国作家。
⑧ Imperial Palace：《皇宫》，为本涅特所写的小说名。
⑨ asset：财产。
⑩ liability：负担。
⑪ novel：小说。

258

宝贝：

我知道你一定生了病了，谢天谢地，现在好了吧？以后不许再生病了，否则我就要骂你。

这两天我整天整夜都在惊惧忧疑的噩梦中，真的，我在害怕也许你会一声不响地撇下我死了，连通知也不通知我一声，这当然是万万不可以的。

下星期我来望望你好不好？到湖州还是打苏州转便当还是打嘉兴转便当？

今天据说是中秋，你不要躺在床上又兴起感慨来，静静地养养神吧。对于我，除了多破费几块钱外，中秋是毫无意义的。

停会再写。祝福你，可怜的囡囡！

伊凡·伊凡诺微支·伊凡诺夫　卅

259

青女：

从前以为年轻人谈精神恋爱是世上最肉麻的一回事，后来才知道人世间肉麻事，大有过于此者。放眼观之，几无一事不肉麻，所谓生命也者，便是上帝在不胜肉麻的一瞬间中创造出来的。人要不怕使人肉麻，才能成为大人物；至少也要耐得住肉麻，才能安然活在世上。否则你从早上起身到晚间睡觉之间的几多小时内，一定会肉麻而死的。展开报纸来，自从国际要闻起直至社会新闻报屁股，无论那一条都是肉麻的文字。除非你一个人关了房门闭起眼睛天不管，否则便不免要看到一切肉麻的事；然而即使一个人关了房门闭起眼睛天不管了，你也会发觉在你的脑中有许多肉麻的思想。

战争在三四月间发动，我私人方面所得的可靠消息也是这样说。我们即使不就此做亡国之遗民,至少总也有希望受到一些在敌人势力下的滋味。

说你是全然的温柔婉约当然有些过分,不过人家所说的浪漫当然也和我所认为的那种浪漫不同。也许别人所斥责的过于浪漫,我仍然会嫌太温柔也说不定。我们的灵魂都是想飞,想浪漫的,但我们仍然局促在地上,像绵羊一样驯服地听从着命运,你说这不算温柔吗?太浪漫的人是无法在这世上立足的,我们尚能不为举世所共弃,即是因为我们是太温柔了的缘故。

有许多话,但是现在一时说不起来。等想想再说吧。

我欢喜你,我欢喜你,我欢喜你,而且我欢喜你。

朱儿　十二

260
36年秋

宋:

信老是写不成功,信纸倒已经写完了。

我不反对贤妻良母教育,但只以施教于低才的女人为限,因为天才者当然不甘心俯首就家庭的羁束,中材之资,对于这种事是天生的在行,不必教她,只有愚顽的人,才应该好好教一下,免得贻误民族的前途。

《仲夏夜之梦》第一幕的更正:注中关于Ercles的第一条,原文划去,改作:"赫邱里斯(Hercules)之讹,古希腊著名英雄。"Ercles的译名改厄克里斯,Pyramus的译名改匹拉麦斯。

抄写的格式,照你所以为最好的办法。

《暴风雨》已和这信同时寄出。

环境不如意,只算暂时上半年教育实习的课,获得些经验与方法。可是写公文倒得把字好好练一练呢。二十小时还要改卷子带做秘书,未免太忙一些。

待你好,不写了。魔鬼保佑你。

朱　廿二

你崇不崇拜民族英雄?

261

今天还有九块钱,可是就要付房租了!初二薪水要是不能如期发,又该倒霉。

昨天看影戏,为着表示与众不同,又特去拣选了一张生僻的片子,得到一个很大的满足。可知看戏虽小事,也不可人云亦云,总要拿出眼光来才好。影片是Sinclair Lewis[①]原著的 *Dodsworth*,对于女性有很恶辣的讽刺。一个经营汽车事业的美国富翁,有一个比较年轻的风骚的太太,他们的女儿刚出嫁了。那位富商动了倦勤之意,放弃了事业,带了爱妻到欧洲旅行去;那位太太是爱寻刺激的,老住在一个地方,看见的总是这几个人,本来十分厌气,再加之女儿出嫁,动了青春消逝的悲哀,因此说起了游历,正中下怀。在轮船上第一天他俩是高兴得什么似的,可是不久她便勾搭上一个英国少年,把老头子寂寂寞寞地丢在甲板上,一个人看Bishop light(海上的一种闪光)了。那少年被她煽上了火,她却申斥他不该无礼吻她,于是两人吵了一场分手了。受了这次"侮辱",她一定要她丈夫一同到巴黎去,她男人是要到英国去的,拗不过她于是到了法国。在巴黎她又交了新朋友,老头子只好一个人拿了游览指南玩拿坡仑坟去。起初倒也各乐其乐,其后一个乐不思蜀,一个却逛博物馆逛厌了,要回家去,女人不肯回去,叫他一人先回去,她随后来。男人回去之后,寂寞得要命,本来是个好好先生的他,脾气变得坏极了,这也不称心,那也不称心,专门和人闹别扭。妻子来信,又老是Arnold长,Arnold短(Arnold是她新交的男朋友),去电报叫她来她又不来,终于吃起醋来赶到巴黎,在旅馆里把那个男人也叫了来三个人对面,问她愿不愿意别嫁,她当然不愿,因为原来不过是玩玩而已,斗不过他这阵火劲,只好抽抽咽咽地哭起来,屈服了。过去的事情不算,重新来过,他仍然是爱她的,只要今后安守本分,因为,他说,他们的女儿已经有了孩子,她已经做了grandma[②]了。听见这句话,她真是伤心得了不得,做了Grandma的人,怎么还能充年轻呢?因此是再也不愿回家去了,于是两人到了维也纳。到了维也纳,老毛病又发作了，这回是一个腼腆的奥国少年贵族。当他向她表示如果不是因为她是个有夫之妇，他一定会向她求婚的时候，她敌不过做一个贵族的诱惑，便和男人大吵一场要离婚，男人没法只好听从她，临别的时候她还拼命向他献媚。于是男人便失神地向各地作无目的的漫游，而女人则受了一次大大的教训。那贵族的母亲亲来她的住所，说她不能容许她的儿子和一个弃妇结婚，而且"年大的妻子是不能使年轻的丈夫幸福的"，她又不能再生育了，这种话真说得令人难堪，遭了这次见摈，她只好又回到她故夫的怀里去。可是她的故夫已在意大利和另外一个离婚了的妇人同居，两人曾经沧海，情投意合，生活十分美满，他精神也奋发起来，预备再作一番事业了。突然接到她的长途电话，恳求他回去，说"她需要他"，于是他只好不顾那个妇人的哀求劝告，去收他的覆水了。见了面，两人同上了船预备回乡，那女人若无其事，在吸烟室中亲热地和他唠叨个不住，这样那样，巴黎的女人穿什么衣服，那位爵夫人（曾经使她吃瘪的）全然是个无礼的乡下人，等等，最后说本来也许我该向你道歉，但你一直是主张让过去的事过去的，而且这回我果然不好，你也有一半错……那男人本来不乐意，听得火冒极了，于是出去提了行李，立刻离船，她才发了急，狂叫起来，可是已来不及了。

外国报上有一个存疑的消息说冯玉祥是匈牙利人，他父亲是一个天主教神甫，他在本国读过法律，十九岁单身出之到美国，在捕鲸船上当水手，后来在格林兰发了财，民国初年他却在内蒙古做土匪头子。这种谣言很有趣，事实上造谣者也不会是出于恶意的，因为否则不会荒唐伪谬到如此，多是神经病者的牵强附会。

你在干么？

① Sinclair Lewis：辛克莱·刘易斯（1885—1951），美国小说家，曾获诺贝尔文学奖。下面的 *Dodsworth* 是他的作品。
② grandma：祖母。

你崇不崇拜民族英雄？

1936 年

好人：

　　今夜我的成绩很满意，一共译了五千字，最吃力的第三幕已经完成（单是注也已有三张纸头），第四幕译了一点点儿，也许明天可以译完，因为一共也不过五千字样子。如果第五幕能用两天工夫译完，那么仍旧可以在五号的限期完成。第四幕梦境消失，以下只是些平铺直叙的文章，比较当容易一些，虽然也少了兴味。

　　一译完《仲夏夜之梦》，赶着便接译《威尼斯商人》，同时预备双管齐下，把《温莎的风流娘儿们》预备起来。这一本自来不列入"杰作"之内，Tales from Shakespeare[1]里也没有它的故事，但实际上是一本最纯粹的笑剧，其中全是些市井小人和莎士比亚戏曲中最出名的无赖骑士 Sir John Falstaff[2]，写实的意味非常浓厚，可说是别创一格的作品。苏联某批评家曾说其中的笑料足以抵过所有的德国喜剧的总和。不过这本剧本买不到注释的本子，有许多地方译时要发生问题，因此不得不早些预备起来。以下接着的三种《无事烦恼》《如君所欲》和《第十二夜》，也可说是一种"三部曲"，因为情调的类似，常常相提并论。这三本都是最轻快优美，艺术上非常完整的喜剧，实在是"喜剧杰作"中的"代表作"。因为注释本易得，译时可不生问题，但担心没法子保持原来对白的机警漂亮。再以后便是三种晚期作品，《辛俾林》和《冬天的故事》是"悲喜剧"的性质。末后一种《暴风雨》已经译好了，这样便完成了全集的第一分册。我想明年二月一定可以弄好。

　　然后你将读到《罗密欧与朱丽叶》这一本恋爱的宝典，在莎氏初期作品中，它和《仲夏夜之梦》是两本仅有的一喜一悲的杰作，每个莎士比亚的年轻的读者，都得先从这两本开始读起。以后便将风云变色了，震撼心灵的四大悲剧之后，是《裘力斯·恺撒》《安东尼与克里奥佩特拉》《考列奥莱纳斯》三本罗马史剧。这八本悲剧合成全集的第二分册，明年下半年完成。

但是我所最看重，最愿意以全力赴之的，却是篇幅比较最多的第三分册，英国史剧的全部。不是因为它比喜剧悲剧的各种杰作更有价值，而是因为它从未被介绍到中国来过。这一部酣畅淋漓一气呵成的巨制（虽然一部分是出于他人之手），不但把历史写得那么生龙活虎似的，而且有着各种各样精细的性格描写，尤其是他用最大的本领创造出 Falstaff（你可以先在《温莎的风流娘儿们》中间认识到他）这一个伟大的泼皮的喜剧角色的典型，横亘在《亨利四世》《亨利五世》《亨利六世》各剧之中，从他的黄金时代一直描写到他的没落。然而中国人尽管谈莎士比亚，谈哈姆莱特，但简直没有几个人知道这个同样伟大的名字。

第三分册一共十种，此外尚有次要的作品十种，便归为第四分册。后年大概可以全部告成。告成之后，一定要走开上海透一口气，来一些闲情逸致的玩意儿。当然三四千块钱不算是怎么了不得，但至少可以优游一下，不过说不定那笔钱正好拿来养病也未可知。我很想再做一个诗人，因为做诗人最不费力了。实在要是我生下来的时候上帝就对我说，"你是只好把别人现成的东西拿来翻译翻译的"，那么我一定要请求他把我的生命收回去。其实直到我大学二年级为止，我根本不曾想到我会干（或者屑于）翻译。可是自到此来，每逢碰见熟人，他们总是问，你在做些什么事，是不是翻译。好像我唯一的本领就只是翻译。对于他们，我的回答是，"不，做字典"。当然做字典比起翻译来更是无聊得多了，不过至少这可以让他们知道我不止会翻译而已。

你的诗集等我将来给你印好不好？你说如果我提议把我们两人的诗选剔一下合印在一起，把它们混合着不要分别那一首是谁作的，这么印着玩玩，你能不能同意？这种办法有一个好处，就是挨起骂来大家有份，不至于寂寞。

快两点钟了，不再写，我爱你。

你一定得给我取个名字，因为我不知道要在信尾写个什么好。

十月二日夜

---

① *Tales from Shakespeare*：《莎士比亚故事集》，即《莎氏乐府本事》。

② Sir John Falstaff：约翰·福斯塔夫爵士，莎士比亚历史剧《亨利四世》中的人物。

263

好人：

昨夜我作了九小时的夜工，七点半直到四点半，床上躺了一忽，并没有睡去。《仲夏夜之梦》总算还没有变成《仲秋夜之梦》，全部完成了。今天我要放自己一天假，略为请请自己的客，明天便得动手《威尼斯商人》。

你顶好，你顶可爱，你顶美，我顶爱你。

波顿① 八日

① 波顿 (Bottom) 是《仲夏夜之梦》中逗笑的丑角。

264
1936 年秋

好友：

秋天了，明天起恢复了原来的工作时间，谢天谢地的。今后也许可以好好做人了吧，第一，译莎剧的工作，无论胜不胜任，都将非尽力做好不可了；第二，明天起我将暂时支持着英文部的门户，总得要负点儿责任，虽则没有什么大不了的事干。

昨夜睡中忽然足趾抽筋，下床跑了几步，一个寒噤发起抖来，疑心发疟疾了，钻到被头里去，结果无事。

《暴风雨》的第一幕你所看见的，已经是第三稿了，其余的也都是写了草稿，再一路重抄一路修改，因此不能和《仲夏夜之梦》的第一幕相比（虽则我也不曾想拆烂污），也是意中事。第二幕以下我翻得比较用心些，不过远较第一幕难得多,其中用诗体翻出的部分不知道你能不能承认像诗,凑韵、限字数,可真是麻烦。这本戏,第一幕是个引子,第二、三幕才是最吃重的部分,第四幕很短,第五幕不过一班小丑扮演那出不像样的悲剧。现在第三幕还剩一部分未译好。

现在我在局内的固定工作是译注几本《鲁滨孙(逊)漂流记》*Sketch Book*[①]等类的东西,很奇怪的这种老到令人起陈腐之感的东西,我可都没有读过。

你相不相信在戏剧协社(?)上演《威尼斯商人》之前,文明戏班中便久已演过它了,从前文明戏在我乡大为奶奶小姐们所欢迎(现在则为绍兴戏所代替着,趣味更堕落了,因为那时的文明戏中有时还含一点当时的新思想),那时我还不过十二三岁的样子,戏院中常将《威尼斯商人》排在五月九日[②]上演,改名为《借债割肉》,有时甚至于就叫做《五月九日》,把Shylock[③]代表日本,Antonio代表中国,可谓想入非非。此外据我所记得的像 *Much Ado about Nothing*[④]和 *Two Gentlemen of Verona*[⑤]也都做过,当然他们决没有读过原文,只是照 *Tales from Shakespeare* 上的叙述七勿搭八地扮演一下而已,有时戏单上也会标出莎翁名剧的字样,但奶奶小姐们可不会理会。

有时我也怀想着在秋山踽踽独行的快乐。

《未足集》和《编余集》,这两个名字一点不能给人以什么印象,要是爱素朴一点,索性不要取什么特别的名字,就是诗集或诗别集好了。

再谈,我待你好。

朱　卅一

---

① *Sketch Book*:《见闻录》。
② 1915年5月9日,袁世凯为换取日本政府支持他恢复帝制的阴谋,宣布承认日本方面提出的丧权辱国的"二十一条",后来这一天被认为是"国耻日"。
③ Shylock(夏洛克)和下文中的Antonio(安东尼奥)都是莎士比亚喜剧《威尼斯商人》中的人物。
④ *Much Ado about Nothing*:《无事生非》。

⑤ *Two Gentlemen of Verona*：《维洛那二绅士》，莎士比亚喜剧。

265

宝贝：

以后你如不耐烦不痛快的时候，我欢迎你到上海来找我出气，我简直不大能相信你会发脾气，因为你一向对我都太"温柔"了。如果再那么"凶"一点，我相信我将会爱你得更凶一点。

如果我命令你爱我，你一定不会服从的；因此如果你不允许我爱你，我也不见得就会乖乖地听话，总之这事已经解决于三年之前，现在更无犹疑之余地。

关于你的那篇大作，我不知道你说"你也一定不许看"这句话有甚么意思？你瞧你并不曾把它寄给我，即使你许我看我也看不到。譬如说，我从来不曾看见过你，一天你的母亲对我说，"我有一个女儿，你一定不许爱她"，这话有不有些奇怪？最好你还是把它寄给我看一下，否则何必对我说是不是？

路透社电：徐金珠婚牛天文。

BIG BAD WOLF①

P.S. 我爱你。

① BIG BAD WOLF：大坏狼。

266

你这个人：

我劝你以后莫要读中国书了，是一个老学究才会给我取"元龙"那样的名字，为什么不叫我"毛头和尚"、"赤老阿二"、"大官"、"赛时迁"、"混江龙"、"叮叮当当"、"阿土哥"、"小狗子"呢？

请给我更正:《暴风雨》第二幕第二场卡列班称斯蒂芬诺为"月亮里的人";又《仲夏夜之梦》最后一幕插戏中一人扮"月亮里的人"。那个月亮里的人在一般传说中是因为在安息日捡了柴,犯了上帝的律法,所以罚到月亮里去,永远负着一捆荆棘。原译文中的"树枝"请改为"柴枝"或"荆棘"。后面要是再加一条注也好。

你要是忙,就不用抄那牢什子,只给我留心校看一遍就是。你要不要向我算工钱?

你不怎样忧伤,因此有点儿忧伤。上次信你说很快乐,这次并不快乐,希望下次不要更坏。你知道我总是疼你的。

卡列班① 十四

① 卡列班(Caliban):《暴风雨》中的丑角。

267

宋千金:

心里乱烘烘,写了三四次信,总写不成功,怨得想自杀。

天又热起来,我希望它再下雨,老下雨,下个不停。

你瞧,昨晚密昔斯陆问起你,我告诉她你姆妈预备逃难,她吓得连忙说,"那么我们也赶快去找房子",女人乎!

上个星期日逛城隍庙,逛罢城隍庙接连看了三本苏联影片,偶然走过ISIS的门口而被吸进去的。一本《雷雨》是第四遍重看了,一本记录电影《北极英雄》太单调沉闷,一本《齐天乐》,美国式的歌舞喜剧,可看得我从座位上沉了下去,窝心极了,想不到他们也会如此聪明,简直是可爱的胡闹,使人家老是张开了口笑。

工作,工作,老是工作,夜里简直白相不成。

不写了,祝你前程万里!为什么不想办法捞个官儿做做?

我相信everything will turn all right①,我们将来都会很得法,中国也不会亡,我也不希望日本亡,世界会变得很好很好,即使人人都不相信上帝佛菩萨。

万万福！

阿二

你们早点躲到上海来也好，免得将来找不到房子。

① everything will turn all right：一切都会好起来的。

268
1936 年

宋儿：

谢天谢地我没有老婆。要是在这种风声鹤唳的时节，小鸡胆子吓得浑天糊涂，忙着要搬家逃难，岂不把我活活麻烦死？这两天风声十分恶劣，谣言更是多得了不得。我是听都不要听这些，顶多也不过是那么一回事。只要局中一天不停工，我便自得其乐一天，如果工厂关门，卷起铺盖回家乡，仍旧可以自得其乐，逃难我决不。其实苟全性命于这种无聊的年头于这种无聊的国家里，也真是无聊。见了怯懦的人真令我伤心。我们的陆师母已吓得唉声叹气，急得不得了，什么小房子都肯住，房金不论，预备忙着搬法租界去。

我所懊恼的是据说明天薪水发不出，这个问题似乎比打仗更重要一些，因为没有钱便不能买糖吃，这是明明白白的。

当今之时，最好谈谈恋爱，因为……没有理由。

朱儿　十五

269

宝贝：

本来想再过几天才给你写信，但不写信也很无聊。你寄到嘉兴去的信收到，很是一个意外的惊喜，可惜太短了些，而且其中一句话也没有。在家乡过了两夜，想不到这两天内有许多变化。在火车里买了两份报看，德奥意三国成立协定，陈济棠势力瓦解，又有日本人在虹口遭暗杀，简直似乎已有一个多月不曾看过报；回来之后，又听见小儿啼，原来陆夫人已产了一个小女儿。

回家去刚刚逢着天凉，因此很适意，去的那晚还很热，火车中看见了一个伟丽的日没，满天空涂着一块一块油画的彩色，又看见一个乡妇被火车撞死，一只腿已飞掉，头边一堆浓血。

曾经做过一个梦，和一位女郎发生了恋爱，她的一切都并不出色，唯一惹人注意之点是鼻角的一粒麻子，这粒麻子凹陷得特别深，有一寸半的样子，我因为这粒麻子的关系便深深地迷醉着她了，你想荒唐不荒唐？

你大概不欢迎我来看你吧？

我真爱你。

淡如　十四

270
1936 年

清如：

我大概明天搬家，以后来信只寄局中好了。

昨天上午想写信写不成功，下午去看电影《苏格兰女王曼丽》，可是票子买不到，于是到大新公司游艺场去溜达一下，生平上游艺场，此为第一次，也是见识见识的意思。四点半再去买第二场的票子，又买不到，于是到北四川路去，看苏联片普式庚的原著《杜勃劳夫斯基》，这才是张真的文学电影，清丽极了，新闻片中又见到高尔基的生前和罗曼罗兰的会面，以及他的葬仪。《杜勃劳夫斯基》不像过去《静静的顿河》和《雷雨》那样雄浑有力，而代之以诗意的抒情调子，摄影真是美极了。

平凉村里已经有十室八空的样子，但时局大抵还可苟安过去。昨天报上说各地热烈庆祝国庆，我不知道是怎样热烈法。

人应该常常搬家（否则便该自己有一所很大很大的大房子，我希望我将来造一所大房子，给我一个人住，有三百间房间，每个月我搬住一间房间，住过后那间房间便锁起来），至少每年得搬一次，否则废物越积越多，尽管住下去，总会弄到无转身之余地，使你不得不丢下一切空着身子逃走，或者放把火把房子烧了。

祝好，我待你好，我不要请人向你担保。

朱朱 十一

271

好人：

你如今天不给我信，那太可恶；明天不给我信，倒没有什么。

今天四点半后，我真要搬家了。到新的地方去不能使我高兴，但脱离旧的地方总有些快意。

我觉得我从来没有像现在这样笨法，就是在初中二年级时门门功课读不及格的时候也要比现在聪明些，世上还有比做一个笨伯更没趣味的事吗？我希望魔鬼进入我的心。

大前天我的小兄弟从厦门抵沪，前天晚上送他上车回家去。这两年随军辗转闽广，结果带了一身病回来。回家他也知道毫无意味，"但死在外头，有些不值得"；又说个把月后仍旧要出去，"这回去了之后，再也不回家了"，怪可怜的。他在福建曾和一位在军队中做 nurse[①] 的女士恋过爱，那人倒也很恳笃有情，他写信来要求姑母给他作主婚事，姑母说不能作主，自己有力量办当然决不阻梗。但自己并没有力量，因此很失望而悲观，他说他预备终生不娶，"因为有了家室，简直是吃官司"！！！

这两天夜里太少睡，有这么许多无聊。明天好好休息一下，后天得聚精会神地工作起来，要是贪惰请你捻我。

你好？

Honorificabilitudinatitibus[②]
廿四

颓唐是因为对于自己不满意，不是对于环境不满意。能活得下去的人，不是都是有勇气的。中国人是最无勇气的，但中国人善于在任何环境中活下去。

但你叫我不要颓唐，我就不颓唐了。

① nurse：护士。
② Honorificabilitudinatitibus：出自《皆大欢喜》第5幕第1景，系中世纪拉丁文，意谓"诸名荣耀"。

272

宋儿：

今夜住在陌生的所在，这里并不预备久住，因为他们并没有空屋，做事不方便，否则环境倒是很好，因为居停是同事又是前辈同学，人也很好；有了相当的房子就搬走，大概少则住个把星期，多则住个把月。

抄了一千字的《威尼斯商人》，可也费了两个钟头。

没有话说，睡了，待你好。

也也　廿日夜

273

好人：

昨夜二房东家里（我有没有告诉过，我已搬进了新居？）请仙人捉鬼，因为他家的女人害着重病，这位老爷附身的职业仙人装着比梅兰芳黎明晖还难听的声音，是一种说不出来的怪声，一种不像样的 falsetto①，说的话我听不出，总之是带着不成熟的戏台腔调，喷着水，嘴里"呋！呋！"地把鬼赶出来，砰砰硼硼放鞭爆，大家在楼上楼下奔上奔落，这么闹了一下子。这条弄堂里迷信空气特别浓厚，因为有一家"西方莲花佛会"。

我说鲁迅的死，还不及阮玲玉的死更有意义。因为就作品的影响而论，纵的方面固然若干年后没有人再会记得阮玲玉，但鲁迅的著作，是不是能永久成为中国文学里不朽的 classic，也还是一个疑问，他的杂文固然绝少保留的价值（在"现今"也许还有用），以薄薄的两本《呐喊》和《彷徨》来说，其价值也不过是新文学草创时期的两块纪程碑；《阿Q正传》（在《呐喊》里不是最出色的一篇）虽然搔着了中国人的痛处，但其性质只是一篇 satire②，如认为小说是太草率了。至于横的方面，鲁迅的读者就不及阮玲玉的观众之广人社会各阶层，对于一般大众的生活思想，阮玲玉的影响无疑要比鲁迅的影响大得多。

我不要上帝宠爱，我宁愿你宠爱我。

近来常常扯国旗，一忽儿胡主席国葬，一忽儿蒋院长做寿，一忽儿黄先烈纪念，一忽儿段执政去世，街上的国旗比往年热闹，见者以为是民气奋兴的表示，其实是国旗制销局摆卖的结果。

其妙　五日

① falsetto：声乐术语，指用"假声"演唱高音。
② satire：讽刺文学。

274

清如：

真的我忘了问你，为着多说闲话的缘故，你生的那东西完全消退了没有？

居然还有人约我游虞山去，即使有这兴致，你想我会不会去？除非去跳崖（那倒是一个理想，不让什么人知道，也不让你知道，等你回到家乡的时候，你想不到我的幽魂就在离你咫尺之间），否则倘你不在常熟，我怎么也不会到那里去的，虽然即使你在家，我还会不会再来也成为问题，即使我愿意来，你敢不敢劳驾我当然更成为问题。总之我和虞山的缘分，正像和你的一样悭，将来也只有在梦想中再作寂寞之孤游而已。

肯不肯仍旧称我为朋友？你的冷酷的语调给了我太凄惨的恶梦，我宁愿你咒我吐血。虽然蒙你说过你爱朱朱的话,我是不愿把你一时激动的话当作真实的,只要你不怕我,像怕一切人一样,我就满足了。

嫌不嫌我絮渎?

愿你无限好。

275

宝贝:

再不写信,你一定要哭了(我知道你不会,但因为想着要这样开头,所以就这样写)。

今天上午赶到虞洽卿路①一个弄堂里的常州面店吃排骨面,面三百五十文,电车三百四十文,你说我是不是个吃精?下午看了半本中国电影《小玲子》,毫无意味而跑出来,谈瑛这宝货是无法造就的了。再去看 Anna Karenina②,原意不过是去坐坐打打瞌铳,因为此片已看过两次;一方面是表示对于嘉宝的敬意,她的片子轮到敝区来放映,不好意思不去敷衍看一下。看的时候当然只是看嘉宝而已,因为情节已经烂熟到索然无味的地步。别的演员也都不见出色,因此一开场我就闭上眼睛,听到她的声音才张开来,实在她是太好了。看了出来,觉得这张不是十分出色的片子,如果有人拉我去看第四遍,我也仍然愿意去看的。

《威尼斯商人》不知几时能弄好,真要呕尽了心血。昨天我有了一个得意。剧中的小丑 Launcelot③奉他主人基督徒 Bassanio 之命去请犹太人 Shylock 吃饭。说 My young master doth expect your reproach④。Launcelot 是常常说话用错字的,他把 approach(前往)说作 reproach(谴责),因此 Shylock 说, So do I his,意思说 So do I expect his reproach。⑤这种地方译起来是没有办法的,梁实秋这样译:"我的年青的主人正盼望着你去呢。——我也怕迟到使他久候呢。"这是含糊混过的办法。我想了半天,才想出了这样的译法:"我家少爷在盼着你赏光哪。——我也在盼他'赏'我个耳'光'呢。"Shylock 明知 Bassanio 请他不过是一种外交手段,心里原是看不起他的,因此这样的译法正是恰如其分,不单是用"赏光—赏耳光"代替了"approach

–reproach"的文字游戏而已,非绝顶聪明,何能有此译笔?!

  *Romeo and Juliet*⑥和 *As You Like It*⑦的电影都将要到上海来,我对于前者不十分热心,因为 Leslie Howard⑧和 Norma Shearer 虽都是很好的演员,但都缺乏青春气,原著中的 Juliet 只有十四岁,以贤妻良母型的 Norma Shearer 来扮似不很适当,Leslie Howard 演 Hamlet,也似乎较演 Romeo 合适一点。*As You Like It* 是 Elisabeth Bergner 主演的,这个名字就够人相思了,不过据说他在这片里扮的 Rosalind⑨,太过于像一个潘彼得。

  我爱你。

星期日

① 今西藏中路。
② *Anna Karenina*,《安娜·卡列尼娜》,根据俄国著名作家托尔斯泰同名小说摄制的影片,中译名为《春残梦断》。
③ 小丑 Launcelot 及以下的 Bassanio(基督徒)、Shylock(犹太人)都是喜剧《威尼斯商人》中的人物。
④ My young master doth expect your reproach:此句原意谓"我年轻的主人正在等着你的来临",因发音相似,其中"来临"一词被小厮误说为"谴责"。
⑤ So do I expect his reproach:我也在等着他的谴责。
⑥ *Romeo and Juliet*:《罗密欧和朱丽叶》,莎士比亚悲剧。
⑦ *As You Like It*:《皆大欢喜》,莎士比亚喜剧,女主人公是 Rosalind。
⑧ Leslie Howard(莱斯利·霍华德)和下文的 Norma Shearer(瑙玛·希拉)、Elisabeth Bergner(伊利莎白·伯格纳)都是当时的影星。
⑨ Rosalind:《皆大欢喜》中女主角。

276

天使:

  又到了两点钟,真要命,近来要做夜工,把人烦死。算是校订过了两遍,校对过了三次的样子，拿到我手里仍然要改得一塌糊涂，其实偷懒些也不妨事，可是我又不肯马马虎虎。人也总是，白天尤其是上半天总是有气没力的，一过了夜里十点钟，便精神百倍，夜猫的生活虽然也颇有意味，可奈白天不得睡觉何。

每天每天看不到你，这是如何的生活。事实上你已成为我唯一的亲人了，可以寄托我心情的对象，无论是人或艺术、主义、宗教，是一个都没有，除了你。但就是你也不能给我大的启发与鼓奋，一切是虚无得可怕。

我永远爱你。

魔鬼　十二夜

277

宋：

你走得这样快，没有机会再看见你一次，很是怏怏，不过这也没有什么。你要不要我向你说些善颂善祷的话？

今天往轮船码头候郑天然，没有碰着，因为他没有告知我确实的时间，赶去时轮船已到，人已走了。也许明天会打电话给我。

抄写的东西我想索性请你负责一些，给我把原稿上文句方面应当改削的地方改削改削，再标点可不必依照原稿，因为我是差不多完全依照原文那样子，那种标点方法和近代英文中的标点并不一样。你肯这样帮我忙，将使我以后不敢偷懒。纸张我寄给你，全文完毕后寄在城里。

希望一切快乐等在你前面。要是我做你的学生，我一定要把别的功课不问不理，专门用功在你的功课上，好让你欢喜我。

多雨而凄凉的天气，心理上感到些空虚的压迫，我真想扑在你的怀里，求你给我一些无言的安慰。

永远是你的怀慕者。

三日

心爱：

昨夜梦你又来了，而且你哭。你为什么哭呢？是不是因为我们的交好使你感觉不幸？是不是因为我太不好？还是不为什么？

你是太好了，没有人该受到我更深的感激。开始我觉得你有些不够我的理想，你太瘦小了，我的理想是应该颀长的；你太温柔婉约了，我的理想是应该豪放浪漫的。但不久你便把我的理想击为粉碎。现实的你是比我的空虚的理想美得多可爱得多。在你深沉而谦卑的目光下，我更乐意成为你的臣仆，较之在一切骄傲而浮华的俗艳之前。我明白我们在这世上应该找寻的是自己，不是自己以外的人，因为只有自己才能明白自己，谅解自己，我找到了你，便像是找到了我真的自己。如果没有你，即使我爱了一百个人，或有一百个人爱我，我的灵魂也仍将永远彷徨着，因为只有你才是属于我的 type①，你是 unique②的。我将永远永远多么的多么的欢喜你。

梦中得过四句诗，两句再也记不起来，那两句是"剧怜星月凄凄色，又照纤纤行步声"，很像我早期所作的鬼诗。

《孟加拉枪骑兵传》已在大光明卖了一星期满座，尚在继续演映中；《罪与罚》则如一般只供高级鉴赏者观看的影片一样，昨天已经悄悄地映完了，只有报纸的批评上瞎称赞了一阵，为着原作者和导演人冯史登堡的两尊偶像的缘故。在我看来，它还不能达到理想的地步，虽仍不失为本季中最值得注意的一个作品。除了演员的表演而外，你有没有注意到本片构图和摄影的匠心？

再谈，祝你好。伤风有没有好？作不作夜工？珍摄千万！

九日

① type：类型。
② unique：独一无二。

279

好人：

今晚为了想一句句子的译法，苦想了一个半钟头，成绩太可怜，《威尼斯商人》到现在还不过译好四分之一，一定得好好赶下去。我现在不希望开战，因为我不希望生活中有任何变化，能够心如止水，我这工作才有完成的可能。

日子总是过得太快又太慢，快得使人着急，慢得又使人心焦。

你好不好？

不要以为我不想你了，没有一刻我不想你。假使世界上谁都不喜欢你了，我仍然是欢喜你的。

你愿不愿向我祷求安慰？

因为你是我唯一的孩子。

Shylock　廿四夜

280

阿宋：

领了一支新毛笔，写几个漂亮字给你。我说，说什么呢？不是没有话，可是什么都不高兴说。我很气。我爱你。我要打你手心，因为你要把"快活地快活地我要如今"一行改作"……我如今要"，此行不能改的理由第一是因为"今"和下行的"身"协韵，第二，此行原文"Merrily merrily I will now"其音节为—∨∨|—∨∨|—∨|—，译文快活地|快活地|我要|如今仍旧是扬抑格四音步，不过在末尾加上了一个抑音，如果把"我如"读在一起，"今要"读在一起，调子就破坏了……

（后缺）

281

姊姊：

我叫你姊姊你难不难为情？

为着想你得很，我没有心思工作，先写了这封信再说。《鲁滨孙漂流记》真比莎士比亚还难翻，又没趣味又单调，又要一个个字对照着译。

这几天来我也心思很不安定，人倦得睡不醒来，也许是你传染给我的毛病。

昨夜我梦见天上有许多月亮，大的小的圆的缺的，很好看，我叫你看，你却不要看，并且硬要争辩蛾眉月的"蛾"是一种蝎子，我气得想要擂你一顿。

想来想去还是亚当夏娃最快乐，虽然逐出了伊甸园，整个世界都是属于他们的，等到第二代，该隐就要杀亚伯了，因此合理的世界，只能有两个人，不多也不少。

我希望你不要苦，要是你受了委屈，就向我出出气好了。

昨天在外面荡了一天，一点不快活，我真想吃点真好吃的东西。星期日你是怎样过过的？

要是有那么一个好地方，我们在一起静坐半天多好。每天每天看不见你，真使我心痛。

我待你好。

淡如 十四

（我姓洪，名水，字淡如好不好？）

282

好人：

我不打你手心，我待你好，永远永远永远，对着魔鬼起誓，我完全不骗你。你想不出我是多么不快活，虽则我不希望你安慰我，免得惹你神气。

我吻你——这里——这里——这里——还有这里。

你的 十六夜

283
36年秋—冬

好人：

《仲夏夜之梦》已重写完毕，也费了我十余天工夫，暂时算数了。《威尼斯商人》限于二十日改抄完，昨天在俄国人那里偶然发现了一本寤寐求之的《温莎的风流娘儿们》，我给他一角钱，他还了我十五个铜板，在我的Shakespeare Collection①里，这本是最便宜的了，注释不多但扼要，想来可以勉强动手。

倒了我胃口的是这本《威尼斯商人》，文章是再好没有，难懂也并不，可是因为原文句子的凝练，译时相当费力，我一路译一路参看梁实秋的译文，本意是贪懒，结果反而受累，因为看了别人的译文，免不了要受他的影响，有时为要避免抄袭的嫌疑，不得不故意立异一下，总之在感觉上很受拘束，文气不能一贯顺流，这本东西一定不能使自家满意。梁译的《如愿》，我不敢翻开来看，还是等自己译好了再参看的好。

昨天下午一点半跑出门，心想《雷梦娜》是一定看不成的了，于是到北四川路逛书摊和看日本兵。日本兵的一个特色就是样子怪可怜相的，一点没有赳赳武夫的气概，中国兵至少在神气上要比较体面得多。他们不高的身材擎着枪呆若木鸡地立着，脸上没有一点表情，而对面的中国警察则颇有悠游不迫之概。

昨天买了三只其大非凡的大红柿子，吃到第二只就已倒了胃口。这东西初上口又甜又冷，似乎很好，吃过之后，毫无意味，那股烂污样子，尤其讨厌，再加上回味时的一些涩，因此是下等的果子。这两天文旦是最好吃的了。

我要吃你的鼻头。

黄天霸

① Shakespeare Collection：有关莎士比亚的藏书。

你崇不崇拜民族英雄？

284

清如：

　　我非常怨，左半的胸背上生了许多颗粒状的东西，挤之出水，其名不知，没有什么痛楚，也不发痒，可是很难受，人好像分为两半，右半身健好如恒，左半身则又乏力又受罪，看样子好像得去请教医生，可是没有妈妈陪着，很胆怯，怎么办？

朱

　　要是再会厉害起来，也许非请假不可，信寄汇山路明华坊七号。

285

好人：

　　我相信我后天一定会好了，这回害的是"神经性匍行疹"（不知有没有写错），搽了点凡士林，渐渐在瘪下去。最苦的是左臂，因为肋下也生着，酸麻得抬不起又放不下，无论坐着立着走着睡着，总归不知道安放在什么地方好，现在已好多了。事情仍旧每天在做着。

　　对于《威尼斯商人》的迄今仍未完工，真是性急得了不得，可是没法子，只好让它慢吞吞地进行着。无论如何，过了这个星期日一定可以寄给你看一遍，比起梁实秋来，我的译文是要漂亮得多的。

　　我爱你。

鬃鬃头　二日

286

好人：

　　无论我怎样不好，你总不要再骂我了，因为我已把一改再改三改的《梵尼斯商人》（威尼斯也改成梵尼斯了）正式完成了，大喜若狂，果真是一本翻译文学中的杰作！把普通的东西翻到那地步，已经不容易。莎士比亚能译到这样，尤其难得，那样俏皮，那样幽默，我相信你一定没有见到过。

《温莎的风流娘儿们》已经译好一幕多，我发觉这本戏不甚好，不过在莎剧中它总是另外一种特殊性质的喜剧。这两天我每天工作十来个钟头，以昨天而论，七点半起来，八点钟到局，十二点钟吃饭，一点钟到局，办公时间，除了尽每天的本分之外，便偷出时间来，翻译查字典，四点半出来剃头，六点钟吃夜饭，七点钟看电影，九点钟回来工作，两点钟睡觉，Shhhh! 忙极了，今天可是七点钟就起身的。

As You Like It 是最近看到的一部顶好的影片，我没有理由不相信我对于 Bergner 的爱好更深了一层，那样甜蜜轻快的喜剧只有莎士比亚能写，重影在银幕上真是难得见到的，莱因哈德的《仲夏夜之梦》是多么俗气啊。

《梵尼斯商人》明天寄给你，看过后还我。

朱儿

287
1936年12月29日①

My little baby child：

I am angry with you, very angry. Why not write to your uncle, seeing him so lonely lying in hospital? My health is rapidly recovering. This morning: pulse–72, temperature–98.4°F. Shall get up Jan.1. Leave hospital Jan.13. Will write you no more until I come out. God bless you.

Uncle Chu

大意：

我的小宝宝：

我在生你的气，非常生气。看着你的大叔孤零零地躺在医院里，为什么不给他写信？我的健康正快速康复中。今天早晨测量，脉搏72，体温

98.4°F。我将在 1 月 1 日便能起床,1 月 13 日出院。在出院之前我就不再给你写信了。上帝保佑你。

朱大叔

① 1936 年 12 月,朱生豪得猩红热入院治疗,元旦后病情才得以好转。这是他从医院寄出的明信片。

288
1937 年 1 月 9 日

Silly boy：

　　I write you this once because I have a postcard left. 5 days and I'll be out. But I'm not eager after it. Shall immediately back to work because impatient of rest. What a bore to go to office! But anyhow I'll be glad to return to my Shakespeare again. Read Oscar Wilde just now and dislike him. Am longing to see you, wonder whether I'll have any opportunity.

Big Bad Wolf

大意：
傻孩子：

　　我这回给你写信,是因为我还剩有一张明信片。五天以后就要出院。但我对此并不热切。因为已经休息得不耐烦了,所以马上就要回去工作。回到办公室去是多么使人心烦！但无论如何,能重新回到我的莎士比亚那里去总是让人高兴的。现在正在读奥斯加·王尔德的小说,我并不喜欢他。我想见你,不知有没有机会。

大坏狼

289

宋：

四五天还不曾见你信，你好不好？我担心得很。

我已恢复了早上七点半起身晚上十二点睡觉的老生活方式，前天喉咙里又有些不大舒服，惊弓之鸟，很有些害怕，但现在已没有什么了。一切还是老样子，很无聊，想来看你一次，怎样？

我爱你。

朱　十八

290

近来每天早晨须自己上老虎灶买水，这也算是"增加生活经验"。

搁置了多日的译事，业已重新开始，白天译 Merry Wives[①]，晚上把 Merchant of Venice[②] 重新抄过，也算是三稿了（可见我的不肯苟且）。真的，只有埋头于工作，才多少忘却生活的无味，而恢复了一点自尊心。等这工作完成之后，也许我会自杀。

我以梦为现实，以现实为梦，以未来为过去，以过去为未来，以 nothing 为 everything，以 everything 为 nothing，我无所不有，但我很贫乏。

① Merry Wives：此处指莎剧《温莎的风流娘儿们》。
② Merchant of Venice：《威尼斯商人》。

291

在一处大寺院里巡礼，果然香火鼎盛，规模宏大，深叹佛法之无边，方丈名叶天士，用斋时请李培恩院长[①]向全体僧徒演说。请他教以公民常识，际此壮丁训练举行之时，如何致力国防，宣劳党国，大家肃听，佛说如是

你崇不崇拜民族英雄？

云云。出了山门，跨下梯阶，和一头小羊交了朋友，他告诉我石阶甚滑且峻，不信佛者，常遭颠踬。余谓余身有佛骨，闭目信步随所之，一脚跨三步而行，竟得无事。时有一队马乱冲直撞地奔上山坡，大家狼狈惊窜。小犬向小羊虐扰，小羊苦之，余不知是戏，怒以石子投犬，不中，中羊腿，羊哭，犬殷勤慰之，余则遭羊白眼焉。深叹抱不平良非易事，遂醒。

昨日把信投在贝开尔路邮筒内，据闻彼处无赖小儿常挖开邮筒偷信，未知有否被偷去？

明后天放假。一到放假，总是无钱，等发年底的奖励金，至今未发，借我去的也还不出，否则我又要撒一次谎了（意谓来看你也），好在你并不欢迎我。但至少还够看一次业余剧人的《雷雨》（Ostrovsky[2]的，不是曹禺的，他们特加一"大"字，以表区别）。

Merry Wives 已译好一大半，进行得总算还快。

你好不好？快活不快活？忙不忙？怨不怨？我爱你。

Xochimilco[3]

[1] 李培恩：当时之江文理学院院长。
[2] Ostrovsky：奥斯特罗夫斯基，俄国作家，《大雷雨》是其代表作。
[3] Xochimilco：赫霍奇米尔科，墨西哥城附近的一个公园，古印第安语为"播种鲜花的土地"。

292
1937 年 2 月 7 日

爷叔：

今日星期不放假，明天起放假一星期，后天离上海，大后天的后天来看你，希望你好好打扮一下。

我欢喜你。

猪猡

293
1937 年 2 月 10 日

清如夫子：

　　我相信你一定已经不生气了，所以虽然詹先生写了那样严重的信来，我可是一点也不发急。请罪未免多事，最好无条件开恩，十个月不写信时期太长了些，我看十天也尽够罚罚他了，如果你真是那样忍心的话。

　　不是说玩笑，我真想你得好苦，你马马虎虎点吧。

294

清如：

　　在家没趣，只想回上海来。一回到自己独个儿的房间里，觉得这才是我真正的家。其实在我的老家，除了一些"古代的记忆"之外，就没有什么可以称为"我的"的东西；然而三天厌倦的写字楼生活一过，却有点想家起来了。家，我的家，岂不是一个 ridiculous[①] 的名词。

　　我常常是厌世的，你的能力也甚小，给我的影响太不多，虽然我已经感谢你，要没你我真不能活。

　　有经验的译人，如果他是中英文两方面都能运用自如的话，一定明白由英译中比由中译英要难得多。原因是，中文句子的构造简单，不难译成简单的英文句子，英文句子的构造复杂，要是老实翻起来，一定是噜苏累赘拖沓纠缠麻烦头痛看不懂，多分是不能译，除非你胆敢删削。——翻译实在是苦痛而无意义的工作，即使翻得好也不是你自己的东西。

　　我们几时绝交？谁先待谁不好？

　　愿你好。有人说他很爱你，要吃了你，因此留心一些。

常山赵子龙　十一

---

① ridiculous：荒谬的、可笑的。

295

女皇陛下：

  我希望你快些写信给我，好让我放心你已不恼我了。至少也得告诉我一声十个月不写信是从哪一天算起，好让我自即日起仁颈期待它的满期。我很欣幸你恼我得并不彻底，否则你会说永远不再写信给我的。既然不是彻底的恼，那么最好还是索性不恼，因为恕人者最快乐，而我也将感恩不尽，永远纪念你的好处。我不愿说保证以后不再有这种事发生，因为也许为了空间的时间的、心理的生理的、物理的化学的、形而上的形而下的、物质的精神的、个人的社会的种种关系，仍旧会身难自主。叔本华说得好，"人类是环境之奴"（叔本华并没有说过这句肤浅的话，至少我不曾读过叔本华，不知道他曾说过这句话）也。但为了对你表示最大的忠诚与感激起见，总将竭力避免此等事件之再发生，倘不幸而力有未逮，则惟有等待挨骂一顿，之后复为君臣如初，此则私心之所企祷而无任拜悚者也。否则的话，我虽不至于幼稚过火得向你说"人生无趣，四大皆空，一切有为法，如梦幻泡影，Vanity, vanity, all is vanity,①行将自杀以谢君"。当然也不至于 sophisticated②得喝香槟酒，搂舞女以消忧。但我这奇怪的我会无聊得狂吃东西，以至于生了胃病，是或有可能的。虽然也许现在你要咒我呕血，但真呕血之后，你一定要悔恨；同样你也决不真的希望我生胃病的是不是？太阳、月亮、火炉、钢笔、牛津简明字典，一起为我证明我对于你的忠心永无变更，不胜诚惶诚恐之至，臣稽首。

---

① 此句英文意思是"空虚、空虚、一切都是空虚"。
② sophisticated：老于世故的。

296

阿姊：

　　天冷得很呢，你冷不冷？

　　做人真是那么苦，又真是那么甜，令人想望任性纵乐的生涯，又令人想望死想望安息。从机械的日程中偷逃出来的两天梦幻的生活，令人不敢相信是真实，我总好像以为你不是真存在于世上，而是一个虚构的人物，我所想像出来以安慰我自己的。世界是多么荒凉，如果没有你。

　　今天我有点忧郁，我以你的思忆祛去一切不幸的感觉。

　　祝你一切的好，以我所有对你的虔敬、恋慕、眷爱和珍怜。

爱丽儿　十七夜

297

1937年3月25日

宝贝：

　　"自白"怀着兴味地读过了，不知这是你在什么时候做的？我希望你从来不曾把它给什么人看过，因为那确实是很无聊而幼稚的。撇开其中的思想和感情不说，就文字而言，我总觉得你写散文很缺少修炼。这篇东西比之你写给我的那些信，固然在修辞上多用过一点功夫，但口气上太像在演说，音节很短促，语调很重。

　　为什么你要写这篇东西？

　　昨晚我去把头发剃掉了，轧了个圆顶，看上去很古怪，今天简直不敢走出去。

　　虽然你写了这种该打手心的文章，我仍然很爱你。

298

1937 年 4 月 26 日

我苦恼得很，有点像道斯妥益夫斯基小说中的主人公，你又是那样不中用，真叫人烦闷，什么秋后的小草，我完全不懂。

唯一的希望，早点办个交代，钻到坟墓里去。

299

昨天上午八时起身，到四马路去，在河南路看见原来摆的那个旧书摊头已经扩大了地盘，正式成立一个旧书店的样子。买了一本 Macaulay[①]的论文集，一本 Hazlitt[②]的小品文集和一本美国版集合本的 Hamlet，一共一块两毛半。杂志公司里买了《文摘》、《月报》，商务新近出版的文学什么，《戏剧时代》、《新诗》、《宇宙风》、《译文》六七种杂志，是寄给郑祥鼎的。杏花楼吃了两只叉烧饱（平声）、两只奶油饱、一碗茶，以当早餐，不过两角钱，颇惬意。这样回来吃中饭。因为是国耻纪念，故不去看影戏（其实我近来星期日总不看影戏，看影戏常在星期一夜里，因为这样可免拥挤）以志悲哀。在房间里抄稿子，傍晚出去。我说即使我有爱人在上海，人家那样并肩漫步的幸福我也享受不到，因为一到上海来，我已经完全没有了走慢步的习惯，即使是无目的的散步，也像赛跑似的走着，常常碰痛了人家的脚。买了四条冰棒回家吃了。一个下午及一个晚上，抄了一万多字，然后看一小时杂志，两点钟睡觉。斯乃又一个星期日。

我觉得星期日不该去玩，方可以细细领略星期日的滋味，尤其应当一个人关在房间里。但星期六晚上应当有玩一个整夜的必要。

你的诗，仍旧是这种话儿，这种调子，这种字眼，蔷薇、星月、娇鸟、命运的律、灵魂的担子，殊有彻底转变一下的必要。

我悄悄儿跟你说，我仍旧爱你。

① Macaulay：麦考莱，十九世纪英国史学家。

② Hazlitt：哈兹里特英国散文家，文艺批评家。

300
37年夏

好人：

今夜夜里差不多抄了近一万字，可谓突破记录。《风流娘儿们》进行得出乎意外地顺利，再三天便可以完工了，似乎我在描摹市井口吻上，比之诗意的篇节更拿手一些。

我希望你在下半年不要再在那个学校里了，即使对自己绝望，甘心把自己埋葬，就是坟墓也应该多换换。我希望你去做共产党，女优，什么商店的经理，或是时装设计家。

我相信我的确不爱你，因为否则我早就发疯了，可是我向你保证，我是欢喜你的。

昨天在街头买了三本不很旧的旧书，陀斯妥益夫斯基的《赌徒》，辛克莱的《钱魔》，还有一位法国女人做的《紫叶》，可是还没工夫看。我现在看小说的唯一时间只在影戏院里未开映以前的几分钟内。

《梵尼斯商人》已收到，谢你改正了一个"么"字。今天开始翻了半页《无事烦恼》，我很希望把这本和《皆大欢喜》早些翻好，因为我很想翻《第十二夜》，那是我特别欢喜的一本。不过叫我翻起悲剧来一定有点头痛。我巴不得把全部东西一气弄完，好让我透一口气，因为在没完成之前，我是不得不维持像现在一样猪狗般的生活的，甚至于不能死。

也许我有点太看得起我自己。

豆腐　廿二

301

清如：

今天我工作效率很好，走路时脚步也有点飘飘然，想要蹦蹦跳跳似的，

你崇不崇拜民族英雄？

天气又凉得可爱，心里充满了各种快乐的梦想。

　　我想，一个人的灵魂当然是有重量的，而且通常都较身体的重量为重，否则身体的重量载不住，要在空中浮了起来的。一个人今天心里很懊丧，他走一步路，似乎脚都提不起来的样子，头部也塞满了铁块似地低垂着；明天他快活了，便浑身都似乎要飞起来的样子，这当然只是灵魂的轻重发生变化的关系，身体的重量在两天之内决不会有甚么大的差异，而且不快活的人往往要消瘦，反而比之快活的人要轻一些。灵魂轻到无可再轻的时候，便要脱离身体而飞到天上去，有的飞上去不再回来，变成仙人了，有的因遇冷凝结（因为灵魂是像水汽一样的），重又跌了下来，那便只是一时的恍惚出神或做梦。有时灵魂一时不能挣扎出皮囊，索性像一个轻气球一样地，把身体都带到天上去了，这是古时所以有白日飞升的缘故。

　　说不出的话，想不起的思想，太多了。再谈吧。愿你无限好！

朱生　卅一日

302

好：

　　昨夜梦被一群基督徒包围，硬要把我拦入羊栏里，为要拯救我的陷落的灵魂起见，特地把我托付给一位圣洁的女士，她为着忠实地履行对于上帝的神圣的义务，毫不容情地把我占有了，绝对不许我和你见面或通信。我恨极了，终于借着魔鬼的力量，把她一脚踢得老远的，奔到你的身边来了。

　　从今天一点钟起我停止了对于你来信的盼望，你简直是个梦，我一点把捉不住你的存在，也许我从来不曾真看见过你，除了在梦中，▢。

　　每天每天是那样说不出的无趣。你说过你需要一个需要，我希望我能有一个▢希望。

　　横竖总写不痛快，不写了。十万个祝福。

空气　廿五

303

脑筋里充满了 Rosalind 和 Touchstone[1]，给他们搅得昏头昏脑的。

每天走来走去的路上，那些破屋子上的春联都给我记熟了，一副似通非通的"不须著急求佳景，自有奇逢应早春"，不知作何解释；一副"中山世泽远，天禄家声长"，本该是"天禄家声远，中山世泽长"的，倒了一倒过，却变成拗体的律句了；一副是"新潮新雨财源涨，春草春花生意多"，上截风雅，下截俗气，但生意却是一个 pun[2]，叫莎士比亚译起来，不知怎样译法。其余的"物华天宝日，人杰地灵时"一类可不用提了；有一家卖薄皮棺材的小店门板上贴着"诗书门第"，下句不知是什么。从前我母亲的房门上贴着一副"惜花春起早，爱月夜眠迟"，小时候非常欢喜。

你还有五年好活，我还有十二年好活，假如不自杀的话。

前天听见一个人瞧着南京路上橱窗里的英皇肖像，赞叹着说，"凸个人嚟同蒋介石格赤老一样"，不知是褒是贬。"赤老"虽是骂人话，有时也用以表亲密之意，故未可便科以侮辱领袖之罪。

二房东的小女儿吃她晚娘打，当然打也总有打的理由，不是说晚娘一定不可以打前妻的儿女，因此我睡在床上，心里并不作左右袒。可是你想那小鬼头儿怎样哭法？她一叠声地喊着"烂污×，好哩啊！（即'莫打了吧！'是请求的口气）烂污×，好哩啊！"其不通世故，有如此者。

[1] Rosalind 和 Touchstone：莎剧《皆大欢喜》中的女主人公和宫廷小丑。
[2] pun：双关语。

304

好人：

否则我今晚不会写信的，因为倦得很不能工作，所以写信。今晚开始抄《皆大欢喜》，同时白天已开始了《第十二夜》，都只弄了一点点。我决定拼命也要把《第十二夜》在十天以内把草稿打好,无论如何,第一分册《喜剧杰作集》要在六月底完成,因为我急着要换钱来买皮鞋、书架和一百块钱的莎士比亚书籍。等过了暑天,我想设法接洽在书局里只做半天工,一面月支稿费,这样生活可以写意一点,工作也可早点完成。

今晚我真后悔不去看嘉宝的《茶花女》,其实这本片子我已经在一个多月前看过了(那次好像是因为给你欺负了想要哭一场去的,结果没有哭),而且老实说,我一点不喜欢这种生的门脱儿①的故事(正和我不欢喜《红楼梦》一样),但嘉宝的光辉的演技总是值得一再看的。当然她的茶花女并不像是个法国的女人,正和她的安娜·卡伦尼娜并不像是个俄国女人一样。看她的戏,总觉得看的是嘉宝,并不是看茶花女或安娜·卡伦尼娜,这或者是演员本身的个性侵害了剧中人的个性(好来〔莱〕坞的演员很少能逃出一个定型的支配,即使他们扮的是不同性质的角色,从舞台上来的比较好些)。但无论如何,她的演技的魄力、透彻与深入,都非任何其他女性演员所能几及。平常美国作品中描写男女相爱,好像总有这么一个公式,也许起初男人大大为女人所吃瘪,但最后女人总是乖乖儿地倒在男人的怀里。然而我看嘉宝的戏,却常会发生她是个男人,而被她所爱的男人是个女人的印象。《茶花女》中扮阿芒的罗勃泰勒,我觉得就是个全然的女人,他的演技远逊于嘉宝,但他比嘉宝更富于 sex appeal②。我想这也许是喜爱嘉宝的观众,女性多于男性的一个理由,因为大多数男人心理,都是希望有一个贤妻良母式的女子做他生活上的伴侣(或奴隶),再有一个风骚淫浪的女子做他调情的对手(或玩物),可是如果要叫他在恋爱上处于被动的地位,就会很不乐意。个性强烈的女子,比较不容易有爱人,也是这个道理。

买了四支棒冰,吃了一个爽快。赤豆棒冰好像是今年才有起的,味道很好,可是吃过了冰,嘴里总会渴起来,水壶里又没有冲水,很苦。今年到现在还不曾有臭虫发动,大概可免遭灾。你有没有得好的荔枝吃?我什么水果都不在乎,只有荔枝是命。

我相信你一定寂寞得要命。

批评家是最不适于我的职业,我希望我以后再不要批评任何人或作品或思想，今天说过的话，明天便会翻悔，而且总是那么幼稚浅薄。

要睡了，因为希望明天早点起来好做点工作。

① 生的门脱儿：英文 sentimental 的译音，感伤的。
② sex appeal：性感、魅力。

305
37 年

七日一星期这种制度实在不大好，最好工作六星期，休息一星期，否则时间过去得太快，星期三觉得一星期才开始，星期四就觉得一星期又快完了，连透口气儿的工夫都没有，稍为偷了一下懒，一大段的时间早已飞了去。

不过这不是感慨，因为随便怎样都好，在我总是一样。

《皆大欢喜》至今搁着未抄，因为对译文太不满意；《第十二夜》还不曾译完一幕，因为太难，在缺少兴致的情形中，先把《暴风雨》重抄。有一个问题很缠得人头痛的就是，"你"和"您"这两个字。you 相当于"您"，thou, thee 等相当于"你"，但 thou, thee 虽可一律译成"你"，you 却不能全译作"您"，事情就是为难在这地方。

预定《罗密"奥"与朱丽叶》在七月中动手，而《罗密"欧"与朱丽叶》不久就要在舞台上演出，我想不一定有参考的必要，他们的演出大抵要把电影大抄而特抄。

在等候着放假了吧？"放假"这两个字现在对我已毫无诱惑。

我想你幸而是个女人，可以把"假如我是个男人……"的话来自骗，倘使你真是个男人，就会觉得滋味也不过如此。世上只有两种人，神气的人和吃瘪的人，神气的人总归是神气，吃瘪的人总归是吃瘪。

阿弥陀佛！

306

宋先生：

　　窗外下着雨，四点钟了，近来我变得到夜来很会倦，今天因为提起了精神，却很兴奋，晚上译了六千字，今天一共译一万字。我的工作的速度都是起先像蜗牛那样慢，后来像飞机那样快，一件十天工夫作完的工作，大概第一天只能做 2.5/100，最后一天可以做 25/100。《无事烦恼》草稿业已完成，待还有几点问题解决之后，便可以再用几个深夜誊完。起初我觉得这本戏比前几本更难译，可是后来也不觉得什么，事情只要把开头一克服，便没有什么问题。这本戏，情调比《梵尼斯商人》轻逸，幽默比《温莎的风流娘儿们》蕴藉，全然又是一个滋味。先抄几节俏皮话你看：

　　裴：现在请你告诉我，你为了我身上的哪一点坏处而开始爱上了我呢？
　　琵：为着你所有一切的坏处，它们结成了联合防线，不让一点点好处混进了队伍里。但是你最初为了我的哪一点好处而被爱情所苦呢？
　　裴："被爱情所苦"，好一句警句！我真是被爱情所苦，因为我的爱你完全是违背本心的。
　　琵：我想你对于你的本心太轻视了。唉，可怜的心！要是你为了我的缘故而把它轻视，那么我也要为了你的缘故而把它轻视了；因为我的朋友所不欢喜的，我也一定不爱。
　　裴：我们两人太聪明了，总不能好好儿地讲些情话。
　　琵：照你这句话看起来，有点不见得吧；二十个聪明人中间，也没有一个会恭维他自己的。
　　裴：琵菊丽丝，这是一句从前太古有道盛世，人人相敬的时代的老生常谈，当今时世，要是一个人不自己预先给自己立下了墓碑，等葬钟敲过，老婆哭了一场之后，便再不会给人记得了。
　　琵：那你想会有多久呢？
　　裴：问题就在这里。钟鸣一小时，泪流一刻钟。因此只要于心无愧，聪明人把他自己的美德宣扬，就像我现在一样，是最得策的事。我自己可以作证，我这人的确了不得。

琵：主啊！我怎么忍受得住一个脸上出胡子的丈夫呢？

利：你可以找到一个没有胡子的丈夫呀。

琵：我把他怎样办呢？叫他穿起我的衣裳来，做我的侍女吗？有胡子的人便不是个少年，没有胡子的人算不得成人，不是少年的人我不要，没有成人的孩子我不能嫁他。因此我愿意付六辨士的保证金给耍熊的，让我把他的猴儿牵到地狱里去。（古谓女子不肯出嫁者死后罚在阴司牵猴子）

利：那么你要到地狱里去吗？

琵：不，只到了地狱门口，魔鬼就像一个老王八似的，头上出着角，出来见我，说："您到天上去吧，琵菊丽丝，您到天上去吧，这儿不是给你们姑娘们住的地方。"因此我把猴子交付给他，到天上去见圣彼得了。

陶：听我吩咐你们的职务：瞧见流氓便要捉；你们可以用亲王的名义喝住无论哪一个人。

巡丁乙：要是他不肯站住呢？

陶：那么干脆不要理他，让他去吧；马上叫齐了其他的巡丁，一同感谢上帝，这坏蛋不再来麻烦你们。

佛：要是喝住他的时候，他不肯站住，那么他便不是亲王的子民。

陶：对了，不是亲王的子民，就不用管。而且你们不要在街上大声嚷；因为巡夜的要是高谈阔论起来，那是最叫人受不了的事。

巡丁甲：我们宁可睡觉，不要讲话，我们知道巡丁的本分。

陶：好啊，你说得真像一个老练而静默的巡丁，我想睡觉总不会得罪人的。你只要留心你们的戟儿不给人偷去就得了。要是你碰见一个贼子，凭着你的职务，你可以疑心他不是个正直良民；这种东西你越是少去理睬他们，就越显得你是个本分的人。

甲：要是我们知道他是个贼，我们要不要抓住他呢？

陶：是的，凭着你们的职务，本来是可以的；但是我想伸手到染缸里去，难免沾污了手，因此最妥当的办法，当你碰见一个贼的时候，就让他显出

你崇不崇拜民族英雄？

他的看家本事来,从你们手里偷偷地溜了去吧。

佛:要是你们听见小儿在夜里啼哭,就应当去喊奶娘给他止哭。

甲:要是奶娘已经睡熟了听不见我们喊呢?

陶:噢,那么悄悄儿走开吧,让那孩子把她哭醒了就得了,因为要是一头母羊听不见她羔羊的"咩",自然也决不会答应一头牛儿的"咩"啦。

安:好,侄女,我相信你会听从你父亲作主的。

琵:是的,我的姐姐的本分,便是行个屈膝礼,说:"爸爸,随你的意思吧。"但是虽然如此,姐姐,他一定要是个漂亮的家伙才行,否则你还是再行个屈膝礼,说:"爸爸,随我的意思吧。"

利:好吧,侄女,我希望有一天见你嫁定了丈夫。

琵:除非等到男人们不再是被上帝用泥土捏成的时候。你想一个女人给一团尘埃作了主儿去,这不怄人吗?把她的一生和一块顽泥消磨在一起!不,伯父,我不要。亚当的儿子们都是我的弟兄;真的,我以为血族结婚是一件罪恶。

利:女儿,记住我告诉你的话,要是亲王对你如此如此,你便这般这般。

琵:姐姐,要是他不周旋中节地向你求爱,那多分是音乐的错处。要是那亲王太性急了,你就告诉他万事都有个节拍,你便不睬他跳舞下去。因为,希罗,你听我说,求婚、结婚和悔恨,就像是跳苏格兰捷格舞、慢步舞和五步舞一样:开始的求婚就像捷格舞那样的热烈而急促,充满了狂想;结婚就像慢步舞那样端庄镇静,一片的繁文缛节和陈腐的仪式;于是悔恨就跟着来了,那蹒跚无力的腿一步步沉滞下去,变成了五步舞,直至倒卧在坟墓里。

希:我从来不曾见过一个人逃得过她的挑剔,无论他是怎样聪明高贵年轻漂亮。如果生得俊,她便会说那位先生应当做她的妹妹;要是生得黑,她便会说上帝正在画一张小花脸的时候,偶然用墨笔涂污了;要是个儿高,便说是管歪头的长枪;要是个儿矮,便说是块刻坏了的玛瑙坠子;欢喜讲话的,便说是随风转的风信标;欢喜沉默的,那么便是块没有知觉的木石。

披：有谁见过他上理发店吗？

克：不，可是有人瞧见理发师跟他在一起呢，他脸庞上的原来那些毛毛儿早已拿去塞了网球了。

利：的确，他去了胡须以后瞧上去比以前年轻了。

披：哼，他还用麝香擦身体呢，你们嗅不出来吗？

克：那就是说，这个可爱的孩子在恋爱了。

披：最重要的证据是他的忧郁。

克：他以前几时洗脸洗得这样勤呢？

披：是啊，而且我听人家说他还涂脂抹粉呢。

克：只要瞧他的开玩笑的脾气好了，现在他已经不再到处拉他的胡琴了。

披：对了，这是一个有力的证据。总之他是在恋爱了。

裴：可是你们这种话不能医好我的牙齿痛呀。

裴：可是除了你之外，的的确确谁个姑娘都欢喜我的，我也很希望我不要那样心硬，因为我一个都不爱哩。

琵：那真是女人们的好运气，否则她们要给一个恶毒的情郎纠缠个不清了。多谢上帝和我的冷酷的心。我的脾气倒和你一样，让一个男人向我发誓说爱我，还不如听我的狗朝着乌鸦叫。

裴：上帝保佑你小姐永远这样想法吧，因为那位先生可以免去了一张命中注定给抓碎的脸孔了。

琵：倘使像尊驾那样的脸孔，就是给抓碎了也不会变得再难看些的。

裴：你是一头少有的多嘴鹦哥。

琵：像我那样多嘴的鸟儿，比之你这种出言无礼的畜生，还好得多哩。

克：在我的眼中她是我生平所见的最可爱的女郎。

裴：我现在眼睛还不曾花到要戴眼镜，可是我瞧不见你所说的那种情形。她的族妹琵菊丽丝虽然火性那样大，可是比起她来要美得多，就像阳春远过于残冬。但是我希望你没有想做新郎的意思吧？

你崇不崇拜民族英雄？

克：我虽然宣誓过独身，可是如果希罗愿意嫁我，我一定作不来自己的主。

裴：已经到了那地步吗？真的，世上就没有一个人可以不靠着吃他妻子的醋而生活的吗？难道我永远见不到一个六十岁的童男了吗？算了吧，算了吧，真的你愿意把你的头套在枷里，让它扣住你的头颈，把每一个星期日在叹息中消度过去？瞧，唐披特洛找你来了。

披：你们不跟着利奥那托去，在这里有什么秘密？

裴：我希望殿下强迫我说出来。

披：我用臣子尽忠的名分命令你说出来。

裴：你听，克劳底奥伯爵，我本来可以像哑巴一样守秘密的，我希望你能相信我这样，可是我要向殿下尽忠呢，听着，我要向殿下尽忠呢。——他在恋爱了。跟谁？那要请殿下亲自动问了。听吧，他的回答是多么短，跟希罗、利奥那托的短短的女儿。

克：倘使这是真的，那么就算真的。

裴：正像老古话所说："并不是如此，也并不不是如此，但是，真的，上帝保佑不是如此。"

裴：哼，他把我侮辱得连木石都忍受不住呢！枯树听了她那种话都忍不住要还口，连我戴在脸上的假脸具都要活了起来跟她相骂。她不知道我就是我自己，对我说我是亲王的弄人，说我比○○还蠢，用那样不可思议的敏捷，把一句句讥讽的话掷到我身上，我简直像是一个被人当作箭垛的人，整队的大军向我发射。她讲的话就像一柄柄快刀，每一个字▢▢▢▢。

▢▢▢▢是讥讽着婚姻；但是人们的口味不也要换换新鲜的吗？年轻时喜欢吃肉的，也许老来一见肉便要恶心。难道一些讽刺讥嘲，不伤皮肤的舌剑唇枪，便会把一个人吓怕而不敢照他的心思行事了吗？不，人类总要繁殖下去的。当我说"我要做独身汉而死"的这句话时，我没有想到我会活得到结婚的年龄。琵菊丽丝来了。天在头上！她是个美人儿。我有点儿看出她的几分爱情来了。

琵：人家差我来叫你进去吃饭，我心里可是老大不愿意。

裴：美丽的琵菊丽丝，谢谢你，多多有劳了。

琵：多多有劳你谢我，我可是理都不要理你的感谢。要是我怕烦劳，我一定不会来的。

裴：那么你是很乐意来的吗？

琵：是的，因为我要看你竖起刀尖来戳一块老鸦肉吃。你的胃口怪好呢，大人。再见了。

裴：哈哈！"人家差我来叫你进去吃饭，我心里可是老大不愿意。"这句话里头有点双关的意思呢。"多多有劳你谢我，我可是理都不要理你的感谢"，那简直是说，"我无论怎样为你效劳，都是不算怎么一会儿事的"。要是我不可怜她，那么我是个混蛋；要是我不爱她，那么我是个犹太鬼子。我要向她讨小照去。

歌一首

不要叹息，不要叹息，姑娘，
　　男人全都是骗子，
一脚在岸上一脚在海洋，
　　从不会至诚到底。
不要叹息，让他们去，姑娘，
　　你何妨寻芳作乐？
收拾起哀音，再不用情伤，
　　唱一阕甜歌欢曲。

莫唱哀歌，莫唱哀歌，姑娘，
　　停止你忧郁悲吟，
哪一个夏天不茂叶苍苍？
　　哪一个男子忠心？
不要叹息，让他们去，姑娘，
　　你何妨寻芳作乐？
收拾起哀音，再不用情伤，

唱一阕甜歌欢曲。

307
1937 年 8 月 26 日

Get home in a midnight dark train last night, with a group of five ladies and an amah, two of the former acting as general managers, the third is an ugly idiot, the first and the fifth, a chicken-hearted imbecile and an ancient dame, whom I held up in my arms in getting up and down the train. It's a scene I won't describe. Anyhow, farewell Shanghai! I am rather unwilling to leave thee amidst this stirring spectacle.

Please write me as soon as possible, to the following address：嘉兴芝桥街曹思濂转。

Kashing very peaceful that I fear she will weary me. But my work is still with me now.

I love you.

8/26

大意：

昨晚我乘半夜的火车到家，同车的还有一行共五个太太和一个女佣。那五个太太中有两个的举止就像是总经理，第三个是个丑陋的白痴，第一个和第五个，一个是小鸡胆子的蠢货，另一个则像是古代的夫人，上下车都得我用双臂搀着。这一路的情景我真不想讲了，不管怎样，再见了，上海！我着实不愿意在这番惊心动魄的景象中离开你。

请尽快给我写信。来信可寄：嘉兴芝桥街曹思濂转。

嘉兴非常平静，我害怕她会使我厌倦的。但是我的工作还在继续着。

我爱你。

8/26

308

亲爱的朋友：①

　　心头像刀割一样痛苦，十八天了，她还是没有来。

　　我知道我太不配接受她的伟大而又纯真的爱，因此所享受的每一份幸福，必须付出十倍于此的痛苦做代价，因此我便忍受着这样的酷刑。

　　她是个太善良的人，她对谁都那么顾恤体贴；她也是个太老实的人，她说的话都没有半分虚伪。她不会有意虐待我，或对我失信。可是她是个孝顺不过的女儿，在她母亲强有力的意志下，我的脆弱的感情，只好置之不顾了。我能怨她吗？不，我因此而更爱她。

　　亲爱的朋友，恕我把你和她做一个比较，你是我所认识的人中最可爱最完美的一人，可是她的美丽她的可爱，永远是发掘不尽的宝藏。你只是她过去生命中的一部分，是她美丽的灵魂投射在我心镜上的一个影子，因为我的感受力非常脆弱，不能摄取她的美丽灵魂的全部，然而我所能摄取的却已经深深地锁在我的记忆里，没有什么力量可以把它夺去。

　　迷迷糊糊地睡了一觉，醒来就盼望天明，不料邻家的钟才敲上一点，这时间怎样挨过去。起来点了火，披上衣裳，坐在被窝里，写上几行，反正你也不在这里。她们也不在这里，一个人由得我发疯。

　　明天大概不会下雨了，历本上说是好日子。你没有理由再不回来。要是你再不来，那我必需在盼望你的焦虑上，对你的平安忧虑了。最亲爱的人，赶快回来吧！大慈大悲的岳母大人，请你体恤体恤一个在热恋中的孩子的心，不要留着她不放吧！她多住三天两天，在你是不知不觉中很快过去了，可是她迟回来一天，这一天对我是多么漫长的时间啊！

　　但愿你平安着！

　　听见邻人家孩子呼唤母亲的声音，就勾起我失母的悲哀。二十年了，她的慈爱的音容，还是那么深刻在我的心上。我不愿把一般形容母亲的"慈祥"二字放在她的身上，因为她到死都只是一个□□的好心情的孩子。你是一个有母亲的人，你一定不会想到一个早年失母的人，是怎样比人家格外希望有一个亲切的人永远在他的身边。

今天濂姐回来,给她的母亲放衣服,我见了她,忍不住要哭。……

今年的春天,我们婚后第一年的春天,是这样成为残缺了,我为了思念你而憔悴。

梅花在你去了以后怒放,连日来的风雨,已经使她消瘦了大半,她还在苦苦地打叠起精神,挨受这风朝雨夕,等待着你的归来。

昨夜一夜天在听着雨声中度过,要是我们两人一同在雨声里做梦,那境界是如何不同,或者一同在雨声里失眠,那也是何等有味。可是这雨好像永远下不住似的,夜也好像永远过不完似的,一滴一滴掉在我的灵魂上,无边的黑暗、绝望,侵蚀着我,我□□着做噩梦。

要是这雨再阻延了你的归期,我真不知道我怎样还有勇气支持下去。每一天是一个无期徒刑,挨到天黑上了床,就好像囚犯盼到了使他脱罪的死亡,可是他还不知道他的灵魂将会上天堂或下地狱。要是做梦和你在一起,那么我的无恨的灵魂便是翱翔在天堂里,要是在噩梦或失眠中度过,那就是在地狱里沉沦。天堂的梦是容易醒的,地狱的苦趣却漫漫无尽,就是这一夜天便等于一个永劫。好容易等到天亮了,又开始了一个新的无期徒刑。

我不愿向上帝祷告,因为他是从来不听人的话的,我只向你妈祷告。好妈妈,天晴了赶快放她走吧!

天气是那样捉摸不定,又刮起风来。要是你今天来了多好。一定是你妈出行要拣好日子,明天下了雨怎么办?我一定经受不住第二次的失望,即使那只仅是一天的距离。今夜是无论如何不能入睡的了。

明天,明天,昨天,明天该是这半月来最长的一天,要是你不来,那一切都完了。

二十日

昨晚听了一夜的雨声,今天起来眼看着天色如此阴沉,心里充满了难言的悲哀。于是讨厌的雨又下起来了。下午抱着万一的希望,撑了伞走到烂泥的马路上,到车站去候你,结果扑了个空,回来简直路都走不动了,眼前只是昏沉沉的一片。今天他们都吃喜酒去了,剩下我一个人,中饭吃了半碗冷粥、□碗□□，晚饭吃了一碗冷开水淘冷饭，独身生活也过了这么许多年了，从来没有像现在这样凄凉过。

大概你夜车是不会来的，即使来我也再没有勇气到车站来接你。明天也许会晴了，我希望你的不来只是为了天气的理由。

亲亲，在我们今后的生活里，是不是要继续重复着这样难堪的离别呢？想起来真太惨人！为什么我们不能每时每刻都在一起呢？

二十一日

又下雨了，这雨大概是永远下不完的，你也永远不会再回来了。

睡着了梦里也是雨声，醒来耳边也是雨声，我的心快要在雨声中溺死了。我没有再希望的勇气，随便天几时晴吧，随便你几时来吧，我都不盼望了，让绝望做我的伴侣。昨晚写了一封快信想寄出，可是想不出它有什么目的，还是不要寄，让你想像我是乖乖地，不要让我这 intruder② 破坏了你的天伦之乐吧。

我一点不怪你，我只是思念你，爱你，因为不见你而痛苦。今天零点多钟便起来望天色，写了这几句话。我一点不乖，希望你回来骂我，受你的打骂，也胜于受别人的抚爱。要是我们现在还不曾结婚，我一定自己也不会知道我爱你是多么的深。

虽然明知你今天不会来，仍然到车站望了一次。雨停了，地上收干了，鹁鸪也不叫了，空气中冷得厉害，明天你总不要再使我失望了吧？

只要仍然能够看见你，无论挨受怎样的痛苦都是值得的，可是我不能不为我们浪费的年华而悲惜。我们的最初二十年是在不知道彼此存在中过去的。一年的同学，也只是难得在一处玩玩，噩梦似的十年，完全给无情的离别占夺了去。大半段的生命已经这样完结了，怎么还禁得起零星的磨蚀呢？

梅花已经零落得不成样子了，你怎样对得起她呢？

你崇不崇拜民族英雄？

293

今天以愉快的期待开始,好鸟的语声催我起来,阳光从东方的天空透出,希望能有一个 happy ending③,结束这十多天来的悲哀。忙着把久未收拾的房间清理了一个早晨,现在还没有吃过早餐(昨天早上陆弟拿进一碗白米粥来,我吃了两顿,晚饭吃了一只粽子),坐下来写这几行。抬头望着窗外,我真不忍望那憔悴的梅花,可是院南的桃柳欣欣向荣,白云是那么悠悠地飘着,小鸟的鸣声依然好像怪寂寞的,要是这空气里再有了你的笑语□□,那么春天真的是复活了。相信我,这许多天来我不曾对你有丝毫抱怨,可是今天你再不来,我可不能原谅你了。

想不到今天又是这样过去,我希望明天还是下雨吧,因为晴天只是对我的一个嘲笑。

第三次从车站拖着沉重的脚步归来,头痛,腰酸,身上冷得厉害,我的精神已经在这几天完全垮了。

为什么?为什么?为什么?

二十三日下午

① 这是朱生豪给宋清如一封未发出的信,婚后宋清如回娘家待了一段时间,朱生豪在家等待并每日写一点信,直至她回来。
② intruder:闯入者。
③ happy ending:愉快的结局。

附录 《约法七章》

《约法七章》：[1]

一、为避免离别痛苦起见，生豪愿于本年暑期后随同清如重回常熟居住；并为使莎剧译事早日完成，不致时作时辍起见，非有重要事故，暂时不再返归嘉兴。

二、生豪愿对岳母尽最大可能之孝敬，并诚意服从清如之任何训令；唯清如亦必须绝对尊重生豪之感情，勿令其在精神上感受痛苦。

三、生豪必须按月以稿费三百元供给姑母等二人生活，清如必须予以种种精神上之协助，使其能在安定之心理下达成此项目的，而不致随时遭受不快意之阻扰。

四、清如必须向母亲明白要求划出每日下午时间作为与生豪商酌文字上疑难，及个人读书写作之用。

五、清如必须向生豪保证不得有六小时以上之离别，如有必要之理由，当先征得生豪同意，并约定准确归期，不可失信。

六、关于补习英文事宜，可由清如就下列二办法中决定采取一种：

（A）除王龙[2]因至亲关系，可允其间日一来外，其余一概拒绝；徐氏姊妹[3]如偶有疑问，可予以讲释解答；唯不能代应其校中课卷，清如应先向王家姑母说明，教授王龙以不接受金钱酬报为条件，否则不教。

（B）收纳资质聪颖之学生五六人至七八人，规定每日上午为教授时间，每月须有一百五十元至二百元学费收入，以补贴本人饭食及损失。

七、清如必须允许生豪不勉强其从事不愿意之行为，如单独陪陌生人吃饭等。

① 朱生豪、宋清如十年分离苦恋，终于1942年5月1日在上海青年会礼堂结为连理。婚后因在上海居住不便，生活程度太高，经宋清如提议，二人一起回宋娘家常熟暂住。赴常熟之前，新婚夫妻拟下了这份甜蜜而严谨的《约法七章》。

② 王龙：宋清如的表弟，其母即信中所提王家姑母，是宋清如之父宋文麟的妹妹。

③ 徐氏姊妹：是指宋清如的弟媳徐志昭的几个妹妹，当时在上高中和小学。

余编

致亲友

致张荃①

　　佳章拜读为幸。足下诗清新典厚，不落纤琐，自是此间一人。以视鄙人之空疎浮艳，良不可同日语。惟记游诸什，往往前半叙景，后半即景生情，虽层次分明，终嫌不脱窠臼；倘能更出新意，则良善矣。小技夺志，诚非笃论。

　　诗词本闲暇之物，缘情遭兴，率意为之可耳。诚不效雕虫之陋习，与事业学问良亦何碍？仆每见一人，一入故纸堆中，便面目可憎，风趣全失，辄厌之欲死，知诗者当不如是。惟近世冒充风雅者多，恒令人不敢言诗耳。

　　仆于旧诗写作，本无多大兴趣，随时游戏之作亦多不自珍视。惟多年作新诗，虽成绩至微，自觉抒写情性，犹为彼善于此，以彼多有新题目可写也。然玩物丧志，自知愧矣！荏苒许年，学无根柢，顾深染魏晋之病，莫能自解。

　　足下笃学，他日之成就，当非鄙人所能仰及。言念同堂之谊，每多眷眷。

朱朱手奏

---

　　① 张荃为朱生豪、宋清如在之江大学的同学与诗友。此信是朱生豪对张荃所作之《庆春泽》一词的评价。原信无标点，标点为编者所加。张词附于下：

庆春泽

月远荒烟，风揉细水，晚禽欲渡无心。绿暗栏杆，春前独自览临，歌轻箫咽澄潭碧，问谁听，花外清音。琐窗深，簾捲暮寒，脉脉难禁。

重来依约堪追忆，念路青人去，院落沉沉。芳草当时，留看露压霜侵。倦云寂寞秋山紫。几曾见携酒相寻。甚而今，冷煞江南，漠漠平林。

致岳母

岳母大人尊鉴自遣：

慈颜瞬逾旬日遥想。

履祉迪吉，定符私祝。婿等本拟于十号以前搭船去粤，不意船期屡误，迁延至今仍未成行。最近消息，大约廿号左右可以购得船票。倘无意外变卦，届时即当离沪。首途为期匆促，不克趋前辞行，失礼之处敬祈海涵。所愿河清有日，即当早日归来，随侍左右也。婿庸驽无似，过承推爱，感愧之情，匪言可喻。此次远行，重违慈意，幸令爱贤能，十倍不才。道路种种，自当随处留神，不致重贻堂上忧也。附上照片一帧，即希哂纳。

肃此恭请金安，并问

绍璟兄嫂安好！

婿朱生拜启
五月十日